本书系研究阐释党的十九届六中全会精神国家社科基金重大项目"建立健全自然资源资产产权制度研究"(22ZDA109)的阶段性成果。

声　　明　　1. 版权所有，侵权必究。

　　　　　　2. 如有缺页、倒装问题，由出版社负责退换。

图书在版编目（ＣＩＰ）数据

国家生态保护红线的法律保障与预防性救济/史一舒著. —北京：中国政法大学出版社，2023.10
ISBN 978-7-5764-1170-6

Ⅰ.①国… Ⅱ.①史… Ⅲ.①生态环境保护－环境保护法－研究－中国 Ⅳ.①D922.680.4

中国国家版本馆CIP数据核字(2023)第213448号

出 版 者	中国政法大学出版社
地　　址	北京市海淀区西土城路25号
邮寄地址	北京 100088 信箱 8034 分箱　邮编 100088
网　　址	http://www.cuplpress.com（网络实名：中国政法大学出版社）
电　　话	010-58908441(编辑室) 58908334(邮购部)
承　　印	北京九州迅驰传媒文化有限公司
开　　本	880mm×1230mm　1/32
印　　张	11
字　　数	260 千字
版　　次	2023 年 10 月第 1 版
印　　次	2023 年 10 月第 1 次印刷
定　　价	49.00 元

首都经济贸易大学·法学前沿文库

国家生态保护红线的法律保障与预防性救济

史一舒 著

Study on the Legal Guarantee System of National Ecological Protection Red line

中国政法大学出版社

2023·北京

首都经济贸易大学·法学前沿文库
Capital University of Economics and Business library, frontier

主　编　喻　中

文库编委（按姓氏拼音排列）
　　　　　高桂林　金晓晨　焦志勇　李晓安　米新丽
　　　　　沈敏荣　王雨本　谢海霞　喻　中　张世君

总　序

首都经济贸易大学法学学科始建于 1983 年。1993 年开始招收经济法专业硕士研究生。2006 年开始招收民商法专业硕士研究生。2011 年获得法学一级学科硕士学位授予权，目前在经济法、民商法、法学理论、国际法、宪法与行政法等二级学科招收硕士研究生。2013 年设立交叉学科法律经济学博士点，开始招收法律经济学专业的博士研究生，同时招聘法律经济学、法律社会学等方向的博士后研究人员。经过 30 年的建设，首都经济贸易大学几代法律人的薪火相传，现已经形成了相对完整的人才培养体系。

为了进一步推进首都经济贸易大学法学学科的建设，首都经济贸易大学法学院在中国政法大学出版社的支持下，组织了这套"法学前沿文库"，我们希望以文库的方式，每年推出几本书，持续地、集中地展示首都经济贸易大学法学团队的研究成果。

国家生态保护红线的法律保障与预防性救济

这套文库既然取名为"法学前沿",那么,何为"法学前沿"?在一些法学刊物上,常常可以看到"理论前沿"之类的栏目。在一些法学院校的研究生培养方案中,一般都会包含一门叫作"前沿讲座"的课程。这样的学术现象,表达了法学界的一个共同旨趣,那就是对"法学前沿"的期待。正是在这样的期待中,我们可以发现值得探讨的问题:法学界一直都在苦苦期盼的"法学前沿",到底长着一张什么样的脸孔?

首先,"法学前沿"的实质要件,是对人类文明秩序做出了新的揭示,使人看到文明秩序中尚不为人所知的奥秘。法学不同于文史哲等人文学科的地方就在于:宽泛意义上的法律乃是规矩,有规矩才有方圆,有法律才有井然有序的人类文明社会。如果不能对千差万别、纷繁复杂的人类活动进行分门别类的归类整理,人类创制的法律就难以妥帖地满足有序生活的需要。从这个意义上说,法学研究的实质就在于探寻人类文明秩序。虽然,在任何国家、任何时代,都有一些法律承担着规范人类秩序的功能,但是,已有的法律不可能时时处处回应人类对于秩序的需要。"你不能两次踏进同一条河流",这句话告诉我们,由于人类生活的流动性、变化性,人类生活秩序总是处于不断变换的过程中,这就需要通过法学家的观察与研究,不断地揭示新的秩序形态,并提炼出这些秩序形态背后的规则——这既是人类生活和谐有序的根本保障,也是法律发展的重要支撑。因此,所谓"法学前沿",乃是对人类生活中不断涌现的新秩序加以揭示、反映、提炼的产物。

其次,为了揭示新的人类文明秩序,就需要引入新的观察视角、新的研究方法、新的分析技术。这几个方面的"新",可以概括为"新范式"。一种新的法学研究范式,可以视为"法学前沿"的形式要件。它的意义在于,由于找到了新的研究范式,人们可以洞察到以前被忽略了的侧面、维度,它为人们认识秩序、认识法律提供了新的通道或路径。依靠新的研究范式,甚至还可能转换人们关于法律的思维方式,并由此看到一个全新的秩序世界与法律世界。可见,法学新范式虽然不能对人类秩序给予直接的反映,但它是发现新秩序的催生剂、助产士。

再次,一种法学理论,如果在既有的理论边界上拓展了新的研究空间,也可以称之为"法学前沿"。在英文中,前沿(frontier)也有边界的意义。从这个意义上说,"法学前沿"意味着在已有的法学疆域之外,向着未知的世界又走出一步。在法学史上,这种突破边界的理论活动,常常可以扩张法学研究的范围。譬如,以人的性别为基础展开的法学研究,凸显了男女两性之间的冲突与合作关系,就拓展了法学研究的空间,造就了西方的女性主义法学。以人的种族属性、种族差异为基础而展开的种族批判法学,也为法学研究开拓了新的领地。在当代中国,要拓展法学研究的空间,也存在着多种可能性。

最后,西方法学文献的汉译、本国新近法律现象的评论、新材料及新论证的运用……诸如此类的学术劳作,倘若确实有助于揭示人类生活的新秩序,有助于创造新的研究范式,有助于拓展新的法学空间,也可宽泛地归属于法学理论的前沿。

以上几个方面,既是对"法学前沿"的讨论,也表明了本套文库的选稿标准。希望选入文库的每一部作品,都在法学知识的前沿(frontier)地带做出了新的开拓,哪怕是一小步。

喻 中
2013年6月于首都经济贸易大学法学院

序：国家生态保护红线的预防性救济：环境法的精细化与民主化转向

周珂　中国人民大学法学院教授

国家生态保护红线制度的产生与发展是我国环境立法精细化的重要体现。我国环境立法经历了起步于速度优先，向着质量完善、符合科学规律的正确轨道发展的过程。在今天，我们讨论如何处理环境保护立法质量和速度的矛盾关系时，速度已不再具有绝对的优先性，质量获得了更高的关注，而立法质量的重要目标则是精细化。党的十九大对我国环境法制建设提出了更高程度的精细化与专业化要求。在绿色发展、污染防治、生态系统保护、生态环境监管体制改革等方面，应当实事求是地进行生态文明建设和体制改革，不要超越承受能力盲目地搞"一刀切"。环境法制精细化，是生态环境法律制度完善、改革与创新的重要手段，也是推动生态环境领域多元共治、协同治理的根本要求。同时，基于环境问题本身的科学不确定性和因果关系的复杂性，环境法制精细化应从具体制度设计、多元主体互动、多重

序：国家生态保护红线的预防性救济：环境法的精细化与民主化转向

利益分配等方面构建具体法律实施路径。本书即是以国家生态保护红线这样一个具体制度为切入，实现环境法的预防性、精细化与民主化。

首先，环境法精细化应以多元主体有效互动与多重利益合理分配为根本保障。在实体性环境权利方面，应建立较为全面的生态利益保护制度，努力保障公民环境权的侵权法救济途径，赋予公民充分的环境损害救济权。在程序性环境权利方面，应拓宽公众参与环境保护的渠道、注重公众参与过程的组织性和论辩性，并应及时、全面地反馈参与结果，实现程序参与的实效性。在环境权力的配置方面，应基于环境公共利益的需要，明确政府负有维护公众环境利益的义务和责任。2020年3月3日，中共中央办公厅、国务院办公厅印发《关于构建现代环境治理体系的指导意见》，明晰政府、企业、公众等各类主体权责，着力解决环境治理的"落地"难题。该意见明确"坚持多方共治"的基本原则，即健全环境治理领导责任体系，畅通公众参与渠道，加强环境公益诉讼等司法保障，健全环境治理市场体系，提高市场主体和公众参与的积极性，最终形成全社会共同推进环境治理的良好格局。本书所欲构建的"多元共治型"红线，即是我国现代环境治理体系的最贴切的实践表达。在"多元共治型"红线中，各行动者通过信任、互动、互惠、协商构成"策略之网"，这种网络化构成区别于以价格和竞争为核心的市场机制，也区别于以行政命令为核心的传统行政规制，他们相互签订各种各样的合约，从事合作性活动，或利用新制度来解决冲突，进而促成跨越主体界限和政府权威的凝聚力。生态保护红线超越了我国传统对生态系统的笼统保护模式，分级分类地整体精细化严格保护，既符合我国国情，又承载了"多元共治"的民主理念。在哲学中，哈贝马斯沟通行动理论揭示了在人们日常交往行为中隐藏着以主体间的平等、自由对话为基础的沟通理性。国家生态保护红线则以沟通行动理论的"协商"为宗旨，促使政府及其职能部门按照合理的行政流程为公众参与环境事务建立多元化渠道，鼓励私主体发挥法令和义务内的主观能动性。在法学中，国际立法和实践均已将环境权外延指向精神性环境权。国家生态保护红线即保障公民精神性环境权，以及当地居民通过良好环境权实现的文化传承和利益分享，实现当地贫困人口的生态正义。因此，"多元共治型"生态保护红线是"以人为本"的，它的根本目标是实现"环境善治"，即如何在保护生态环境的同时，维护受到保护措施影响的公民切身利益，以构建维护生态保护红线区与当地居民利益衡平的法律保障制度体系。

其次，环境法精细化应以生态秩序与生态安全为基本价值目标。生态秩序关注的是人类社会和自然之间相互作用和相互关系的一致性、连续性和确定性状态，生态秩序的最终目的是达致人类与自然和谐共处。保障生态安全是生态秩序实现的最直接的路径。国外较早提出生态安全概念的是俄罗斯联邦，在1991年12月19日颁布的《俄罗斯苏维埃联邦社会主义共和国自然环境保护法》中首次正式使用了这一概念。该法第885条规定："实施生态犯罪行为，即实施危害俄罗斯联邦的生态法律秩序、社会生态安全和对自然环境及人体健康造成损害的社会危害行为，并具有过错的公职人员和公民，承担俄罗斯苏维埃社会主义共和国刑法典规定的刑事责任。"之后，《俄罗斯联邦环境保护法》第1条给出了"生态安全"的明确概念：生态安全，是使自然环境和人的切身重要利益免受经济活动和其他活动、自然的和生产性的紧急状态的可能不良影响及其后果的防护状态。我国近年来虽强化了生态安全领域的立法，如《中华人民共和国大气污染防治法》《中华人民共和国水污染防治法》《中华人民共和国防沙治沙法》等，但对生态安全的实质性保障远远不够。2014年《中华人民共和国环境保护法》第29条规定的"生态保护红线"则是对国家生态安全保障

序：国家生态保护红线的预防性救济：环境法的精细化与民主化转向

的进一步细化与阐释。生态保护红线，是一条保障重要生态价值区域的地理空间红线，是保证生态系统长期健康发展的生命线。

最后，环境法精细化应注重环境法体系的预防性制度构建。目前，以检察机关为诉讼主体的预防性环境行政公益诉讼正积极有序推进。根据《中华人民共和国行政诉讼法》（2017年修订）第25条规定，预防性环境行政公益诉讼强调"对环境损害风险或威胁的预防"和"对行政机关行为风险的预防"。随着我国环境行政公益诉讼制度的"地方先行先试"的深入开展以及2018年《最高人民法院、最高人民检察院关于检察公益诉讼案件适用法律若干问题的解释》等规范性文件的发布，我国已逐步将检察机关提起的环境行政公益诉讼作为公益诉讼司法实践的基本发展方向，督促行政机关积极作为，尽可能事前阻止环境损害结果的发生，并形成极具中国色彩的"风险规制型"公益司法保护道路。例如，在"赤壁市人民检察院诉赤壁市水利局怠于履行饮用水安全监管职责案"中，赤壁市人民检察院举证证明"将对当地居民正常用水造成不确定安全风险"，在造成公共利益严重损害前督促行政机关积极能动作为，从而全面提升治理能力和治理效果。但不可忽视的是，如何确认实质性损害发生前检察机关介入行政监管行为的限度，即风险治理中检察权对行政权的干预问题，则是预防性环境行政公益诉讼中研究的重点和难点。21世纪的人类社会进入了风险时代，在各种风险社会理论纷纷指出政治和公共焦虑新模式的当下，到底该如何适用"预防性环境行政公益诉讼制度"及相关的风险评估标准，国家生态保护红线行政公益诉讼司法实践已给予我们很好的示范与启迪。

党的十九届四中全会会议公报首次提出"社会治理共同体"这一全新命题，延续了中央对社会治理的高度重视与制度关怀。此次提出的"社会治理共同体"话语被党和国家运用到社会治理领域，不仅在理论与制度层面丰富了治理重心延伸的具体内容，而且在实践层面为创新我国基层社会治理提供了新思路。"社会治理共同体"孜孜以求的是以治理主体的多元化、治理决策的民主化、治理方式的柔性化、治理空间的社会化为核心的社会治理再造。在此语境下，环境法更应凸显其公共性价值，科学合理地厘清各主体在共同体中的治理权力与责任边界，使其在各司其职、各尽其责的基础上实现主体身份和治理过程的真实性与有效性，特别是政府作为社会治理模式转型和现代化建设的主导者，其行政思维应从传统的"成本－收益"型市场性思维逐步向注重公共服务高质量发展的公共性思维过渡，全面实现对生态环境损害的预防性救济。

目 录

| 导　论......1
一、选题背景与意义......1
（一）选题背景：风险社会下传统环境规制的失灵......1
（二）选题意义：国家生态空间保护的预防性保护与多元共治......6
二、文献综述......10
（一）国家生态保护红线基础理论文献......11
（二）国家生态保护红线特殊性研究文献......13
（三）国家生态保护红线域外研究文献......15
（四）国家生态保护红线预防性法律保障制度研究现状......17
三、基本思路与主要内容......18
四、研究方法......25

第一编 "红线"的基础理论……27

第1章 国家生态保护红线的基本理论……29

一、国家生态保护红线的内涵与特征……29
（一）国家生态保护红线的内涵……29
（二）国家生态保护红线的特征……36

二、国家生态保护红线的历史溯源……41
（一）"统治型"红线……42
（二）"管理型"红线……44
（三）"多元共治型"红线……48

三、国家生态保护红线的规范依据……51
（一）国土空间规划与生态保护红线的关系……51
（二）自然保护地体系与生态保护红线的关系……56
（三）地方规范性文件对红线"落地"的主导作用……61

四、禁限权力是国家生态保护红线的应然功能……67
（一）我国环境规制改革"合作规制"路径分析……67
（二）国家生态保护红线本质是对环境规划权的事前控制……75
（三）生态保护红线"约束权力者"基本内容……78

五、本章小结……81

第2章 国家生态保护红线的理论基础……84

一、国家生态保护红线的生态学基础……84
（一）系统生态学理论的产生与发展……84
（二）国家生态保护红线对系统生态学理论的适用……90

（三）基于系统生态学的生态安全价值……96

二、国家生态保护红线的哲学基础……102

（一）沟通行动理论的产生与发展……102

（二）国家生态保护红线对沟通行动理论的适用……107

（三）基于沟通行动理论的综合生态系统管理方法……110

三、国家生态保护红线的法学基础……114

（一）环境权理论的产生与发展……114

（二）国家生态保护红线对环境权理论的适用……121

（三）国家环保预防义务与公民环境权的对接……125

四、本章小结……128

第二编 "红线"预防性救济的域内外现状……131

第3章 国家生态保护红线预防性救济的实施困局与成因……133

一、国家生态保护红线划定与实施现状：以北京市为例……133

（一）北京市生态保护红线划定情况……133

（二）北京市生态保护红线实施现状……135

二、国家生态保护红线实施困局……137

（一）红线划定与实施标准的缺失……137

（二）生态空间管控模式的局限性……143

（三）集体土地产权与公民环境权的冲突……148

（四）红线法律责任的地方性悬置……151

三、实施困局之成因……156

（一）主体层面：传统环境行政权力配置问题……156

（二）程序层面：地方红线治理对公众参与程序的排斥……157

（三）责任层面：对公权力的预防性监督机制匮乏……159

四、本章小结……161

第4章 国家生态保护红线预防性救济的域外考察……164

一、国家生态保护红线的域外概况……164

  （一）域外自然保护地概览……164

  （二）域外自然保护地典型类别……168

二、美国国家公园系统……174

  （一）国家公园管理局与环保组织的抗衡……174

  （二）国家公园的界限识别与划定……182

  （三）国家公园界限内外的利益博弈……186

三、欧洲生态网络系统……189

  （一）泛欧生态网络的构建……189

  （二）欧洲绿道的连通性分析……195

  （三）土地利用方式的转变……198

四、非洲生物多样性保护系统……203

  （一）"去中心化"的社区生态资源管理……203

  （二）国家生物多样性保护"优先性评估"……208

  （三）核心保护区外的"保护性租赁"……211

五、本章小结……215

目 录

第三编 "红线"预防性救济的法律制度构思……221

第5章 国家生态保护红线的预防性法律保障制度基础体系……223

一、国家生态保护红线的立法框架……223
  （一）红线的再界定：以协调主体利益关系为中心……223
  （二）立法框架：以明确红线法律地位为前提……226

二、国家生态保护红线的立法重点……232
  （一）主体要素：以设置独立红线管理机构为导向……232
  （二）责任功能：以落实政治责任和法律责任为目标……234

三、国家生态保护红线法律保障制度建构路径……238
  （一）构建以生态保护红线为核心的生态空间管控体系……238
  （二）强化红线规划司法审查制度……243
  （三）完善红线决策专家参与制度……248
  （四）基于保护地役权制度建立红线合同关系……251
  （五）生态补偿制度的市场化与益贫式发展实质对接……256

四、本章小结……262

第6章 "红线"的预防性救济要义：以预防性环境行政公益诉讼为核心……267

一、国家生态保护红线的预防性司法救济具体内容……267
  （一）预防性司法救济的两个面向……267
  （二）预防性环境行政公益诉讼的概念与特征……271
  （三）预防性环境行政公益诉讼的隐忧与局限……274

二、检察权适度司法化理论在预防性环境行政公益诉讼中的
　　作用……279
　　（一）检察权适度司法化的前提要件……279
　　（二）检察权适度司法化的可能路径……282
三、预防性环境行政公益诉讼的发展方向……286
　　（一）主体确认：明确检察机关的行政监督权归位……286
　　（二）程序配给：设置诉前检察建议对审听证程序……288
　　（三）权能优化：行政法律监督的范围与深度拓展……290
四、本章小结……293

结　　论……295

参考文献……301

致　　谢……324

图表索引

图 1-1　"统治型"红线主体角色和相互关系……44

图 1-2　"管理型"红线主体角色和相互关系……45

图 1-3　"新公共管理型"红线主体角色和相互关系……47

图 1-4　"多元共治型"红线主体角色和相互关系……49

图 1-5　我国各类国家级规划的关系……53

图 1-6　生态空间、农业空间与城镇空间的关系……53

图 1-7　国土空间规划、生态保护红线与自然保护地规划的关系……58

图 1-8　生态保护红线与自然保护地的关系……59

图 2-1　生态阈值与物种存活率的关系……94

图 5-1　生态保护红线的权力约束基本制度……225

图 5-2　生态空间管控体系的基本框架……240

表 1-1　生态保护红线（广义/狭义）概念的区别……34

表 1-2　三种红线类型的区别……51

表 1-3　各类生态空间规划中的红线区域……55
表 1-4　自然保护地主要类型和法律依据……57
表 1-5　地市级生态保护红线规划的效力范围……66
表 1-6　发达国家规制改革的具体内容……68
表 1-7　我国规制行政的主要类型……69
表 1-8　中国第二代环境法的形成标志……75
表 1-9　生态保护红线规划裁量与传统行政裁量基准的区别……78
表 1-10　各级政府的生态保护红线责任形式……79
表 2-1　生态系统的七大属性……87
表 2-2　江苏省生态保护红线的划定数据……91
表 2-3　生态系统稳定性要素与生态保护红线的关系……92
表 2-4　生态系统服务功能的主要类型……99
表 2-5　有效沟通行动的基本要件……105
表 2-6　综合生态系统管理方法的 12 个基本原则……111
表 2-7　实践论范式下国家生态保护红线的体系构建……113
表 2-8　国内环境权理论的主要观点……118
表 3-1　密云水库红线区的实施措施……136
表 3-2　重点生态功能区在有关文件中的界限划定……139
表 3-3　禁止开发区在有关文件中的界限划定……140
表 3-4　自然保护地与生态保护红线管控模式的区别……146
表 3-5　部分省市生态保护红线的法律责任主体……153
表 4-1　域外自然保护地的典型类别……167
表 4-2　生态网络的基本特征……171
表 4-3　生态网络的区域构成……172
表 4-4　生物多样性重要区和优先区的特征……173
表 4-5　国家公园体系的主要规范依据……175

表 4-6　国家公园界限识别中的公众参与……184
表 4-7　国家公园法律边界与生物边界的区别……185
表 4-8　国家公园特许经营制度的主体职责……187
表 4-9　爱沙尼亚生态网络的发展目标……191
表 4-10　WCL 项目的成果汇总……214
表 5-1　生态保护红线的划定范围构想……229
表 5-2　行政主体与私人主体的红线责任内容……235
表 5-3　传统地役权与保护地役权的区别……252
表 5-4　保护地役权与生态补偿的区别……257

导 论

一、选题背景与意义

(一) 选题背景：风险社会下传统环境规制的失灵

风险社会具有明显的未来不确定性和难以预测性，无人明确知晓下一秒将发生什么，法律系统必须彻底改变其时间结构安排并强化其适应性。尽管人类持续不断地运用先进的技术、医疗等手段维护生命价值，但人类对自然资源的无止境消耗、对野生动物的非法买卖和食用必使他们在突如其来的灾难中自食其果。风险社会的特质表明基于自由主义原理的风险观已经不能适应时刻变化的人类需求，客观境况和社会心理均要求国家大幅扩大监督范围。国家维护社会安全的重大使命从以现状为中心，维持或重树一个稳定、祥和的局面，扩展到以未来不可知性为目标，全方位重塑旧有社会结构。[1]当前我国生态赤字已超过世界平均指数，生态脆弱区面积持续增大，已占我国国土面积的60%以上。[2]因此，以生态保护红线为核心要素的、整体全面的生态空间保护作为我国现阶段环境治理的首要任务被提上日程。[3]

长期以来，"命令-控制"型环境规制手段是国家环境治理的最重要途径。从世界范围内观察，"命令-控制"型环境规制手段的持续存在，是自由主义市场范式"部分衰败"后，行政权凭借其高效性、普适性和强制拘束性等特质，重新塑造环境治理工具的结果。就环保法律体系而言，旧有的法律体系一般是以固有思维的"机械论""还原论"和"决定论"为中心，将人类作为凌驾于自然万物之上的最不可或缺的存在，进而形成以个体为本位、强制性规制为基本手段、事后救济为主要目标的系统规范体系。然而此种认知，明显忽视了风险语境中环境法迥异于传统部门法的独特的规制对象和公益性目标，即环境法将自然环境内在价值融入其系统内部，并根据环境侵害的复杂性和整体性、认知的局部性和影响的广泛性，实现规制主体多元化和行政自我规制的转型，进而形成超越还原主义的法律观。单中心、单向度环境规制显现出科学理性、社会理性和法律理性间的断裂与脱节：其一，在科学技术层面，当前的环境规制体系难以呼应生态环境损害的

---

[1] 侯佳儒教授认为，我们正处于大数据时代，生态环境的数据化管理技术将成为推动环境治理体系和治理模式创新的重要手段，这是大数据对环境风险行政的突破和再发展。参见侯佳儒："运用大数据推动环境治理能力现代化"，载《经济日报》2019年12月29日，第7版。

[2] 世界自然保护基金会发布的《地球生命力报告2016》指出，从1970到2012年，脊椎动物种群数量整体下降58%，栖息地丧失和退化是造成种群数量下降的最普遍威胁。参见生态环境部：《2017中国生态环境状况公报》；参见陈茂云、马骧聪：《生态法学》，陕西人民教育出版社2000年版，第6—8页。

[3] 参见世界自然保护基金会：《2016年地球生命力报告》。

科学技术性、整体性和系统性特征，常以独立的、分离的环境要素作为环境法体系运作的基础，以至于环境行政权力配置关系较为僵化，高度碎片化和末端化状态明显，实践中容易出现多头监管、越权审批的现象；其二，在社会层面，地方政府易被僵化的规制方式和地方"经济至上"的政绩观所钳制，加之公众参与程序和方式的不足，环保领域政府全权"统领"状况突出；其三，在法律层面，由于对公权力的预防性监督机制匮乏，且司法控制对环境公共利益的预防性救济尚不完善，环保法的事后填补作用远超其事前预防功能，导致生态损害修复成本骤增，而生态保护效率却极低。

与传统规制中面临的危险相比，风险事实上是对时间的一种再分解和再构成过程，本质上是危险的另一种全新形式。换句话说，风险概念彻底摒弃了传统意义上危险概念所主张的、确定且刻板的因果观，而须具备随时应对科技冲击和决策于未知（decision-making in uncertainties）的能力。不确定风险的蓦然出现意味着，长期稳定不变的法律规范和所谓的"经验法则"已难以适应充满未知的未来需求。自第三次技术革命以来，颠覆性的技术变革使"危害防止手段"遭受前所未有的冲击，贸然适用将可能造成毁灭性损害。因此，当前的国家保护义务由消极地"等待"客观危害的来临，转变为积极主动地采取预防性或事前规避性措施。借此，风险预防原则（the precautionary principle）在全球逐步确立，在危害尚未得以充分证明前即将某些环境风险和灾害纳入具有约束力的国家规制范畴。[1]就风险预防原则对传统环境规制的影响而言，主要包括以下几个层面：

---

[1] 于文轩教授认为，生态法的基本原则体系应由生态优先原则、风险预防原则、受益者补偿原则和公众参与原则构成。参见于文轩："生态法基本原则体系之建构"，载《吉首大学学报（社会科学版）》2019年第5期。

国家生态保护红线的法律保障与预防性救济

第一,传统环境规制手段的失灵。过去政府全权主导的强制性环境规制难以达到预防生态风险,遏制不必要生态损害的效果。在"命令-控制"型规制手段下,公权力机关将权威和权力作为主要"武器",通过强制性外力对超过污染物排放标准或具有生态破坏可能的行为进行监测与监控,对产生严重不良环境影响的行为人采取行政处罚、行政强制等措施,这在应对不确定风险时呈现出诸多缺点:其一,个体公民的主动性和能动性较差;其二,行政相对人为了履行行政法令常常要付出极高的代价;其三,行政主体或多或少会受到利益集团的"裹挟"。虽然生态环境部与自然资源部的组建有利于解决我国过去环境保护体制中长期存在的权责不明、多头执法、效率低下等问题,但关乎环保执法绩效的细节性问题远未解决,如行政违法责任远不足以抵销环境违法的收益、财产罚额度过低、行为罚适用极少等,以致出现"守法成本高,违法成本低"[1]"重行为模式、轻法律后果"等现象。结果是,"命令-控制"型规制手段对生态环境的"预防性救济"不足,而事后救济又难以完全填补巨大的生态价值损失和生态服务功能损耗。

第二,比例原则遇到前所未有的挑战。[2]在传统秩序行政下,公权力履职行为必须坚守目的正当性、适当性和必要性等比例原则要求,以获得介入私主体领域的资格,也就是说,公权力仅能在环境危害发生之际,或私人行为已对环境公共利益造成损害之时,才有充分理由采取相当的限制公民权利的措施。而风险预防原则的出现,意味着预先设定行为模式和法律后果的"末端控制"

---

[1] 为了保障环保命令的有效执行并增加企业违法成本,2014年《环境保护法》中增加"按日连续处罚"制度,但由于其法律性质不明、计罚标准单一,致使其在实践中使用率极低、适用的违法行为类别较少。

[2] 参见张宝:《环境规制的法律构造》,北京大学出版社2018年版,第61页。

已难以应用,因为其难以实现对环境整体和公民环境权的预防性救济。而此时,若过于强调风险预防或事前救济的重要性,又难以确保部分行政人员假借风险预防之名对公民环境权过分干涉。这就涉及风险预防的适用规则和适用界限问题,即如何判定国家在无充分科学证据,或实施方式尚无明确规定的情形下,进行环境规制的必要性和正当性;又如何阻止规制目的成为一纸空文,形成"环境利维坦"而吞噬社会有限的自由空间。

第三,司法和行政规范工具的整合。在传统秩序行政下,行政权往往具有优先于司法权的实施效力,司法权具有谦抑性和消极被动性,并应在一定范围内"默默地"监督行政权正当行使。只有当行政机关在其权限内无法彻底解决问题,错误或怠于履行其法定职责时,司法机关才可作为行政执法的补充或延续适度"发力"。而在风险社会下,司法控制和行政规制呈现"合作"态势,司法权得以借助环境行政公益诉讼,或生态环境损害赔偿诉讼,或通过及时发布环境诉讼禁令的方式,事先介入环境行政过程,督促或监督行政人员在法定权限内为或不为,达到不可逆损害发生前规范权力配置、节约司法资源的法治效果。

由此,当全球性生态风险日益严峻和普遍时,传统环境规制领域的个人刑事责任、侵权责任和治安责任等事后填补性救济措施则显得"力不从心",必须开创兼具整体性和个体性的新式法学理论,开辟全面协调公共利益和私人利益的新制度。基于此,国家生态保护红线作为综合性、预防性环境规制手段和最严格的生态空间保护法律制度应运而生。它从根本上颠覆了以往强制命令式的环境规制模式,彰显了基于环境公共利益和风险防治的包容性的共同体法治逻辑。国家生态保护红线,是在承认生态内在伦理价值的前提下,政府基于其风险预防义务对传统环境规制手段反思与再造的结果。[1]一方面,它是以生态系统自然规律和环境承载力为基础,划定生态保护的核心范围,严格限制开发建设并维护生态安全的强制性制度。另一方面,它作为政府环境规制的重要方式,本质是对政府环境规划权的严格控制。它彻底改变传统"命令-控制"型规制手段中以"行政主体-私人主体"的单向法律关系为基础的、对公民违法责任与义务的简单堆砌,而在行政主体与私人主体间多元共治、互动协商的基础上,实现环境公共利益与私主体发展利益之共赢。

(二)选题意义:国家生态空间保护的预防性保护与多元共治

国家生态保护红线作为最重要的生态空间,其规划和运作过程应遵循"多元共治"的制度逻辑。随着现代社会全球化与后现代主义的兴起,个体与集体的边界将趋于模糊,具有民主意义的"自治"与具有法治意义的"他治"将形成融合形态,并以高度不确定条件下的"合作治理"的新形式而存在。[2]2020年3月3日,中共中央办公厅、国务院办公厅印发了《关于构建现代环境治理体系的指导意见》,该意见明确坚持多方共治的基本原则,着力解决环境治理的"落地"难题。《里约环境与发展宣言》原则22亦曾提出,应承认当地群众具备独特的自然文化习惯,并充分发挥他们对环境管理和资源保护的积极作用。[3]本书所欲构建的"多元共治型"生态保护红线法律保障制度体系,即是我国现代环境治理体系最贴切的实践表达。在此之中,各行动者应逐渐摒弃

---

[1] 参见李爱年:"环境法的伦理审视",载《吉首大学学报(社会科学版)》2007年第6期。

[2] 参见张康之:"论'自治'模式在社会转型中的遭遇",载《党政研究》2019年第3期。

[3] 《里约环境与发展宣言》原则22提出,由于本地人和他们的社团具有独特的知识和传统习惯,在环境管理和发展中也起着极其重要的作用。各国应承认并支持他们的特性、文化和利益,使他们能有效地参加相关保护活动。

自上而下的强权控制模式,通过信任、协商、合作形成"策略之网"。他们在不违背公序良俗的前提下,可自由签订各种合约,从事积极合作性活动,以社会的自我规制代替公权力强制,进而形成超越主体界限和政府权威的能动性,促进生态环境的可持续运转。

"多元共治型"生态保护红线法律保障制度体系强调明晰政府责任、公众参与权利、政府和公众的合作共治路径,从而有效克服红线区生态治理中可能产生的"搭便车"问题。并且,它是以人为本的,根本目标是实现"环境善治",即如何在保护生态环境的同时,维护受到保护措施影响的公民的切身利益。[1]本书不断提到的"自下而上""政府与公众合作共治""行政自我规制"等关键词,即阐释了各地红线"落地"过程中应重视公众作用并着力拓宽红线区居民参与红线治理的渠道,加强激励性规制并明确政府的红线责任和义务。在该制度体系中,生态空间管控不再是权力单向意志的集结,而是社会共同体成员协商并达成的集体共识。红线制度实施不再源于抽象的、单一的行政命令,而是公众对精神利益的集体诉求,并可能激励公众充分发挥其主观能动性,促使其在法定义务之外实施更有效的保护活动。如公众可通过签订保护地役权合同实质性地参与红线治理,政府亦须接受检察机关司法监督或法院对红线规划的司法审查,确保其权力免遭滥用,从而推动不同主体就生态保护和可持续发展自主贡献力量,提高抵御生态风险的能力。

从更广阔的视角看,国家生态保护红线法律保障制度体系的构建,为国家生态空间保护的"多元共治"路径提供了明确方向。

首先,"多元共治"路径意味着国家生态空间保护正由"单体

---

[1] 参见黄政:"刍论我国野生动物保护立法的完善",载《理论导刊》2010年第8期。

环境要素"向"整体生态空间"转变。过去，我国传统环境法围绕相互独立、性质不同的环境要素进行，难以有效贯彻自然环境保护的整体性和效率性。如生态保护领域主要表现为《中华人民共和国自然保护区条例》（以下简称《自然保护区条例》）《风景名胜区条例》《中华人民共和国森林法》（以下简称《森林法》）等单行立法，各环境要素间虽相互影响，却难以相互依存，分裂式的管控手段又会影响环境法运作的稳定与协调，最终导致环境监管的适用标准、执法方式和执法尺度不一，监管效率低却成本高，环境治理效果欠佳。而国家生态保护红线以"生态空间占用"的合理与否及"占用数量定量分析"为标准监测人类可能对环境造成恶劣影响的活动，[1]通过对特殊地区资源开发或利用活动的限制乃至禁止，实现该地区从离散管控到统一维护。

其次，"多元共治"路径意味着国家生态空间保护正由"事后填补型"向"事前预防型"转变。近年来，频繁发生的儿童血铅中毒事件、化学品泄漏致人损害事件以及与此相关的群体性事件，不断提醒人们"事前预防"的重要性。传统自然保护地制度一般仅在事后对过度攫取自然资源、随意捕杀野生动物等相关责任人予以惩戒，而国家生态保护红线则是极具预防属性的生态空间管控制度。一方面，对公众来说，生态保护红线预先为公众设置严格的行为框架，他们不得越过"红线"实施任何污染破坏性开发利用活动。另一方面，对政府来说，生态保护红线对各级政府的规划审批权形成事前制约，各级政府不得违背红线规定，超出环境容量与自然资源利用限制，批准红线区内建设项目的实施，或允许集体土地使用权人进行资源过度开采或破坏行为。同时，国家生态保护红线将预防原则深入到规划司法审查和预防性公益诉讼

---

[1] 参见谢高地等："中国的生态空间占用研究"，载《资源科学》2001年第6期。

中,以积极和面向未来的态度,事前阻却难以修复的生态损害发生。

最后,"多元共治"路径意味着国家生态空间保护正由"强化规制"向"约束公权力、赋予多主体参与权利"转变。西方社会自二十世纪六七十年代起掀起公共管理改革与规制缓和等规制改革浪潮,打破了国家与社会的二元对立,在规制主体和规制内容上皆有突破性举措,从而拥有多中心的"规制治理"(Regulatory Governance)内涵。在当前我国的环境风险规制中,为实现"多主体、多途径、多层次"合作治理,如何加强行政机关的规制有效性,如何促成行政部门的协同治理,如何督促地方人民政府真正承担组织领导之责即变得愈发重要。国家生态保护红线以各级政府及行政人员为主要规制对象,加强对公权力的预防性监督,全面落实其政治责任和法律责任,充分体现了我国生态空间管控中努力实现"权利制约权力"的决心。在权力受到充分监督和约束的前提下,激励性规制模式的适用性不断增强,并且公众参与红线治理的途径和方式将不断增多。如可通过加强红线决策专家参与制度、鼓励红线区集体土地权利人设定自愿性契约(如以保护地役权为基础的红线合同)、完善红线区生态补偿市场化等形式,实现生态空间保护领域的环境善治。

综上,"多元共治型"国家生态保护红线法律保障制度的构建,有利于厘清未来中国生态空间保护之路应走向何处。在风险社会下,以"先污染后治理"为特征的事后救济型传统环境治理模式的弊病已愈发凸显,并促使人们做出一定改变。而至少在中国,鉴于当前经济社会发展现状和上下权力关系的约束,此种改变还未能完全显现。究其根源,现有的环境治理模式仍缺乏公众的实质参与,缺少对公权力的预防性监督机制和系统的程序规则,并仍呈现出较为明显的等级命令和单向权力集中色彩。然而,此种强制性规制模式难以形成较为公平自由的信息分享结构和协商沟通程序，难以促使公众真正积极主动地参与保护活动，难以从根本上协调生态空间多维度保护和公民环境权的内在冲突关系。就此，本书欲在"多元共治"视角下讨论国家生态保护红线并完善其法律保障制度，尝试从权威型的、政府主导的传统环境治理模式转为具有协商特质的、公众实质参与的多主体共治。

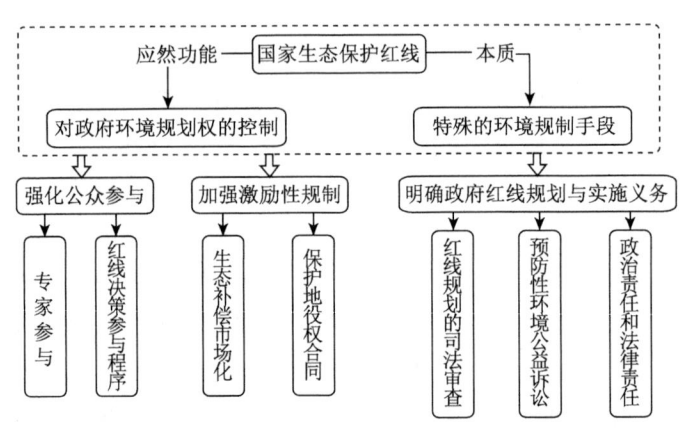

"多元共治型"生态保护红线法律保障制度体系框架

二、文献综述

《中华人民共和国环境保护法》（2014年修订）（以下简称《环境保护法》）创新地将政策性生态保护红线上升至法律条文，彰显了国家在生态环境敏感区等最重要生态空间实施最严格管控措施、保障生态安全的坚定信念。就目前环境法学界对生态保护红线的研究状态来看，红线内涵界定、划定意义、划定标准和方法、法律责任等宏观层面的研究较为广泛，而较少对生态保护红线与其制度保障进行精细化研究，特别是对其特殊性分析（如与传统生态保护制度的区别，与国土红线规划的关系）、多层次理论基础分析（如系统生态学理论、沟通行动理论、环境权理论）、系统的法律保障制度体系研究（如保护地役权制度、公众参与制度、生态补偿制度等）较少，难以形成全国性和统一性的红线"落地"方案。从目前的实践来看，国家生态保护红线的实施仍面临着诸多困境。以北京市为例，尽管我国红线划定面积较广、管控手段较为严格，但总体上仍为地方政府占据主导地位的"管理型"红线，公众参与红线治理的积极性不高，难以实现整体性、系统化空间管控格局，本书依循"社会—政治—法律制度"的分析途径，经由对"红线"政策的历史性、结构性分析，从国家生态保护红线规制对象的特殊性入手，阐释"多元共治型"生态保护红线与环境规制改革路径的契合面，提出当前红线实践中面临的重要问题，分析未来可能的多主体共治的法律保障制度进路。从查阅的文献来看，一是国家生态保护红线基础理论方面的文献；二是国家生态保护红线特殊性研究方面的文献；三是国家生态保护红线域外研究方面的文献；四是国家生态保护红线法律保障制度研究方面的文献。

（一）国家生态保护红线基础理论文献

关于国家生态保护红线基础理论方面的文献，主要集中在生态学领域。在生态学领域，主要观点有生态安全理论、综合生态系统理论等。多位学者普遍认为，生态安全指人类赖以生存发展的自然环境空间处于免于动荡的安定状态，国家生态保护红线是生态安全入法的最重要实践之一。当生态系统服务功能有不稳定的或者出现某些"变异"情况时，就表示这种生态系统正处于"不安全"的状态下。刘洪岩教授在《俄罗斯生态安全立法及对我国的启示》一文中特别强调生态安全是国家安全和社会稳定的基础组成部分。[1]王树义教授曾提出制定生态安全保障法，生态阈

---

[1] 参见刘洪岩："俄罗斯生态安全立法及对我国的启示"，载《环球法律评论》2009年第6期。

值则是红线划定的基本考量要素。生态阈值是生态系统性质或状态发生急剧更替的点,是生态系统在"有序"和"无序"间转换的临界点,是环境驱动因素的微小变化却在系统中产生大量响应的点。[1]黄锡生教授提出制定的国家生态安全法中包括生态安全和生态保护特定区制度,并认为生态安全格局的构建,意味着如何选择某些"具有特殊生态功能潜力"的板块作为"跳板",进而构筑源间相互联系的廊道和辐射道。这意味着,国家生态保护红线的面积占比是区域生态安全处于临界状态的、受到各种生态因子相互作用的生态安全阈值,并且红线区拥有极其重要的生态系统服务价值,具有难以复制性和无法替代性,对维护和控制区域内重要生态过程发挥关键作用。[2]蔡守秋教授则对其进行进一步阐释:国家生态保护红线,即是以生态区域内不同生态阈值为基本依据对各类型土地进行的划分与调控。最严格的生态保护空间格局的构建须重点考虑"最小保护面积""最小生态安全距离""生态系统服务辐射效应""潜在退化可能性"等。[3]还有的学者认为综合生态系统理论为生态保护红线最重要的理论基础。如莫张勤等学者认为,综合生态系统管理方法强调自然和人类间的"交往共同体"模式,强调自然是有生命的,自然与人类是可以通过某种方式"交流"甚至"相互理解"的。[4]以综合生态系统管理方法为逻辑支撑,国家生态保护红线是以"妥善处理生态环境

---

[1] 参见王树义:"生态安全及其立法问题探讨",载《法学评论》2006年第3期。

[2] 参见黄锡生、陈有根:"我国《国家生态安全法》的框架建构",载《研究生法学》2006年第1期。

[3] 参见蔡守秋、吴贤静:"从环境法到生态法:修改《环境保护法》的新视角——综合生态系统方法的考虑",载《2007年全国环境资源法学研讨会(年会)论文集(第一册)》,2007年。

[4] 参见莫张勤:"生态保护红线制度的理论证成与中国实践",载《长江流域资源与环境》2019年第10期。

中各种关系及相关环境事务"为逻辑起点所设计的一套具有科学内涵和技术内容的、适应人与自然发展关系需要的实践性法律制度。[1]

(二) 国家生态保护红线特殊性研究文献

关于国家生态保护红线特殊性的研究文献主要体现在"规制对象的特殊性"和"法律责任的特殊性"两方面。就规制对象的特殊性而言，肖峰在《论我国生态保护红线制度的应然功能及其实现》一文中特别提出，从微观的实施手段来看，国家生态保护红线是具有强制性的环境规制方式。而从宏观的制度格局来看，国家生态保护红线是特殊的环境行政规划，其本质是对各级政府环境规划权的严格控制。红线的划定需要以区域资源利用上限为基础，对红线区所有的土地资源、水资源、森林资源等产生限制，而这样的限制直接指向了行使区域规划权、建设项目审批权与资源利用许可权的环境行政机关，[2]这与我国学者研究的环境风险规制的"合作规制"路径相契合。

总结诸位学者的观点，主要体现在以下三个方面：一是在规制对象上，行政自我监督与自我规制日益增强。[3]奥里乌曾指出，"行政机构的部分处理手段存在一种由内而外、自发的控制，受其自身的严格监督。"[4]国家生态保护红线以各级政府为主要规制对象，充分体现了行政规划权以及行政裁量权运用中的自我控制倾向。二是在规制手段上，激励性规制模式的适用性不断增强。环

---

[1] 参见蔡守秋：《基于生态文明的法理学》，中国法制出版社2014年版，第346页。
[2] 参见肖峰、贾倩倩："论我国生态保护红线制度的应然功能及其实现"，载《中国地质大学学报（社会科学版）》2016年第6期。
[3] 参见岳琨："论行政自我规制现象：经验与问题"，载《河南师范大学学报（哲学社会科学版）》2015年第4期。
[4] 参见 [法] 莫里斯·奥里乌：《行政法与公法精要》（上册），龚觅等译，辽海出版社、春风文艺出版社1999年版，第488页。

境规制将"反身法"路向转向市场，并引导企业与其他相关社会子系统通过诉诸灵活、具有创造性的方式（而非具体的行政命令），最大程度地提升环境表现。三是在规制路径上，司法控制作为环境规制的重要补充，能够制约潜在的违法行为、降低行政机关被"俘获"的风险，并预防难以修复的生态损害。在司法控制与行政规制的"合作规制"路径中，司法机关可通过督促或监督行政规制机关执法行为，及时弥补公共执法资源的不足。现有研究表明，二者合作方式与合作层次受多重因素影响，包括信息成本、起诉动力、法律的不完备程度、执法激励、道德风险等。[1]

以规制对象的特殊性为基础，违反生态红线制度到底应当承担怎样的法律责任？其所承担的法律责任的标准是什么？学者给出不同见解。其中，"由政府承担红线主要责任"基本无异议，即国家生态保护红线将行政机关及其工作人员纳入规制范畴，彻底改变过去以私主体为主要规制对象的管控模式，对政府在生态空间保护中出现的规划不当、实施不力等问题，施以预防或救济义务，并划归相应的政治责任和法律责任。王灿发教授认为对红线区域内造成生态破坏的责任人应承担民事、行政和刑事的责任，即"越线"行为人应承担公法或私法责任。[2]廖华认为，生态保护红线制度越线法律责任应从政府、企业和个人三个维度展开。就公法责任层面来说，生态保护红线设置的根本目的在于维护生态安全和生态系统稳定、防治生态风险等一系列环境公共利益，国家以强制力保障公权力在行使过程中不受亵渎和侵犯，以达到

---

[1] 参见宋亚辉："论公共规制中的路径选择"，载《法商研究》2012年第3期。

[2] 现代法学一般认为，凡涉及公共权力、管理关系、强制关系的法为公法，如宪法、刑法、行政法，而凡属个人利益、自由选择、平权关系的法为私法，如民法、商法。相应地，法律责任也分为公法责任和私法责任。参见王灿发、江钦辉："论生态红线的法律制度保障"，载《环境保护》2014年第Z1期。

维护公共利益和公共秩序的目的。[1]争议最大的是违反红线规定是否应承担民事责任。曹明德教授认为民事责任不应涵括其中,主要原因在于就实体规则抑或程序规则而言,生态保护红线相关的民事责任追究途径和方式较少,并且民事责任的事后性与生态保护红线的风险预防、事前损害救济功能相悖。

(三) 国家生态保护红线域外研究文献

尽管域外没有完全相同的"生态保护红线"概念,但域外各种样态的自然保护地可以在公权力监督方式的拓展、公众参与途径的多种选择、自然保护地的识别等方面为我国最严格的生态空间保护措施提供参考,如域外通过租赁契约、特许经营等多重方式克服政府单极管制带来的僵化和效率低下,并借助对政府规划等行为的司法审查、公民诉讼等多种途径对政府强制管控行为进行预防性监督。

生态保护红线的最初起源是英国的"绿带"(Green Belt),为确保农田数量不减少并阻止城市建设的无限扩张。1938年,英国通过《绿带法》(The Green Belt Act),允许首都周边的各郡政府收购土地作为保留开放空间,与地主立约保证被指定的土地不得进行大规模开发,标志着绿带从僵化的、强制性管控模式蓦然转变为指导城市空间以"不损害生态稳定性"为前提的适度扩张工具。[2]在此之后,欧洲的泛欧生态网络(Pan-European Ecological Network,PEEN)、欧盟"自然2000"保护区网络(以下简称"Natura 2000")、绿宝石网络(Emerald Network)纷纷建设,即通过保护地廊道或网络的建设以减轻保护地较为分散的"孤岛效应"。1936

---

[1] 参见廖华:"民族地区生态红线制度的地方立法研究",载《湖北民族学院学报(哲学社会科学版)》,2015年第3期。

[2] 参见邹长新、王丽霞、刘军会:"论生态保护红线的类型划分与管控",载《生物多样性》2015年第6期。

年，哥本哈根实施"绿色通道网络计划"，该城市规划在联结野生动物栖息地和迁徙走廊、加强物种多样性的基础上，充分满足在"生态受到严重破坏"的城市中，人们相聚在一起休闲娱乐的需要。Natura2000 则在原有保护地之间构建大范围、大尺度相互连通和贯穿的自然保护区生态网络以保护地域生态安全，在其覆盖的欧盟 27 个成员国总领土面积的 17%的土地范围中，不仅包含欧盟成员国共同认定的《欧盟野鸟保护指令》（1979 年）与《栖息地指令》（1992 年）中特别保护地，还包括生物多样性丰富的私有土地和海洋环境[1]。相似地，绿宝石网络是在《欧洲野生生物与自然生境保护伯尔尼公约》的基础上发起的，旨在提供一种系统的、整体的、具有广泛地域性和可实施性的生态空间保护方法。[2]

此外，美国国家公园系统提供了相对免侵扰的栖息地屏障，管理并保护着公园的自然价值和特色。1916 年美国国会通过的《国家公园管理局组织法》（NPS Organic Act）是国家公园系统统一管理和运作的根本依据。其中，国家公园是由国家公园管理局（National Park Service，NPS）专属管辖，而其他单元则相互之间共享某个特定机构的管辖权，并可能关涉重叠管辖权，以伙伴关系或松散的从属关系存在。在欧洲，1996 年欧洲议会通过《泛欧生态和景观多样性战略》，这意味着西欧以及东中欧在生态网络研究的协调共赢发展战略问题上达成一致，并进入了一个新阶段。[3]其中，爱沙尼亚（Estonia）被认为是第一个发展生态网络概念并将该模式拟订成一项全面计划和执行方案的国家。爱沙尼亚生态

---

[1] 参见张风春、朱留财、彭宁："欧盟 Natura2000：自然保护区的典范"，载《环境保护》2011 年第 6 期。

[2] 参见刘冬等："国外生态保护地体系对我国生态保护红线划定与管理的启示"，载《生物多样性》2015 年第 6 期。

[3] 参见张云彬、吴人韦："欧洲绿道建设的理论与实践"，载《中国园林》2007 年第 8 期。

网被设定为一种空间规划工具,目的是平衡和综合土地利用,并综合利用地质、气候、土壤、水文和土地用途等数据促使规划落地。在非洲,20世纪90年代初,纳米比亚独立后政府即采取包容性政策和立法,将权力分散并下放至当地公民尤其是贫困人口的管理中。纳米比亚在1996年《自然保护修正案》(Natural Conservation Amendment Act,NCAA)中规定,政府赋予农村社区"通过在公共土地上进行狩猎和旅游"获得收入的权利,使贫困人口承担保护野生动植物资源的责任并从中受益。

(四)国家生态保护红线预防性法律保障制度研究现状

当前对生态保护红线的法律保障制度的研究主要局限于已广泛实施的生态补偿制度和公众参与制度,而针对某种特定的理论模型所构建的系统的法律保障制度体系研究较少。比如刘桂环等学者认为,生态补偿是由中央或地方政府等生态受益者向合法利益遭受重大损失的组织或个人,借助市场机制、财政转移支付等不同方式进行一定物质补偿的法律制度。同时,区域生态补偿同该区域的环境经济发展一体化、生态精准扶贫等工作关系密切。[1]红线区市场化生态补偿与"益贫式"发展的对接是实现红线制度高效化实施的保障,市场化生态补偿制度的实施有利于改善我国土地权属制度和征地补偿带来的贫困问题。[2]刘超在《生态空间管制的环境法律表达》一文中曾提出,在我国红线区生态补偿市场化的过程中,补偿主体和受偿主体均应具有相对独立和自由平等的法律地位,双方可经过在市场交易中平等协商的方

---

[1] 2016年4月出台的《国务院办公厅关于健全生态保护补偿机制的意见》提出结合生态保护补偿推进精准脱贫的生态扶贫思路,在生存条件差、生态系统重要、需要保护修复的地区,结合生态环境保护和治理,探索生态脱贫新路子。参见刘慧:"实施精准扶贫与区域协调发展",载《中国科学院院刊》2016年第3期。

[2] 参见刘桂环、文一惠:"关于生态保护红线生态补偿的思考",载《环境保护》2017年第23期。

式,完成补偿全过程。相对于以政府为核心主体的公共补偿方式,"平等自愿的等价性""补偿资金的自由支配性""主体的多元性"等市场要素促使补偿制度体系更包容、更高效,使得资源环境要素的稀缺程度得以通过价格而真实体现,并为当地贫困人口的生态保育行为提供强大激励作用,进而使他们持续提供生态服务。[1]就公众参与层面而言,虽然公众参与是环保法的最基本原则之一,但是现有生态保护红线公众参与制度研究并没有体现其独特的适用性。例如,有学者认为,生态空间管控体系运作过程应重视实质性公众参与。美国著名政治学家罗伯特·达尔在描述立项民主时强调公众有效参与的标准,即每个公民是否有平等的机会参与集体决策过程,并充分表达其关于结果的心理偏向。"公众参与的有效性和广泛性直接决定了生态保护红线的执行效果。"[2]然而,一些学者忽视了红线划定需要专业、理性的科学技术支持,专家参与也是十分必要的,公众与专家、行政机关的利益博弈是生态保护红线有效实施的重要保证,而这些内容在诸多文献中并未提及。

三、基本思路与主要内容

本书的基本思路是通过"基本理论—理论基础—现状与问题—域外研究—制度构建"的顺序逐步深入,对国家生态保护红线的内涵、特征、历史溯源、规范依据、应然功能、理论基础、实施困局和成因、域外考察等内容进行深入剖析,以此为基础,本书欲构建系统的"多元共治型"生态保护红线法律保障制度体系。其一,在基本理论方面,本书采用狭义的生态保护红线观点,并

---

[1] 参见刘超:"生态空间管制的环境法律表达",载《法学杂志》2014年第5期。
[2] 参见王梅:"生态红线制度实施中的公众参与",载《中南林业科技大学学报(社会科学版)》2015年第6期。

导 论

认为,生态保护红线的产生与各国"红线"治理形式的历史演变密切相关,"红线"治理模式作为国家对公民施加的义务增量,它在各国的出现及运用呈现出"统治型""管理型""多元共治型"等不同样态。而本书将国家生态保护红线导入"多元共治型"面向,意味着生态空间管制不再是权力单向意志的集结,而是社会共同体成员经过协商达成的集体共识,公众也更有动力履行"基于合意过程而产生的义务"。其二,在基础理论方面,本书深刻分析了国家生态保护红线的理论基础,包括系统生态学理论、沟通行动理论和环境权理论,分别归属于生态学、哲学和法学,三者相互交织、相互作用,共同构成了结构立体的红线理论基础。这也意味着,对于国家生态保护红线的深入研究不能仅局限于法学或生态学领域,而是应实现更广泛意义的、有别于传统自然保护地的、国家环境治理方式的突破和创新。其三,回归到国家生态保护红线的现状和问题方面,尽管我国红线划定面积较广、管控手段较为严格,但总体上仍为地方政府占据主导地位的"管理型"红线,在划定标准和管控手段、管控主体、土地权属、法律责任等层面面临多重困境。其四,在域外研究方面,当前我国可在保护地价值与目标定位层面参考"域外生态保护红线"——域外各类自然保护地(美国国家公园系统、欧洲生态网络系统、非洲生物多样性保护系统)的规划和实施方式。虽然域外多数国家与我国社会主义土地公有制的基本国情和宪法条款具有本质不同,但可以在"公权力监督方式的拓展""公众参与途径的多种选择""自然保护地的识别"等方面为我国最严格的生态空间保护措施提供参考。其五,在法律保障制度构建方面,本书主要从"本体论"和"方法论"两个层面对"多元共治型"国家生态保护红线法律保障制度进行阐释。在本体论层面,应制定统一的、可实施性强的生态保护红线管理办法,并以设置独立的红线管理机构、实施

国家生态保护红线的法律保障与预防性救济

预防性环境公益诉讼、落实政治责任与法律责任为立法重点。在方法论层面，可通过构建以生态保护红线为核心的生态空间管控体系、强化红线规划司法审查制度、完善红线决策专家参与制度、基于保护地役权制度建立红线合同关系、加强生态补偿制度的市场化等路径，明确政府义务，扩大公众参与权利，实现真正意义上的生态空间保护多元共治。本书具体的研究思路如下图。

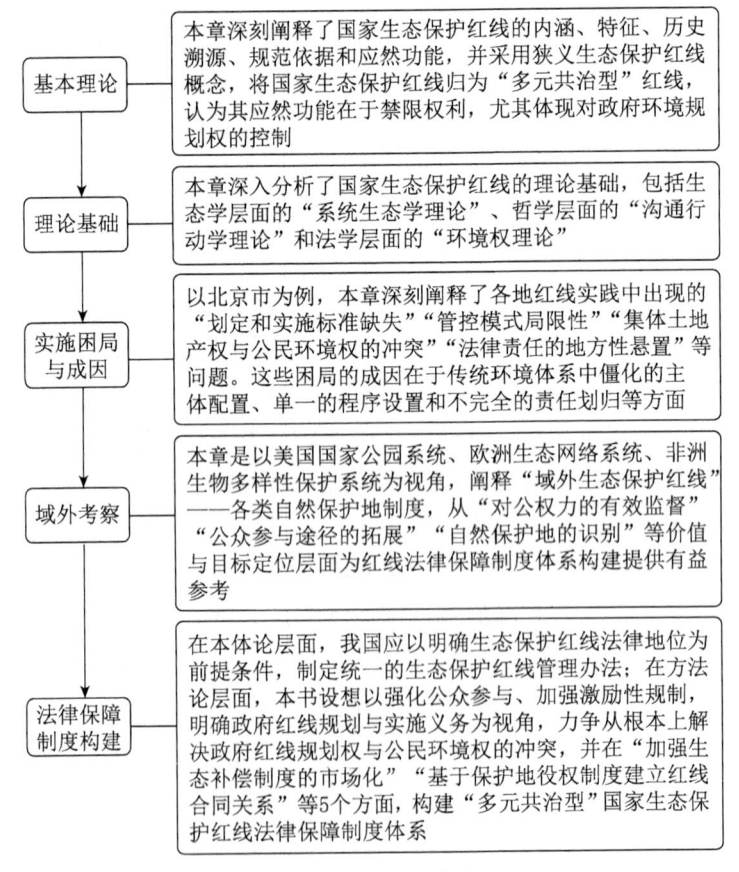

基本理论	本章深刻阐释了国家生态保护红线的内涵、特征、历史溯源、规范依据和应然功能，并采用狭义生态保护红线概念，将国家生态保护红线归为"多元共治型"红线，认为其应然功能在于禁限权利，尤其体现对政府环境规划权的控制
理论基础	本章深入分析了国家生态保护红线的理论基础，包括生态学层面的"系统生态学理论"、哲学层面的"沟通行动学理论"和法学层面的"环境权理论"
实施困局与成因	以北京市为例，本章深刻阐释了各地红线实践中出现的"划定和实施标准缺失""管控模式局限性""集体土地产权与公民环境权的冲突""法律责任的地方性悬置"等问题。这些困局的成因在于传统环境体系中僵化的主体配置、单一的程序设置和不完全的责任划归等方面
域外考察	本章是以美国国家公园系统、欧洲生态网络系统、非洲生物多样性保护系统为视角，阐释"域外生态保护红线"——各类自然保护地制度，从"对公权力的有效监督""公众参与途径的拓展""自然保护地的识别"等价值与目标定位层面为红线法律保障制度体系构建提供有益参考
法律保障制度构建	在本体论层面，我国应以明确生态保护红线法律地位为前提条件，制定统一的生态保护红线管理办法；在方法论层面，本书设想以强化公众参与、加强激励性规制，明确政府红线规划与实施义务为视角，力争从根本上解决政府红线规划权与公民环境权的冲突，并在"加强生态补偿制度的市场化""基于保护地役权制度建立红线合同关系"等5个方面，构建"多元共治型"国家生态保护红线法律保障制度体系

本书的思路研究框架

导 论

具体地说，全书共分为5章：

第1章：国家生态保护红线的基本理论。本章通过对国家生态保护红线内涵与特征的研究，分析我国历史及现今"红线"政策与制度（耕地红线、水资源红线、国家生态红线）发展脉络及世界各国重要"红线"治理实例，将"红线"划分为"统治型""管理型""多元共治型"三类，将国家生态保护红线划归为"多元共治型"红线。在规范依据方面，国土空间规划、自然保护地体系均与国家生态保护红线密切相关，而地方性法规与规范性文件对红线"落地"起到主导作用。同时，国家生态保护红线的发展与我国环境规制改革"合作治理"方向相适应。当前环境规制改革呈现"行政自我监督与自我规制加强""激励性规制模式的适用性增强""司法控制成为环境规制的重要补充"发展路径。国家生态保护红线通过限制政府权力、赋予公众参与更大协商空间、给予市场机制更多灵活性的方式，构建多主体协商互动的"多元共治型"权利义务关系，使公众在环境治理中脱离弱势地位和虚化状态。

第2章：国家生态保护红线的理论基础。国家生态保护红线的理论基础来源于生态学、哲学和法学。在生态学层面，国家生态保护红线的技术理论根基在于系统生态学相关理论。国家生态保护红线的划定、实施方法与系统生态学中的"生态系统稳定性""生态阈值""生物多样性"密切相关，其运作既遵循整体论中"准有机体"的地位，又须将其还原为物种或种群的集合予以细化关注。在哲学层面，红线制度体系所欲实现的"多元共治"模式，强调政府与公众的合作治理，而其本质是哈贝马斯"沟通行动理论"哲学思想在环境法领域的具象表达。该理论强调，沟通行动是借助言语碰撞与交流，以求互动合作、相互理解的过程，同时，该理论十分注重科学理性与政治理性相分离的"风险沟通程序"。

在法学层面，环境权理论是国家生态保护红线实施的法学基础。当前域内外对环境权理论的研究主要有三种进路：从程序性环境权到实体性环境权，从衍生权利到独立权利，从集体权利到个体权利。而无论环境权采用何种理解，其本质具有精神层面的独立意义。国家生态保护红线保障公民的精神利益，有助于实现红线区传统文化传承、利益分享和当地贫困人口的底线生态正义。

第3章：国家生态保护红线预防性救济的实施困局与成因。以北京市为例，尽管我国红线划定面积较广、管控手段较为严格，但总体上仍为地方政府占据主导地位的"管理型"红线，公众参与红线治理的积极性不高，难以实现整体性、系统化空间管控格局，相较"多元共治型"红线的要求相去甚远。一是在划定标准和管控手段方面，各地红线规划和实施中出现"划定范围难以合理确定""分级和管控标准不一""调整和审批程序各异"等问题。二是在管控主体方面，我国以生态保护红线为核心的生态空间管控仍延续了改革前传统自然保护区"统分结合"的分散式管控模式，同一区域多头管理现象十分普遍。三是在土地权属方面，红线区集体土地产权和公民环境权产生冲突，红线区内集体土地多为国家征收或征用，或在集体土地上设置多重禁限制度。四是在法律责任方面，我国面临各地红线法律责任主体不明确、红线法律责任承担方式差异较大、红线政治责任与法律责任的关系不明确的现状。

第4章：国家生态保护红线预防性救济的域外考察。本章是以美国国家公园系统、欧洲生态网络系统、非洲生物多样性保护系统为视角，阐述域外"生态保护红线"——多样的自然保护地制度。在美国，尽管超级土地所有者国家公园管理局具有"广泛自由裁量权"识别划定、管理、保护国家公园，但公众在"公民诉讼"和"特许经营"中的权利得以制约甚至制衡国家公园管理局行政权的恣意。在国家公园的界限识别与划定中,国家公园一般通过一系列侦察调查、边界配置研究、公众参与等严格程序,最后须经国会的终极决定权方可添加至国家公园系统。欧洲生态网络系统则主要包括"泛欧生态网络"和"欧洲绿道",它是基于"景观生态学"的整体与系统保护,注重不同自然保护地间的连通性和土地的不同利用方式,将"自上而下"的单一行政管理逐步转化为"多元互动"的合作管理。在非洲,政府通过"去中心化"生态资源管理模式赋予贫困人口生态资源管理权力,并利用"优先性评估""保护性租赁"等方式合理配置有限资源,充分协调核心保护区内外保护手段的衔接。

第5章:国家生态保护红线的预防性法律保障制度构建基本思路。本章主要从"本体论"和"方法论"两个层面对"多元共治型"国家生态保护红线法律保障制度进行阐释。在本体论层面,应以明确生态保护红线法律地位为前提要件,并以《环境保护法》为上位法,制定全国范围内公开、可作为地方红线立法基准的生态保护红线管理办法,围绕生态保护红线基本原则、基本规划方法、基本实施规则等内容,设计出完整统一、可实施性强的生态保护红线基础性、综合性法规。就立法重点而言,主要体现在主体要素与责任功能两方面:①在主体要素方面,应以设置独立的红线管理机构为方向;②在责任功能方面,应以落实政治责任与法律责任为目标。在方法论层面,本书设想以强化公众参与、加强激励性规制、明确政府红线规划与实施义务为视角,力争从根本上解决政府红线规划权与公民环境权的冲突,并从以下5个方面构建国家生态保护红线法律保障制度。

其一,应构建以生态保护红线为核心的生态空间管控体系。在以"生态保护红线为核心、以生态功能区规划、生态格局规划为补充"的生态空间管控体系中,我国应扩大生态空间规划环境影响评价范畴,并通过完善信息公开制度和听证制度等方式加强实质性公众参与。其二,应强化红线规划司法审查制度。当前我国法院对红线规划的司法审查应着眼于"合理性审查+程序合法"的范畴。即法院不得介入红线规划等实质问题决定,只需在程序上强化司法审查的督促和监督作用。其三,应完善红线决策专家参与制度。我国可借助相对稳定的、非随意性的"专家库"系统,通过专家选择机制、专家回避机制及同行制约机制等措施保障红线决策专家参与。其四,应基于保护地役权制度建立红线合同关系。不同于生态补偿,保护地役权合同可根据当地实际的自然人文环境,设定远高于政策或法律标准的"特别保护标准",改善生态空间保护"一刀切"的境况。我国环境行政机关或环保组织可在遵守相关强制性规范的基础上,通过与红线区集体土地权利人设定自愿性契约(即以保护地役权为基础的红线合同)的方式,限制当地居民的集体土地产权,并支付合理对价,使他们的保护行动更具主动性和自发性。其五,应加强生态补偿制度的市场化与益贫式发展的实质对接。红线区生态补偿市场化要求补偿主体和受偿主体应具备独立、平等的法律地位,并且补偿标准应尽可能明确化、精细化,在此基础上,鼓励红线区贫困人口参与生态补偿项目,使他们具备依据自身贡献值而得到生态补偿收益的权利。

第6章:国家生态保护红线的预防性救济要义:以预防性环境行政公益诉讼为核心。预防性环境行政公益诉讼旨在事前保护环境公共利益和维系客观法律秩序,特别是在最重要的生态空间——国家生态保护红线的预防性保护中起到举足轻重的作用。伴随着预防性环境行政公益诉讼制度在全国范围内的广泛有效实施,检察机关应恪守宪法赋予的法律监督者地位,以适度司法化的权力运行方式积极履职和纠正行政机关违法行为。在主体层面,应明确检察机关的行政监督权归位，检察机关参与环境行政公益诉讼的直接功能应当是监督行政权，而非喧宾夺主地替代行政机关来直接维护特定领域的公共利益。在程序层面，应设置诉前检察建议对审听证程序，检察建议的运行应遵循司法化思维，即由传统的"办事模式"向新型的"办案模式"转变，强化检察建议沟通协调机制的程序化和秩序化。在权能层面，应注重行政法律监督的范围与深度拓展，赋予检察机关与其监督权相对应的介入行政裁量的权力，以此激活讲求风险规制的生态空间预防性法律监督。

四、研究方法

本书主要运用体系研究、历史研究、比较研究以及实证研究四种方法。

第一，体系研究方法。体系研究方法是本书的基础性研究方法。尽管本书主要研究国家生态保护红线法律保障制度体系构造，但并不仅局限于对红线本身或相关生态空间保护制度的探讨。本书将生态保护红线与国土空间规划、传统自然保护地、域外各类自然保护地相联系，试图构建系统的"多元共治型"红线法律保障制度体系，将红线权利义务在政府与公众互动过程中进行合理分配。

第二，历史研究方法。本书借助历史视角分析我国过去和现今"红线"政策与制度（计划生育红线、耕地红线、水资源红线、国家生态红线）发展脉络及世界各国重要"红线"治理实例，将"红线"划分为"统治型""管理型""多元共治型"三类。并且，在论证域外的红线制度时，本书对域外自然保护地的发展历史进行回顾和反思，以厘清并构建符合我国国情的生态保护红线法律保障制度体系。

第三，比较研究方法。本书对国家生态保护红线的特殊性进行分析，特别将其与我国环境规制改革路径相比较，当前环境规制改革呈现"行政自我监督与自我规制加强""激励性规制模式的适用性增强""司法控制成为环境规制的重要补充"发展路径，这与国家生态保护红线的发展相适应。此外，本书还对生态保护红线中央与地方立法、各地之间不同的红线规定进行比较，从而明确生态保护红线专门性、统一性立法的必要性。

第四，实证研究方法。任何研究都不能脱离我国特殊的社会经济文化状态进行，本书也不例外。本书第三章以北京市怀柔水库和密云水库的红线区为例，分析总结出我国当前总体上仍为地方政府完全占据主导地位的"管理型"红线，公众参与红线治理的积极性不高，难以实现整体性、系统化空间管控格局。并且，本书最后一章通过列举事实与真实的司法案例，对我国生态保护红线在规划和实施、公众参与和司法监督等方面进行操作性较强的法律保障制度构建。

第一编

"红线"的基础理论

第1章
国家生态保护红线的基本理论

一、国家生态保护红线的内涵与特征

（一）国家生态保护红线的内涵

1. 国家生态保护红线的缘起

国家生态保护红线所涵盖的区域需要进行整体严格保护，是我国生态空间保护的"底线""警戒线"和"生命线"，即它在生态空间中具有极其特殊且重要的生态功能，必须通过强制性的措施保证其实现。《环境保护法》（2014年修订）首创"生态保护红线"，该法第29条将各级人民政府作为红线责任主体[1]，生态保护红线由此从"口号

---

[1]《环境保护法》第29条规定，"国家在重点生态功能区、生态环境敏感区和脆弱区等区域划定生态保护红线，实行严格保护。各级人民政府对具有代表性的各种类型的自然生态系统区域，珍稀、濒危的野生动植物自然分布区域，重要的水源涵养区域，具有重大科学文化价值的地质构造、著名溶洞和化石分布区、冰川、火山、温泉等自然遗迹，以及人文遗迹、古树名木，应当采取措施予以保护，严禁破坏。"

化"政策转化为"纸面上"强制实施的最严格的环境法制度。2019年11月，在中共中央办公厅、国务院办公厅两部门联合印发的文件——《关于在国土空间规划中统筹划定落实三条控制线的指导意见》中，将国家生态保护红线与永久基本农田、城镇开发边界相并列，正式纳入国土空间规划范畴。

国家生态保护红线源于2000年国务院颁布的《全国生态环境保护纲要》，它将生态空间划归为三类资源利用程度不同的区域。在地方上，最初的实践是2003年由生态环境部（原环保部）下属"环境规划院"牵头负责的《珠江三角洲区域环境保护规划》，要求对12.13%的陆域（5058平方公里）实行红线管控。[1]以该规划为基础，《广东省环境保护规划》在全省范围（包括21个地级市）设置红线调控区，实施"严进严出"的区域建设规划。此后，江苏、广东、福建、山西、四川等省份陆续实施相应的生态功能区划，提出"特殊区域分级保护""综合生态系统管理""分类分区管理"等理念皆与生态保护红线目标相似。江苏省制定《江苏省生态红线区域保护规划》，要求对生态特征不同的主体功能区设置不同的企业准入和排放标准，并成为第一个落实生态保护红线的省份。2014年，生态环境部（原环保部）发布《国家生态保护红线—生态功能基线划定技术指南（试行）》，详细规定了红线划定与调整的科技标准，预示着生态保护红线的全领域开展。

2017年2月，中共中央办公厅、国务院办公厅为强化实施力度，印发《关于划定并严守生态保护红线的若干意见》并确认"严守生态保护红线"的实施细则，包括"明确属地管理责任、确立生态保护红线优先地位、实行严格管理、加大生态保护补偿力

---

[1] 该规划确定"红线调控、绿线提升、蓝线建设"的总体战略，后经广东省人大批复，红线指标分解到9个城市强制执行。参见章轲：《交叉打架的生态红线》，载https://www.yicai.com/news/3452727.html，最后访问日期：2019年5月27日。

度、严格责任追究"等最严厉的生态空间管控措施。2018年2月，首批划定生态保护红线的省份为京津冀、长江经济带地区以及宁夏回族自治区等15个省市自治区，总面积约61万平方公里，约占15省份国土总面积的1/4，主要为生态功能极重要和生态极敏感脆弱区，基本涵盖国家级和省级的各类保护地，如自然保护区、风景名胜区、森林或地质公园、世界文化自然遗产等。[1]由此，生态保护红线作为生态文明视域下国家环境治理的重大战略决策与制度创新，已在全国范围内广泛实施，并由《环境保护法》《中华人民共和国国家安全法》（以下简称《国家安全法》）《中华人民共和国海洋环境保护法》（以下简称《海洋环境保护法》）等多个规范性法律文件所确认和强调，体现了国家强力管控生态空间的坚定信念。

2. 国家生态保护红线的概念界定

在环境法学术界，生态保护红线的概念可分为狭义和广义。狭义"生态保护红线"的适用范围很小，仅局限于比较罕见的、特殊的生态功能领域，而不涉及环境质量保障与资源利用等内容。"红线"为地理空间上的边界，是物理上可见的"线"。[2]比如王灿发教授认为，划定生态保护红线要依托自然环境的分异规律，将生态系统敏感性及生态服务功能布局差异性进行综合考量，不同区域的主体生态功能区应适用针对性生态安全防控措施[3]。王社坤教授认为，生态保护红线目标是维护生态系统服务功能和生

---

[1] 参见"北京等15省市区生态保护红线划定方案获批"，载新京报网 https://baijiahao.baidu.com/s? id = 1592178219517404787&wfr = spider&for = pc，最后访问日期：2019年12月23日。

[2] 持"狭义生态保护红线"观点的主要有王灿发、王社坤、饶胜、张强、牟雪洁等学者。

[3] 参见王灿发、江钦辉："论生态红线的法律制度保障"，载《环境保护》2014年第Z1期。

物多样性，而不涉及环境污染以及资源保护，否则会影响环境法体系的稳定性和可持续性。[1]饶胜、张强、牟雪洁认为，生态保护红线由空间红线、面积红线和管理红线构成，分别对应范围指标、结构指标和政策指标，与"环境标准"或"资源利用限制"无关。[2]

广义观点则认为，"生态保护红线"在发展中经历了从"生态空间范畴"至"环境、资源全领域"的概念最大化，是综合"生态、环境、资源"三个领域的概念，具有对重要生态环境整体进行风险预防、严格保护、污染防治的抽象意蕴。[3]如鞠昌华认为，通过逐步确定空间开发控制范围、资源利用最高限度和污染物排放总量标准控制，我国将建成具有完善的生态文明控制性指标的国家。[4]周生贤在2014年1月9日全国环境保护工作会议上的讲话中提到，以明确"自然—经济—社会"系统能力的"阈值"和"底线"为视角，在广义生态保护红线层面赋予"生态红线"之名，这其中就包含了生态功能红线、环境质量红线与资源利用红线三大内容。[5]与之相似，生态环境部原部长李干杰则在此基础上，与上述三大内容相对应地提出了"三线"，即生态功能保障基

---

[1] 参见王社坤、于子豪："生态保护红线概念辨析"，载《江苏大学学报（社会科学版）》2016年第3期。

[2] 参见饶胜、张强、牟雪洁："划定生态红线，创新生态系统管理"，载《环境经济》2012年第6期。

[3] 持"广义生态保护红线"观点的主要有鞠昌华、陈海嵩、高吉喜、周贤生、李干杰等学者。

[4] 参见鞠昌华："生态保护红线成为综合性概念"，载《中国环境报》，2013年11月18日，第02版。

[5] 周生贤认为，推进生态保护红线的划定工作要按照生态功能红线、环境质量红线和资源利用红线构成的基本思路进行。参见周生贤："深入贯彻党的十八届三中全会精神以改革创新为动力推进美丽中国建设：周生贤在2014年全国环境保护工作会议上的讲话"，载《环境保护》2014年第4期。

第1章 国家生态保护红线的基本理论

线、环境质量安全底线和自然资源利用上线。[1]

而本书则延续国家统一性立法《环境保护法》第29条、《国家安全法》第30条及《海洋环境保护法》第3条红线界定，采纳国家生态保护红线"狭义说"，即生态保护红线范围较窄且具有针对性，即其仅涉及"生态空间保护领域"，而不涉及环境质量保障与资源利用等内容。国家生态保护红线，是应对环保法长期以来的"重污染防治，轻生态保护"之衍生物。2015年，原环保部在其发布的《生态保护红线划定技术指南》（环发〔2015〕56号）中明确了"生态保护红线"的狭义界定，即依法在重点生态功能区、生态环境敏感区和脆弱区等区域划定的严格管控边界，是国家和区域生态安全的底线。并且，由于我国"环境质量红线"与"资源利用红线"具体规则已在《中华人民共和国大气污染防治法》（以下简称《大气污染防治法》）《中华人民共和国水污染防治法》（以下简称《水污染防治法》）《突发环境事件应急管理办法》（2015年）《中华人民共和国节约能源法》（以下简称《节约能源法》）《中华人民共和国水法》（以下简称《水法》）《中华人民共和国土地管理法》（以下简称《土地管理法》）等各单行法律法规中确立（见表1-1），无须另起炉灶。而狭义生态保护红线无论在相关立法中、抑或执法与司法活动中，均处于被忽视的境地。因此，本书将采用"法定主义"的狭义立场，深入剖析狭义（陆地）生态保护红线的规划与实施、监督与责任具体规则，[2]将其界定为：在重点生态功能区、生态环境敏感区和脆弱区等区域，国家或县级以上地方政府依法划定的具有物理意义的、闭合的警

---

[1] 参见李干杰："'生态保护红线'——确保国家生态安全的生命线"，载《求是》2014年第2期。

[2] 由于陆地生态保护红线与海洋生态保护红线划定方式、划定标准、管控方式等不尽相同，本书仅研究陆地生态保护红线。

戒线,[1]区域内将实施最严格、可获得的生态空间保护制度。

表1-1 生态保护红线（广义/狭义）概念的区别

	分类	概念	所涉领域	表现形式	规范依据	目标值
广义生态保护红线	狭义生态保护红线	本书研究对象，即"狭义生态保护红线"。指在特殊的、重要的生态空间界限内、必须强制性严格保护的区域	生态空间保护	①重点生态功能区 ②生态环境敏感区和脆弱区	①《全国主体功能区规划》 ②《全国生态功能区划》 ③《全国海洋功能区划》	强化生态服务功能，维持生态系统的稳定性
	环境质量红线	指为维护人居环境与人体健康的基本需要，必须严格执行的最低环境管理限值	污染物浓度控制	①环境质量标准 ②污染物排放标准	①《中华人民共和国标准化法》 ②环境保护单行法中相关条款	污染物排放浓度不得超过标准限值
			污染物总量控制	①主要污染物排放总量控制制度 ②政府减排目标责任制	①《大气污染防治法》 ②《水污染防治法》 ③《中华人民共和国国民经济和社会发展第十三个五年规划纲要》	全国化学需氧量、氨氮、二氧化硫、氮氧化物排放总量分别控制在2001万吨、207万吨、1580

---

[1] 参见王社坤、于子豪："生态保护红线概念辨析"，载《江苏大学学报（社会科学版）》2016年第3期。

第1章 国家生态保护红线的基本理论

续表

分类	概念	所涉领域	表现形式	规范依据	目标值
					万吨、1574万吨以内，比2015年分别下降10%、10%、15%和15%
		环境风险控制	①环境与健康风险评估制度 ②环境事故处置和损害赔偿恢复制度 ③突发环境事件应急管理制度	①2015年《突发环境事件应急管理办法》 ②2006年《国家突发环境事件应急预案》 ③《国家突发事件应急体系建设"十三五"规划》	到2020年，建成能够积极有效应对公共安全健康风险的突发事件应急体系
资源利用红线	指为促进资源能源节约，安全高效利用的最高或最低要求	能源利用	①能源节约制度 ②政府节能目标责任制	①《节约能源法》 ②《中华人民共和国国民经济和社会发展第十三个五年规划纲要》 ③《能源发展"十三五"规划》	单位GDP能源消耗降低15%，非化石能源消费比例提高到15%以上
		水资源利用	水资源管理制度	①《水法》 ②《中华人民共和国国民经济和社会发展第十三个五年规划纲要》	到2020年，万元GDP用水量下降23%，地表水好于Ⅲ类水

续表

分类	概念	所涉领域	表现形式	规范依据	目标值
					体比例超过70%
		土地资源利用	①最严格的耕地保护制度"18亿亩耕地红线"②森林资源保护制度:"林地与森林红线"	①《土地管理法》②《森林法》③《中华人民共和国国民经济和社会发展第十三个五年规划纲要》	①到2020年,耕地保有量保持在18.65亿亩②森林覆盖率增加1.38%

(二) 国家生态保护红线的特征

首先,在调整对象上,国家生态保护红线预示着我国环境法调整对象由单体环境要素向整体生态空间的转变。《关于划定并严守生态保护红线的若干意见》中对红线管控范围——生态空间的定义进行阐述,包括具有自然属性并具有生态服务特征的国土空间,[1]换句话说,生态空间即生物体实现其基本生存所需要的环境总和。2010年,《全国主体功能区规划》对生态空间的组成进行类型化阐释,其主要由"限制开发区中的重点生态功能区"以及"禁止开发区"两部分组成。2013年,《中共中央关于全面深化改革若干重大问题的决定》将"国土空间"进行精细划分,将其分为城市、农业、生态和其他四个空间,通过对各空间不同的生态

---

[1]《关于划定并严守生态保护红线的若干意见》提到,生态空间是指具有自然属性、以提供生态服务或生态产品为主体功能的国土空间,包括森林、草原、湿地、河流、湖泊、滩涂、岸线、海洋、荒地、荒漠、戈壁、冰川、高山冻原、无居民海岛等。

系统条件、生态环境承载力进行技术与实际勘测，明确其中的生态空间界限，以控制空间内自然资源利用强度、开发方式和保护内容。[1]由此，国家生态保护红线即是对最重要生态空间的整体性、统一性及系统性维护。《关于划定并严守生态保护红线的若干意见》提出"一条红线"的基本要求，即从类型来说，红线只有一条，不再有森林、草原、湿地红线，它是由特殊重要生态功能的生态空间组成，并按照生态系统服务功能进行规划和管理。从级别来说，即不做任何行政区划而将一条红线划到底。从管控来说，不再分区，严控对其开发、利用乃至破坏行为。[2]过去，我国传统环境法是围绕相互独立、性质不同的环境要素进行，难以有效贯彻自然环境保护的整体性和效率性，如环境污染防治领域有《大气污染防治法》《海洋环境保护法》《水污染防治法》《中华人民共和国环境噪声污染防治法》等单行立法。生态保护领域有《自然保护区条例》《风景名胜区条例》《森林法》《中华人民共和国水土保持法》《地质遗迹保护管理规定》等单行立法，各环境要素间虽相互影响，却难相互依存，分裂式的管控手段又会影响整体环境法运作的稳定与协调，最终导致环境监管的适用标准、执法方式和执法尺度不一，监管效率低却成本高，环境治理效果欠佳。而国家生态保护红线以"生态空间占用的合理与否"及"占用数量定量分析"为标准监测人类活动对生态环境资源的作用和影响，[3]借由对特定地区国土空间开发利用活动的限制乃至禁止，实现该地区从离散管控到统一维护，进而实现生态系统服务能力的提升。

---

[1] 参见刘超："生态空间管制的环境法律表达"，载《法学杂志》2014年第5期。

[2] 参见张文国等："把握划定并严守生态保护红线的八个要点"，载《环境保护》2017年第23期。

[3] 参见谢高地等："中国的生态空间占用研究"，载《资源科学》2001年第6期。

其次，在治理方式上，国家生态保护红线是一个有梯度、有层级的生态空间保护界限体系。我国对红线区实施差异性管控，并以"严格性与灵活性相统一"为划定与调整准则。根据生态环境部（原环保部）文件规定，国家生态保护红线通常是以严格的定期审核评估制为基础，不得擅自更替管控标准，对不符合功能定位的项目，要本着"功能不降低、面积不减少、性质不改变"的要求调整方可。对功能性的核心地带（如"国家公园核心区""自然保护区核心区""风景名胜区核心景区"）实施禁止一切开发行为的最严准入标准，而对非核心区则要在符合环保标准的前提下合理开发。[1]如沈阳实行的红线一、二类，武汉的生态底线区[2]和生态发展区，其中武汉还进一步推行差异化管控生态保护及建设工程，如自然保护区红线区以保护生物栖息地为主要任务。水源涵养区的红线区管理则侧重关注源头汇水区地表植被物种多样性与水源涵养能力的提升。[3]另外，在红线变动和调整时，应当比其他生态保护机制更具前瞻性和适应性，可根据生态系统状态和生态功能变动情况适时调整。[4]如2016年《海南省生态保护红线管理规定》第17条第1款规定："县级以上人民政府应当至少每

---

〔1〕 如江苏省将红线区划分为一级管控区和二级管控区，一级管控区禁止一切开发建设活动，二级管控区可在不破坏主体生态功能的前提下对生态资源适度开发利用。参见生态环境部："红线是实线，关键在执行"，载《中国环境报》，2014年1月28日，第6版。

〔2〕 根据2012年《武汉市基本生态控制线管理规定》第6条，生态底线区包括：①饮用水水源一级、二级保护区，风景名胜区、森林公园及郊野公园的核心区，自然保护区；②河流、湖泊、水库、湿地、重要的城市明渠及其保护范围……⑤其他为维持生态系统完整性，需要进行严格保护的基本农田、林地、生态绿楔核心区、生态廊道等区域。

〔3〕 参见邹长新、王丽霞、刘军会："论生态保护红线的类型划分与管控"，载《生物多样性》2015年第6期。

〔4〕 生态保护红线区域范围不是一成不变，而应根据构建国家和区域生态安全格局，提升生态保护能力和生态系统完整性的需要，不断优化和完善其布局，面积只增不减。参见生态环境部的《生态保护红线划定指南》第10页。

第1章 国家生态保护红线的基本理论

五年组织一次对本行政区域生态保护红线保护与管理情况的评估，经评估确需调整的，应当依法予以调整……"而各级政府改变调整自然保护区则无硬性的主动审查或技术评估义务。[1]

最后，在治理效果上，国家生态保护红线具有事前预防的风险治理效能。风险本身的客观不确定性和个体认知的主观性决定了[2]生态风险不仅可能是自然变化引起，还可能是人类活动所引起的系统和组织结构的变化，并致使生态功能严重受损。[3]红线是为了预防生态安全风险而出现的，并以生态风险评估（Ecological Risk Assessment，ERA）[4]为基础参考要素，是兼具风险评估标准体系与风险控制功能的包容性风险治理制度，通过各类利益群体知识与价值的整合、碰撞以实现主体间风险沟通，最终达致生态稳定与平衡目的。早期生态风险评估是为了决定是否要广泛实施改善公共健康的手段，后来扩展至工作场所的健康和安全、食品和药品监管以及消费品安全问题。到了20世纪90年代初期，规范、系统的生态风险评估体系由乔舒亚·利普顿（Joshua Lipton）等科学家提出，这个体系将生态风险的作用对象最终归结为各种生物体，并涉及生物间相互作用与风险级联。[5]同时，生态风险评估还包括一系列专用于描述生态或人类行为的对生态环境产生影响的技术，包括描述性的现场生态学、自然资源管理方法、环境影响评

---

[1]《国家级自然保护区调整管理规定》第9条第1款规定，"调整国家级自然保护区范围，由国家级自然保护区所在地的省、自治区、直辖市人民政府或国务院有关自然保护区行政主管部门向国务院提出申请……"

[2] 参见［德］乌尔里希·贝克：《风险社会》，何博闻译，译林出版社2003年版，第35页。

[3] 参见张思锋、刘晗梦："生态风险评价方法述评"，载《生态学报》2010年第10期。

[4] 一般来说，生态风险评估是指受一个或多个胁迫因素影响后，对不利生态后果发生的可能性进行评估。

[5] 参见李国旗等："生态风险研究述评"，载《生态学杂志》1999年第4期。

估技术及环境经济学和工程学。每种方法均配备了自己独特的标准实践，也影响人类行为对环境产生作用的可能性。与之相似，欧盟的"以风险评估为基本框架、以信任重建为主要目标"的风险治理模式已广泛应用于食品安全、消费者保护、环境与气候等诸多领域规制实践中。它打破了科学专家与技术官僚对风险规制决策过程的垄断，明确区分了科学和政治的界限，并重塑了政治、科学与社会公众的关系。[1]荷兰住房、物理规划和环境部（The Netherlands Ministry of Housing, Physical Planning and Environment Premises, MHPPE）曾在1989年主张在生态环境政策制定中使用风险评估，包括制定环境优先事项、评估政策选择的环境回报等，并具有5个与"科学理性"相关的关键步骤：①确定对人类和生态的危害；②估计已识别的危险发生率；③评估已识别的生态风险可接受性；④尽可能预防风险；⑤维持可接受的风险水平。该框架的核心是一个以数量为导向的风险评估协议，利用明确、客观的数据以量化生态风险及其不确定性。[2]与之相适应，我国红线规划的预期设定即以"科学数据风险评估模型"为重要依据。

在我国某些地区，也通过风险评估、合法性审查、专家论证等类似的风险评估程序（模型）进行红线划定和调整。[3]如渤海生态保护红线即将"环境灾害风险性"作为首要考量因素，涵括

---

〔1〕 参见 [瑞士] 萨拜因·马森、[德] 彼德·魏因加：《专业知识的民主化？探求科学咨询的新模式》，姜江、马晓琨、秦兰珺译，上海交通大学出版社2010年版，第3页。

〔2〕 M. Power and L. S. McCarty, "Trends in the Development of Ecological Risk Assessment and Management Frameworks", *Human and Ecological Risk Assessment*, Vol. 8, 1 (2002), pp. 7–18.

〔3〕 云南省环境保护厅："解读《云南省生态保护红线》"，载云南省人民政府网 http://www.yn.gov.cn/jd_1/jdwz/201807/t20180702_33241.html，最后访问日期：2019年2月13日。

自然生态系统结构和功能脆弱区、抵御外力干扰能力较低的地质灾害区等,依照风险评估单元内不同等级灾害发生程度占评价单元的比值,计算环境灾害风险程度。[1]

二、国家生态保护红线的历史溯源

红线(Red Line)与国家社会秩序运作密切相关。从语义学层面来说,"红线"涵盖"不可逾越的界限""禁止突破线""严守的防线""不可触碰的底线"等多种意义。在不同社会背景下,"红线"既可能是社会政治模式的外在体现,也可能是一种国家治理方式或法律制度。在国家政策层面,"红线"是一国统治阶级意志的集合和具体表现,并且是国家公权力进行刚性治理的重要手段。"红线"规则的确认过程则是具有威信的政治机构在与公众沟通、交往与互动中划定边界与严格秩序的过程。"红线"不同于一般禁止性规范,它的责任承担方式更严苛,又常把公众意愿与传统承袭排除在外。当"红线"由公共政策转变为法律术语时,"红线"目标的实现既须符合公权力的合理配置,又需要公众的积极反应与配合,其能否顺利实施的关键在于如何协调"公权力配置和运作模式"与"公众切身利益"的内在关系。

各国在不同历史时期具有不同的"红线"治理方式。人们对"国家"的认识历经复杂且漫长的过程。在中世纪,人们把国家看做神的意志体现。文艺复兴、启蒙运动后,人们开始将国家视为"人"。资产阶级启蒙学者认为国家是"抽象的人",其本质是人类理性的不断变革。后来,马克思主义才真正清晰地界定了国家的本质,即"阶级统治工具",它包括政治统治和社会职能两个方

---

[1] 参见许妍等:"渤海生态红线划定的指标体系与技术方法研究",载《海洋通报》2013年第4期。

面，并认为这两者之间有着紧密的关联，前者是建立在后者之上的。[1]通过马克思主义认识论的视角纵观历史不难发现，国家和社会关系伴随着生产力和生产关系的变化，两者是由高度统一到分化或对立，再到协调统一的演变过程。与此同时，国家治理形态也随之从"占有-掠夺"的强权统治到"管理-控制"，再进一步到以"协调-多元共治"多主体参与为主要形式的国家。[2]当然，这几种国家形态与国家实施的相应治理措施并非完全吻合，还与每个国家或地区的历史文明密切相关，但这个差异十分模糊。同时，国家治理形态发展次序也并非完全依序而进，历史倒退等问题也可能存在。而本书偏向于从较为总括的视角分析，认为上述三类治理类型已大致涵盖红线治理的类别。"红线"作为国家对公民施加的义务增量，它在各国的出现及运用呈现出"统治型""管理型""多元共治型"等不同样态。从生态空间保护方面来看，未来的公共资源将表现出"超越市场失灵"和"克服强制性政府规制"的特质，这就对公共理性下"红线"制度和实践提出更高的要求。

(一)"统治型"红线

1."统治型"红线的缘起

统治，指为了维持其生存与发展，个体或政权依赖并娴熟利用权力，以获得对领土或他人行为的全权支配权。"统治型"红线是建立在强权之上的对人或行为的绝对控制，是国家统治下具体实施方式之一。马克斯·韦伯认为，权力就是在社会关系内部，促使某个行为人义无反顾地实施主体意志的概率，不管这种概率

---

〔1〕 参见方涛："从'国家统治'到'国家治理'——马克思主义国家学说中国化的历史演进"，载《中共天津市委党校学报》2014年第4期。

〔2〕 参见戴长征、程盈琪："国家治理现代化的理论定位和实现路径——以国家与社会关系为中心"，载《吉林大学社会科学学报》2018年第4期。

的基础是什么。[1]"统治型"红线侧重于权力支配带来的效果——"对规则的绝对服从与执行"——进而追逐并实现目标。韦伯基于权力支配的正当性视角对合法统治形式进行明确的划分,即:①传统型统治:基于悠久传统的神圣性以及"根据这些传统行使权威者的永久信仰"来统治,这是基于传统权力以及运用它的主体地位的正统性而实现。②超凡魅力型(卡里斯马)统治,基于"某个个人的英雄品质或典范特性"而治理,此种权力是建立在对个人迷信和盲目崇拜基础上的。③法理型统治,基于"已制定规则之合法性"而理性治理,它是指依法授予、并获得行政命令的基于等级制度的权力,对此种权力的服从是对法律所确认职位之认可。[2]

2. "统治型"红线特征

在统治型红线关系中,公民和相关社会组织几乎可以被排除在外。权力机构占据完全主导地位,二者间呈现出"命令-服从"的强制依附关系。权力机构既是"红线"规则的制定者,又是"红线"规则的执行者和监督者。公民和相关社会组织则是"静默的参与者",这种参与不会对权力机构的决策内容和结果产生任何影响,更多地表现出"傀儡"倾向(见图1-1)。在这种框架内,公众只获得反射性利益[3],个体法定利益几乎被完全忽视。如果将此种框架嵌入到国家生态保护红线领域,将公众与权力机构完全割裂,那么环境法的立法目的将成为一纸空文,生态保护红线

---

[1] 参见杜辉:《环境公共治理与环境法的更新》,中国社会科学出版社2018年版,第20页。

[2] 参见[德]马克斯·韦伯:《经济与社会》(第一卷),阎克文译,上海人民出版社2010年版,第147页。

[3] 反射性利益:公共利益或法律不予评价的个人利益。参见王本存:"论行政法上的反射利益",载《重庆大学学报(社会科学版)》2017年第1期。

的底线设定与强制性规范亦将矫枉过正，特别是在红线区内生存的个体利益将被无情践踏，公众在红线实施中的附庸地位和权力者的强权意识必然会导致公共生态环境成为权力拥有者追求利益的筹码。当前公众参与红线事务的积极性不高、有效性不足，环境行政机关的全权"掌舵"现象，均是"统治型"红线的典型侧影。

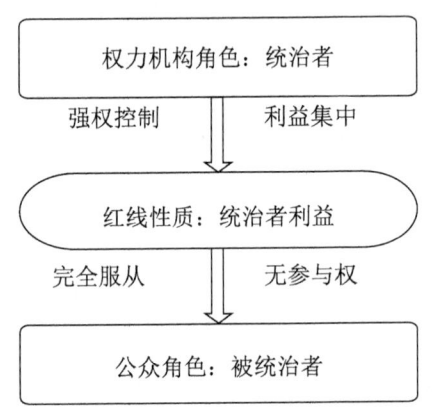

图 1-1 "统治型"红线主体角色和相互关系

(二)"管理型"红线

1. 传统"管理型"红线的缘起

公共物品供给，作为公共事务管理之中一个十分重要的节点，其最终是为了实现资源的优化配置，尽量避免公共物品遭肆意利用的"公地悲剧"或无偿使用公共物品利益的"搭便车"现象，实现"帕累托最优"。管理型红线历经"传统管理型"到"新公共管理型"红线的变革。传统管理主要包括两种机制，即政府和市场机制。前者是运用集权化和官僚制手段，后者运用市场调节。不过，单独的一种形式均不是万能的，这就导致在公共产品供给过程中会出现失灵问题，影响管理效率等。管理型红线推崇者认为，效率才是公共或私人行政基本的善。为了实现行政效率，必须找到一种"使官员准确无误地承担责任"的极简处理方法，也必须寻求不给权力带来破坏的、责任明确的最优分权方法。[1]此种效率与理性官僚体制的等级体系密切相关，政府管理权力虽来源于公众授权，但政府系统又必须是权力集中、指挥统一、体系完整、分工明确的，公众作为"委托人"与政府的"受托人"角色之间的沟通与协调仍有较大鸿沟（见图1-2）。

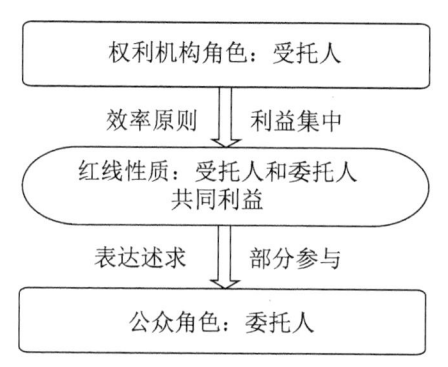

图1-2 "管理型"红线主体角色和相互关系

2. "新公共管理型"红线的缘起

二十世纪七八十年代以来，由于"管理型"红线问题层出不穷，西方各国开启了一场波澜壮阔的政府改革运动，即将刻板、层级鲜明的官僚式行政管理体制转化为"新公共管理"模式（New Public Management），[2]它是基于自由市场为基础而出现的。

---

[1] 参见朱仁显、刘建义:"民主与效率:西方公共行政发展的价值博弈"，载《行政论坛》2014年第1期。

[2] "新公共管理"模式有不同的名称，包括"以市场为基础的公共行政学""后官僚模式""企业化政府"等。参见陈振明:"评西方的'新公共管理'范式"，载《中国社会科学》2000年第6期。

国家生态保护红线的法律保障与预防性救济

基于公共选择理论（Public Choice）、委托-代理理论（Principal-Agent Theory）和交易成本理论（Transaction Cost Theory），此种管理模式的观点是，公共行政综合应用经济学和企业管理，将经济学的"理性人"概念引入管理之中，得出应该重视行政人员作为"理性人"的利益诉求，以个人利益最大化为行为基本准则。传统管理型红线严格束缚个人的能动创新，而"新公共管理型"红线强调对合适的激励机制的选择并充分激发个人潜能，如政府要把市场或顾客作为其目标导向，通过成本收益的比较来评估自己工作的绩效从根本上提升工作效能。

由此，"新公共管理型"红线的特质在于：①政府是掌舵者而不是划桨者，即政府由自上而下的全方面控制转变为制定政策并征得公众认同。②公众身份不是"委托人"而是"顾客"，政府服务以"顾客"的需求和愿望为目标，将公众意志置于权力运作之上，公众则在一定程度上获得"行政参与权"。③政府采用小型化或分权方式进行管理，由层级化朝着合同化转变，将服务与管理权限下放，实现资源的最优化配置（见图1-3）[1]。例如，我国"18亿亩耕地红线"即属于"新公共管理型"红线。2017年1月，中共中央、国务院发布《关于加强耕地保护和改进占补平衡的意见》，对耕地问题进行专门说明，其中尤其提到各个地方要"严守耕地红线"。在当下我国耕地总面积持续下降的情形下，18亿亩耕地就是保障我国安全的底线。[2] 2019年新《土地管理法》将"基本农田"提升为"永久基本农田"，第一次通过立法形式明确耕地红线在我国土地管理中处于基础性地位。耕地红线的保护措施有

---

[1] 参见陈振明："走向一种'新公共管理'的实践模式——当代西方政府改革趋势透视"，载《厦门大学学报（哲学社会科学版）》2000年第2期。

[2] 参见王卿、陈绍充："基于粮食安全视角的'18亿亩耕地红线'的战略意义研究"，载《宏观经济研究》2010年第3期。

两种：第一种为严格保护的永久基本农田；第二种为实施"占补平衡"的耕地。其中"占补平衡"是指强制进行非农建设使用耕地的主体，在使用后应按照法律的要求进行补充耕地。如不能补充，即须给政府足额的费用作为补偿，全面实施耕作层土壤剥离再利用。[1]当占补平衡中充分引入市场机制后，政府须对土地进行确权登记，并允许各类型主体参与土地出让和受让。政府还可通过"成本-效益"分析或协商方式，确认耕地占补平衡指标保护价。如四川省针对此类问题规定，耕地占补平衡指标流转价格需要买受双方以协商的方式最终确定，参照标准是耕地占补平衡的取得成本、耕地开垦缴费标准、新增耕地的质量等级、合理利润等因素，[2]或建立新评价标准，以"产能"取代"数量"平衡。[3]

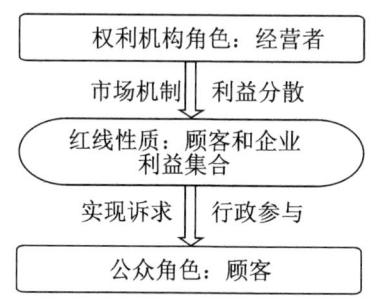

图 1-3　"新公共管理型"红线主体角色和相互关系

从前文可以看出，以"耕地红线"为代表的"新公共管理型"

---

[1] 参见楼东江："严格落实占补平衡制度　切实保护耕地资源"，载《浙江国土资源》2017 年第 7 期。

[2] 参见蒲杰："耕地占补平衡指标跨省交易的几个理论问题"，载《理论与改革》2017 年第 1 期。

[3] 参见蒲杰："补充耕地质量平衡制度运行效果考察及革新路径探析"，载《河北法学》2017 年第 2 期。

红线试图在政府管理国家事务中引入市场和经济要素,并尽可能合理适用"帕累托累进""外部性理论""成本-效益"分析等经济学基础理论,"依据效率和效能的不同安排公共产品的生产和供给",改变层级分化和强制命令的方法,运用更加明晰的授权和分责制,从而实现政府与公众关系的协调和资源利用的最高效率。[1]但也有学者指出,从长期来看,此种模式可能会重蹈"超越环境保护的 GDP 论"。[2]

(三)"多元共治型"红线

1. "多元共治型"红线的内涵与特征

多元共治治理理论,是新公共管理在"参与主体多元化"和"对弱者利益倾斜保护"面向的延伸,强调各主体的协商共治过程。这个理念来自"印第安纳学派",该学派认为应当打破治理主体在公共产品供应时的单一化。政府、市场主体及民间力量要加强合作,以求最终实现适应社会需求的多元化治理,有利于实现社会公正。多元共治更强调角色的转变,而非否认政府管理责任,政府只是与其他主体共同参与治理的合作者(见图1-4)。如日本在"公害事件"后实施多中心环境治理模式,日本地方政府在环境治理过程中的积极性远高于中央政府,地方环保政策或措施还可反作用于中央政府,督促其尽快出台相关环保法规。[3]

---

[1] 参见高秉雄、张江涛:"公共治理:理论缘起与模式变迁",载《社会主义研究》2010 年第 6 期。

[2] 参见王宏:"重庆环境成本、自然资源成本估算及对 GDP 的修正",载《探索》2002 年第 5 期。

[3] 参见宫笠俐:"多中心视角下的日本环境治理模式探析",载《经济社会体制比较》2017 年第 5 期。

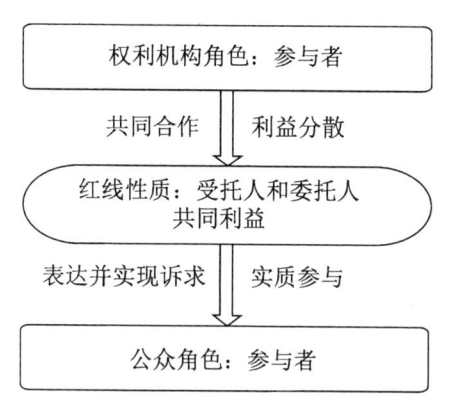

第1章 国家生态保护红线的基本理论

```
┌─────────────────────┐
│ 权利机构角色：参与者 │
└─────────────────────┘
    共同合作 │ 利益分散
         ╭──┴──╮
        ╱       ╲
       │ 红线性质：受托人和委托人 │
       │       共同利益          │
        ╲       ╱
         ╰──┬──╯
   表达并实现诉求 │ 实质参与
           ▼
┌─────────────────────┐
│   公众角色：参与者   │
└─────────────────────┘
```

图1-4　"多元共治型"红线主体角色和相互关系

与前述权威、命令式红线规制形式存在很大不同，多元共治型红线明确肯定了不同的社会公共机构间不同程度的权力依赖，但这个权威并不仅指行政机关。事实上，"多元共治型"红线主体范围具有广泛性，它不再是中央集权，而是权力分散。它不仅重视公众的价值与影响，还将各种经济组织等社会主体与政府摆在相互对等的位置。它的主要内容不再是监督与被监督，而是某种特定的、相互制约的合同关系。总的来说，多元共治型红线权力运行向度是上下互动的交替流动过程，通过彼此间对共同问题的协商、互动和信息交换，达成共同目标、有机团结和相互依赖，进而形成一定的规范网络，[1]最终获得一种主体多元、彼此互惠互信的治理管控体系。

2."多元共治型"红线的表现形式

我国"水资源红线"即是"多元共治型"红线的雏形。2011年，面对水环境恶化的严峻形势，我国为了更好地遏制水资源缺

―――――――
[1] 参见张旭："'协同政府'：公共管理改革的新趋势"，载《中共福建省委党校学报》2018年第8期。

乏，水在《中共中央 国务院关于加快水利改革发展的决定》中提出多重举措，其中，最重要的是开始实施最为严苛的"水资源红线"制度。它不仅包含水资源开发利用红线，为水资源利用设定最高限额，还包括用水效率以及水功能区限制纳污的红线等。[1]强调取水、用水、排水的全过程管理和计量监控，积极培育水市场，倡导水权、取水许可、用水定额标准、用水定额管理、水资源有偿使用、水价改革等制度运用，鼓励实施水权交易，注重跨部门协调和非公权力机关的公众参与，从根本上提高决策的有效性和透明度。[2]

根据《水法》第12条第1款的规定，国家对水资源实行流域管理与行政区域管理相结合的管理体制。[3]通过水权交易及水市场的综合管理，使得水资源达到配置的最优化，在"取水许可和取水定额管理"制度运行的前提下，对各用水者进行量的控制，允许在特定时期或特殊阶段予以转让。同时，各级政府应根据相关水资源红线规定，确定当地水资源管理的具体措施，构建用水单位名录制度。[4]鉴于此，以"水资源红线"为代表的可获得的"多元共治型"红线应建立在国家、市场和公众互动之上，应以环

---

[1] 水资源开发利用控制红线是各地允许的用水总量，反映了我国水资源管理将从供水向需水进行转变；用水效率控制红线是一个综合性指标，可包括用水定额和用水效率；水功能区限制纳污红线是水域纳污能力，是水污染物排放许可证发放依据。参见陶洁等："最严格水资源管理制度'三条红线'控制指标及确定方法"，载《节水灌溉》2012年第4期。

[2] 参见杨得瑞、姜楠、马超："关于水资源综合管理和最严格水资源管理制度的思考"，载《水利发展研究》2013年第1期。

[3] 国务院水行政主管部门负责全国水资源的统一管理与监督工作，地方政府受中央政府委托负责本行政区域内水资源的统一管理和监督工作；流域管理机构依据流域水文分区对流域实行统一监督管理。

[4] 参见吴贤静："水资源红线的理论阐释与制度实践"，载《资源开发与市场》2018年第2期。

第1章　国家生态保护红线的基本理论

境善治贯穿始终，赋予公众直接参与公共事务的权力，彰显公权力向社会回归、公民自治的融洽过程。

承上，在生态环境保护领域，尤其是与公民个人切身利益密切相关的红线规划与实施过程中，应秉承"多元共治型"红线的制度保障体系运作机理，不仅包括"社会秩序和法律权威被接受、承认和归依的状态"，还应关涉"与公民利益切身相关的公共信息之公开性和透明性""政府的责任性"以及"公众参与的有效性"等内容，深刻回应了协商式民主要求，最终实现公民个人利益、环境公共利益与国家利益间的承接与协调。

表1-2　三种红线类型的区别

	红线类型	本质	理论基础	互动模式	政府角色	公众角色	典型政策（制度）
1	统治型	等级制	韦伯"官僚制"	权威和地位	规则制定者和实施者	被管理者	1928年《红线协定》
2	管理型	市场	新公共管理理论	交换和竞争	市场创造者和行动者	"买方"	18亿亩耕地红线
3	多元共治型	网络	网络理论	合作和团结	网络激活器和参与者	实质参与者	水资源红线；生态保护红线

三、国家生态保护红线的规范依据

（一）国土空间规划与生态保护红线的关系

1. 国土空间规划与"多规合一"

虽然空间规划起源较早，但各国对空间规划有多样化的理解。在我国，"空间规划"被认为是"对空间的整体性统筹安排与管控的过程"。1997年，《欧洲空间规划制度纲要》也对空间规划进行首次明确，该规划纲要主要是政府部门针对未来人类活动或生态空间的使用而划定框架或界定布局的措施，最终目的是构建能够实现可持续发展的土地使用体系。[1]欧洲空间区域一体化计划（Europe Interreg）认为，空间规划是依托监督管理土地的开发利用过程来影响空间结构的行动。[2]虽然西方的土地普遍是私有制的，但是对于公用地的保护则排除公有制与私有制界限而实行严格的统一空间管制，如美国 Storie Index Rating 和 LESA 农地质量评估系统将农地明确划分为"限制发展"和"可发展"两种类型，前一种又称为"绿地"（Green Land），后一种称为"白地"（White Land）。这样做的目的是防止优质农地被城市侵占，实现农地数量和质量的双重保护。[3]

2018 年 3 月，我国原有的国家机构发生重大的改革。其中，一个重要的部门整合最为引人关注，即自然资源部的组建，不再保留国土资源部、国家海洋局、国家测绘地理信息局。自然资源部的职责之一即制定全面的国家空间规划体系并监督其实施（见图 1-5）。自此，空间规划在生态环境保护领域也正式被称为"国土空间规划"。2019 年初，《中共中央 国务院关于建立国土空间规划体系并监督实施的若干意见》（以下简称《国土空间规划若干意见》）对国土空间规划的法律定位进行明晰界定，并按照不同规划的不同功能定位，将国土空间分为三大类：城镇空间、农业空间、生态空间（见图 1-6），为今后"多规合一"改革预留了法律空间。"多规合一"加强了国土空间规划对多种专项规划的引导，将各种生态组成部分（如山、林、田等）作为生命共同体，使土地利用、城

---

〔1〕 Commission of the European Communities，*The EU Compendium of Spatial Planning Systems and Policies*，Luxembourg: Official Publications of the European Communities, 1997, pp. 5-10.

〔2〕 参见霍兵："中国战略空间规划的复兴和创新"，载《城市规划》2007 年第 8 期。

〔3〕 B. Delworth Gardner, "The Economics of Agricultural Land Preservation", *American Journal of Agricultural Economics*, Vol. 59, 5 (1977), pp. 1027-1036.

第1章 国家生态保护红线的基本理论

乡、生态空间等各种不同规划得以必要融合。[1]如规定"已经编制国土空间规划的，无须再编制土地利用总体规划和城乡规划"。

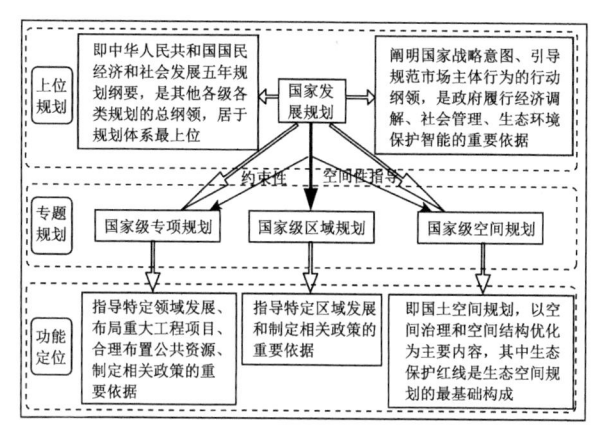

图 1-5 我国各类国家级规划的关系

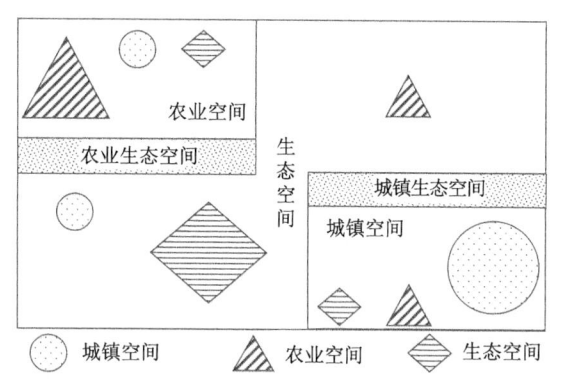

图 1-6 生态空间、农业空间与城镇空间的关系

---

[1] 当前为提升国土空间的开发保护利用水平，在国家、省、市、县编制国土空间总体规划，各地应结合实际编制乡镇国土空间规划。如 2019 年杭州市国土空间总体规划编制中统筹安排城镇、农业、生态三大功能区域，并统筹管控生态保护红线、永久基本农田和城镇开发边界。

2. 国家生态保护红线是生态空间规划的核心

国家生态保护红线是以最高级国家空间规划——国土空间规划为基础的"线上划线",也是生态空间规划体系的核心内容。过去由于生态文明建设需要,我国生态空间规划由诸多规划类文件规定,体系庞杂,国土空间规划、主体功能区规划、生态环境保护规划等内容出现重叠。[1]而在"多规合一"情境下,它们将被涵括在一统式的生态空间规划中。在2019年通过的《关于在国土空间规划中统筹划定落实三条控制线的指导意见》规定三条控制线的统筹划定,[2]即生态保护红线、永久基本农田和城镇开发边界,以此为基础并结合资源环境承载力,统一标准、统一规划,系统布局生态空间、农业空间和城镇空间。生态保护红线作为最严格的生态控制线,系生态空间保护的最小区域和最基本底线。同时应特别注意以下几点:①"多规合一"的生态空间规划体系,包含《全国主体功能区规划》《全国生态功能区划》《全国生态脆弱区保护规划纲要》等方面的内容,其中《全国主体功能区规划》是我国最为重要的国土空间规划,同时也是战略性、宏观性、约束性的规划。它还是全国城镇体系规划和市县总体规划、土地利用规划、生态建设规划所用来参考的重要基准[3]。②国家生态保护红线是"多规合一"生态空间规划的"顶层设计",是对宽泛的

---

[1] 与此相关的规划还包括国民经济和发展规划、全国城镇体系规划和市县总体规划、土地利用规划等。

[2] 统筹划定落实生态保护红线、永久基本农田、城镇开发边界3条控制线,要以资源环境承载能力和国土空间开发适宜性评价为基础,科学有序统筹布局生态、农业、城镇等功能空间,按照统一底图、统一标准、统一规划、统一平台的要求,建立健全分类管控机制。

[3] 各级人民政府需要以《全国主体功能区规划》为基本准则,根据不同区域的资源环境承载能力、现有开发强度和发展潜力,确定不同区域的主体功能,逐步形成人口、经济、资源环境相协调的国土空间开发格局。

生态空间规划的具体化，是基于主体功能区规划的最为严苛且可以获取的国土空间规划。《全国主体功能区规划》将与红线相契合的区域划分为限制和禁止开发区两种[1]，依据二者不同的主体功能定位，明确不同的开发或保护方向，制定差异化的生态环境目标和治理保护措施。《生态保护红线划定指南》则将上述范围拓展化和深入化，认为红线校验划定应在生态功能极重要区、生态环境极敏感区、禁止开发区及其他有必要严格保护的各类保护地[2]（见表1-3）。

表1-3 各类生态空间规划中的红线区域

重点生态功能区	《全国主体功能区规划》附件1仅列出25个国家重点生态功能区，包括大小兴安岭森林生态功能区、长白山森林生态功能区、呼伦贝尔草原草甸生态功能区等区域。《全国生态功能区划（修编版）》确定63个全国重要生态功能区
生态敏感区/脆弱区	当前规范性文件中没有规定"生态敏感区"具体范围，仅有区域性质的科学检测方法。《全国生态功能区划（修编版）》中"生态敏感性评价"内容包括4个方面，即水土流失、沙漠化、石漠化和冻融侵蚀的敏感性。后来，又根据多方面因素，按敏感程度划分为了4个级别，即极敏感、高度敏感、中度敏感、低敏感。《全国生态脆弱区保护规划纲要》中确定8大生态脆弱区，主要由东北林草交错生态脆弱区、北方农牧交

---

[1] 限制开发区（重点生态功能区）要求对各类开发活动进行严格管制，尽可能减少对自然生态系统的干扰。禁止开发区则主要包括国家级自然保护地（国家级自然保护区、世界文化自然遗产、国家级风景名胜区、国家森林公园、国家地质公园等），其管控措施则更为严苛，严禁不符合主体功能定位的各类开发活动。参见《全国主体功能区规划》，人民出版社2015年版，第68—80页。

[2] 有必要严格保护的各类保护地：主要包括极小种群物种分布的栖息地、国家一级公益林、重要湿地（含滨海湿地）、国家级水土流失重点预防区、沙化土地封禁保护区、野生植物集中分布地、自然岸线、雪山冰川、高原冻土等重要生态保护地。参见生态环境部：《生态保护红线划定指南》。

续表

	错生态脆弱区、西北荒漠绿洲交接生态脆弱区、南方红壤丘陵山地生态脆弱区、西南岩溶山地石漠化生态脆弱区、西南山地农牧交错生态脆弱区、青藏高原复合侵蚀生态脆弱区、沿海水路交接带生态脆弱区等组成
国家和省级禁止开发区	《全国主体功能区规划》附件2列出国家禁止开发的区域，包括国家级自然保护区、世界文化自然遗产、国家级风景名胜区、国家森林公园与地质公园，共计1443个区域。省级禁止开发区需要根据各省相关文件规定

(二) 自然保护地体系与生态保护红线的关系

中国有着自己的自然保护地体系，多为分散式点状的保护空间，主要包括国家公园、自然保护区和自然公园。2019年6月，中共中央办公厅和国务院办公厅为对建设中国特色自然保护地体系进行顶层设计，联合发布的《关于建立以国家公园为主体的自然保护地体系的指导意见》（以下简称《自然保护地体系指导意见》），明确规定国家公园的主体地位以及自然保护地体系的原则、构成和管理体制等内容。[1]我国传统自然保护地体系主要依据独立且各异的资源要素设立（见表1-4），以至出现分类欠缺技术性、保护区重合、保护标准不明确、公益属性缺失等混乱状况。国家生态保护红线区与自然保护地体系有相似和重合之处，比如在广义上，二者均以维持生态系统的稳定与可持续为主要目标，并归属于"生态空间"范畴。二者均由国家权力机关基于不同生态空间的环境承载力、生态敏感性等技术性检测而划定，划定后均不可随意调整和更改。

---

[1] 《自然保护地体系指导意见》，明确提出要"建立分类科学、布局合理、保护有力、管理有效的以国家公园为主体的自然保护地体系"，并从基本原则、自然保护地体系构成、建立管理体制、创新建设发展机制、加强监督考核、完善保障措施等六个方面进行具体规定。

表 1-4 自然保护地主要类型和法律依据

保护区域名称	主要规范性文件
世界文化自然遗产	《保护世界文化和自然遗产公约》
国家公园	《建立国家公园体制总体方案》
自然保护区	《自然保护区条例》
风景名胜区	《风景名胜区条例》
森林公园	《森林法》《森林公园管理办法》《国家级森林公园管理办法》
地质遗址保护区（地质公园）	《地质遗址保护管理规定》
水利风景区	《水利风景区管理办法》
湿地区域	《湿地保护管理规定》
饮用水水源保护区	《水污染防治法》《饮用水水源保护区污染防治管理规定》
公益林地	《森林法》《国家级公益林管理办法》

但应注意到，国家生态保护红线与自然保护地体系具有本质的不同。

第一，二者的作用范围不同。当前的生态保护红线区与自然保护地范围呈现"部分交叉重叠"关系。根据《自然保护地体系指导意见》，将传统自然保护地依据生态价值和保护强度水平整体归纳入国家公园、自然保护区和自然公园，循序渐进地形成以国家公园为主体、自然保护区为基础，且其他自然公园为补充的自然保护地划分系统。[1]而生态保护红线管控不仅包括最重要的、

---

[1]《自然保护地体系指导意见》中对现有的自然保护区、风景名胜区、地质公园、森林公园、海洋公园、野生动物重要栖息地等各类自然保护地开展综合评价，按照保护区域的自然属性、生态价值和管理目标进行梳理调整和归类，统一划归到自然保护地体系中。

极度敏感脆弱的、必须严格保护的自然保护地，还有未纳入自然保护地的"绝对禁止人类活动区域"。由此，国土空间规划、生态保护红线与自然保护地规划呈现如下关系（见图1-7）[1]。

```
        国土空间规划
            │
        生态保护红线
       ┌────┼────┐
   国家公园规划 自然保护区规划 自然公园规划
```

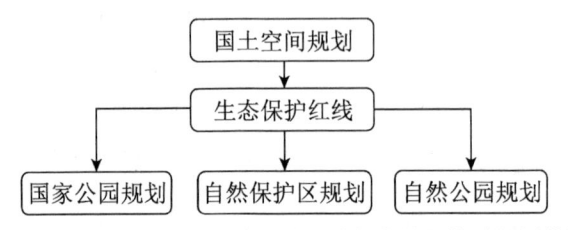

图 1-7 国土空间规划、生态保护红线与自然保护地规划的关系

（1）国土空间规划作为国家规划体系的重要部分，系生态保护红线和自然保护地规划的上位概念，它能够支撑和保障"一张蓝图绘到底"的理想实现，对国家级专项规划具有空间性指导和约束作用[2]。生态保护红线与自然保护地规划均属"约束性行政规划"，赋予约束力相对较弱的国土空间规划以强制属性。

（2）当国家公园、自然保护区、自然公园在《自然保护地体系指导意见》中得以确立后，在其基础上将不再叠加其他形式的保护，而将各种有必要严格保护的自然保护地都纳入到生态保护红线监管范畴。由此，生态保护红线区与自然保护地范围的重叠也就不会影响两种管控措施的并行使用。它们两者是相似但并行不悖的制度形式。综上所述，我们可以发现，生态保护红线与自然保护地的重叠区域为：生态功能重要、生态环境敏感脆弱以及其他有必要严格保护的各类自然保护地，没有重叠的红线部分是

---

[1] 参见徐德琳等："基于生态保护红线的生态安全格局构建"，载《生物多样性》2015年第6期。

[2] 参见王开泳、陈田："新时代的国土空间规划体系重建与制度环境改革"，载《地理研究》2019年第10期。

尚未纳入自然保护地的"重要生态功能区"以及"生态环境极敏感脆弱区"（见图1-8）。

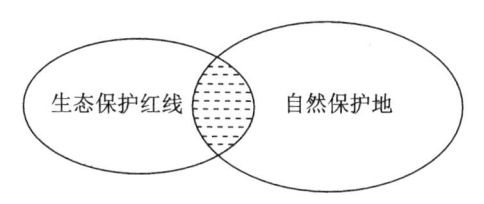

图1-8　生态保护红线与自然保护地的关系

第二，二者的作用形式不同。国家生态保护红线秉承"整体性保护"准则，相较而言，我国自然保护地体系发展正呈现出由单体性向复合性发展的态势。1994年，我国出台了最早的生态保护区制度——《自然保护区条例》。随后，我国又对风景名胜区、森林公园、水利风景区、湿地区域、饮用水水源保护区等作出相应的规定，这些立法保护均属"单体性环境要素的保护线"规定，针对的是具有某一种或某一类生态特征的生物群，并在环境管理与执法方式方面也存在分散化与多部门化的倾向，如《自然保护区条例》第8条[1]，即存在各个部门的权责界限模糊的问题，这十分容易被不同部门间的经济利益诉求所驱使，加上各部门缺少主动沟通与协调机制，使得保护区发展无宏观、统一规划，最终导致自然保护区环境管理效率低下，自然资源的保护效果非常的不好，环境联合执法往往会陷入多重窘境之中。[2]《自然保护地体系指导

---

[1]《自然保护区条例》第8条第1款、2款和3款规定，国家对自然保护区实行综合管理与分部门管理相结合的管理体制。国务院环境保护行政主管部门负责全国自然保护区的综合管理。国务院林业、农业、地质矿产、水利、海洋等有关行政主管部门在各自的职责范围内，主管有关的自然保护区。

[2]　参见吴真、闫明豪："我国自然保护区环境执法困境及对策"，载《环境保护》2014年第23期。

意见》虽将自然保护地以自然生态系统的原真性、整体性、系统性和内在规律分为"国家公园""自然保护区"和"自然公园"三类，但其在表现形式和分布区域上仍是分散、不统一的。相对来说，国家生态保护红线是生态环境要素的集合区，这个要素集合区一方面具有综合生态系统特质，另一方面也有"一条红线管控重要生态空间"的规划与实施要求，呈现连贯、整体的保护和发展态势。

第三，二者的规制对象不同。国家生态保护红线旨趣在于控制行政权力，规制对象主要为政府的违法规划与实施行为，而自然保护地规制对象仍为传统行政秩序中各类私主体的违法行为。根据《关于划定并严守生态保护红线的若干意见》的规定，政府是红线责任的主要承担主体，并且为了发挥红线"预防生态损害"功能，相应的红线制度也将体现预防性法律责任承担效果，其中最根本的途径即对"行政规划权"的强力控制。根据 2016 年《海南省生态保护红线管理规定》第 32 条，县级以上人民政府及其相关主管部门和工作人员如没有依法划定或调整红线，抑或审批、核准或备案的项目违反生态保护红线的，应给予其行政处分甚至追究刑事责任。[1]其中，行政机关对生态保护红线的划定与调整权限、红线区内建设项目审批权和核准权等即是行政机关预防性生态保护职责的体现。相较而言，我国当前的自然保护地体系仍延续的是传统行政关系中"行政主体-行政相对人"的单向权责关系，以"事后追责"为主要责任承担方式。比如《自然保护区条

---

〔1〕 2016 年《海南省生态保护红线管理规定》第 32 条规定，"县级以上人民政府及其相关主管部门和工作人员有下列行为之一的，由上级主管部门或者监察机关责令改正，对直接负责的主管人员和其他直接责任人员依法给予处分；构成犯罪的，依法追究刑事责任：（一）未依法划定或者调整生态保护红线的；（二）对不符合生态保护红线区开发建设管理目录的建设项目予以审批、核准或者备案的……"

例》"法律责任"部分规制内容仍为私主体对自然保护区的自然资源与生态环境现实或潜在的破坏行为,而对行政机关作出的各类保护规划失误或未按规定进行建设项目审批等行为并未设置任何预防性法律责任。《风景名胜区条例》(2016年修订)第47条[1],虽然对行政监管主体规定了违法建设,或违法修改规划等预防性的规划类责任,但责任内容较为笼统且一味地使用"处分"限制权力者,惩治力度远远不够。综上,生态保护红线的规划效力和约束范围都在自然保护地体系以上。

(三)地方规范性文件对红线"落地"的主导作用

1. 国家生态保护红线"落地"困境

国家生态保护红线,作为国家公共政策的重要组成部分这一点是毋庸置疑的,它是我们为更好的保护生态,缓解安全困境而进行的战略和制度选择。就政治层面而言,它作为生态保护规划和城乡规划的总体指导方针,与永久基本农田以及城镇开发边界共同构成了国土空间规划中最基本的底线。而就目前划定与实施情况看,国家生态保护红线作为国家基本政策执行情况并不理想。即使已被多个国家文件认可,却难以执行强有力的决策,这是由以下几个困境决定的。

第一,在立法层面,生态保护红线的相关法律法规还比较单薄,仅在《环境保护法》《国家安全法》《海洋环境保护法》等某些法条里有所涉及,其内容也仅是生态保护红线的概念、内容、意义等原则性条款,并无详细明确的划定标准、划定机关、调整

---

[1]《风景名胜区条例》(2016年修订)第47条规定,"违反本条例的规定,国务院建设主管部门、县级以上地方人民政府及其有关主管部门有下列行为之一的,对直接负责的主管人员和其他直接责任人员依法给予处分;构成犯罪的,依法追究刑事责任:(一)违反风景名胜区规划在风景名胜区内设立各类开发区的……(四)风景名胜区规划批准前批准在风景名胜区内进行建设活动的;(五)擅自修改风景名胜区规划的……"

程序、行政执法方式、法律责任等内容。并且据前所述，我国传统自然保护地立法多散见于环保、林业、海洋等部门的规章制度中，这导致交叉管理、真空管理等问题频出，以至自然保护地制度形式与内容无法完全"移植"至国家生态保护红线相关立法中，难以全部成为国家生态保护红线的规范依据，而仅可为其提供部分引导和方向。

第二，在实施层面，国家生态保护红线划定所依据的规划类文件不具有强制约束力和强制执行力。目前，各地生态保护红线的划定、调整所依据的文件主要包括技术类文件和空间规划类文件两大类，前者主要为《生态保护红线划定技术指南》，其中比较详尽地对红线划定与调整的技术流程、生态系统服务功能重要性评估与生态环境敏感性评估提出了专业性方法，但它对开发区和重点生态功能区界定不清，大多是模糊划分和主观判断的状态，具体配套的"落地"政策也未达到细化程度。后者主要有《全国主体功能区规划》《全国生态功能区划》两个文件，但这两个文件的法律地位较为模糊，仅依靠政策文件或"有关精神"加以支撑和落实，[1]虽然《国土空间规划若干意见》中要求规划不得随意修改或变更、下级规划应严格服从上级规划、不在国土空间规划体系之外另设其他空间规划等强化国土空间规划体系权威性的要求，但违反国土空间规划编制内容与审批程序的相应惩戒措施并不明确，在现阶段，以《全国主体功能区规划》为主要生态空间规划类文件的强制性还远远不够。

---

〔1〕"规划不等于法"观点在当前的理论界与实务界均处于主流地位，体现了人们对无法律依据的规划的否定态度。该观点在实践中有很多体现，如天津市编制天津市空间发展战略规划时，同步起草了《天津市空间发展战略规划条例》，通过规划立法促进规划编制与实施程序规范化。参见宋彪："主体功能区规划的法律问题研究"，载《中州学刊》2016年第12期。

第1章 国家生态保护红线的基本理论

因此，国家生态保护红线无法仅依靠"由上而下"的方式予以落实，其"落地"有赖于地方政府对本地生态用地进行科学确认，需要一个"政策再界定"的过程。我国环境立法需要环境政策持续、稳定的输出过程，即借助环境法律系统的稳定性和可持续性，将环境政策演变为公权力机关权责明晰的、公众参与积极性较强的环保大平台。[1]在此过程中，我国常采用"地方立法先行"的模式，即"环境保护政策—地方立法—国家立法"的推进过程。例如2017年，《云南省生物多样性保护条例（草案）》也先于国家生物多样性立法。[2]此外，我国生态损害赔偿制度亦经历了"国家政策发布—地方立法先行—中央立法"的过程。

2015年，十八届三中全会提出《生态环境损害赔偿制度改革试点方案》；2017年，《生态环境损害赔偿制度改革方案》公布，与其同步的还有很多地方性的改革实施方案，如2018年《山东省生态环境损害赔偿制度改革实施方案》《四川省生态环境损害赔偿制度改革实施方案》的发布，不过，这些方案在法律实践中的实操性还不是特别明确。在2019年，最高人民法院发布《关于审理生态环境损害赔偿案件的若干规定（试行）》（以下简称《生态环境损害赔偿司法解释》），它的发布使得生态环境损害赔偿制度走向法治化的可能性增强。事实上，由于环境问题本身的高度科技关联性、生态环境损害的不确定性、损害时间的持续性，使得环境污染和生态破坏成为一个大尺度时空维度的复杂系

---

[1] 参见郭武、刘聪聪："在环境政策与环境法律之间——反思中国环境保护的制度工具"，载《兰州大学学报（社会科学版）》2016年第2期。

[2] 2017年，《云南省生物多样性保护条例（草案）》提交省十三届人大常委会第三次会议审议，草案中明确生物多样性的定义及"环境保护主管部门实施综合管理和有关行政主管部门分部门管理相结合"的管理机制等具体内容。

统,"地方立法先行"的模式能够有效预测并即时应对环境政策实施过程中出现的风险性难题,探求具有中国特色的环境政策和环境法律规则,加快我国环境法治由自治型向回应型迈进的速度。[1]

2. 地方立法对"红线"的先行确认

(1) 国家生态保护红线的地方性法规。

目前,我国明确认可的国家生态保护红线的省级地方性法规主要是海南省和宁夏回族自治区地方红线法规。2016年,《海南省生态保护红线管理规定》即对于红线采用"分级分类管控制度"。[2] 2019年,宁夏回族自治区亦施行类似规定,即《宁夏回族自治区生态保护红线管理条例》将"科学划定、严格保护、稳定功能、部门协调"作为其基本管理原则,并特别明确生态保护红线作为空间规划的核心地位,对于达不到生态空间管控标准的须进行调整,否则,将会承担相应严苛的红线责任。这两部地方性法规均明确红线的法律效力和政府的责任范围,进一步推进新《环境保护法》第29条的实施。

(2) 国家生态保护红线的地方政府规章。

除地方性法规外,也有地方政府制定了相关规章以贯彻《环境保护法》第29条。一是2014年,沈阳市发布全国第一个规定红线管理协调机制的专门性政府规章——《沈阳市生态保护红线管

---

[1] J. 弗兰克曾指出,法律现实主义者的一个主要目的就是使法律"更多地回应社会需要",回应型法是在扩大法律相关因素范围的前提下,强调对各种社会矛盾做出及时回应,不仅关注程序正义,而且关注实体正义的法律范式。参见李晗:"回应社会,法律变革的飞跃:从压制迈向回应——评《转变中的法律与社会:迈向回应型法》",载《政法论坛》2018年第2期。

[2] 即按照行政管理权限,生态保护红线分为省级生态保护红线和市县级生态保护红线(分级管控)。按照保护和管理的严格程度,生态保护红线区划分为Ⅰ类生态保护红线区和Ⅱ类生态保护红线区(分类管控)。

理办法》[1]。二是湖北省人民政府在2016年发布《湖北省生态保护红线管理办法（试行）》，明确对"山、水、林、田、湖"的整体性管控，以及省环境保护委员会对红线划定、调整和管理的专门负责制。三是与湖北同年，吉林省也在2016年对红线区作出明确规定，即《吉林省生态保护红线区管理办法（试行）》要求在各保护区域内实行最严格的生态监察制度。

（3）各地政府制定的国家生态保护红线规范性文件。

各地方政府对于红线制度，也制定了很多具有针对性的文件，从效力上来看，均低于前文所说的地方性法规和规章。一是各地政府发布的"生态红线区域保护规划"等规划类文件（见表1-5）。传统行政规划一般不具有"现实地产生、变更或消灭权利义务关系"的法律效果。而生态保护红线属于特殊的行政规划，能够约束、影响、限制行政机关的规划与实施行为。因此"生态红线区域保护规划"是具有一定程度和范围的法律约束力的。二是政府相关职能部门发布的红线划定方案。比如天津、福建、吉林、河南、黑龙江等省份，均制定了类似的"生态功能红线划定方案"。三是其他形式的文件。有的地方政府采取某些创新的举措，用以推进红线制度"落地"。如2014年，天津市参照《中华人民共和国立法法》（2015年修正）（以下简称《立法法》）第78条[2]地方性法规的制定与发布程序，提出以人大常委会公告的方式将《天津市生态用地保护红线划定方案》与其他省级地方性法规置于

---

[1]《沈阳市生态保护红线管理办法》规定，区、县（市）人民政府是维护本辖区内生态保护红线区完整的责任主体，并对环境保护、发展改革、土地规划、财政、林业、水利、农业、城建、行政执法等相关部门在生态红线保护与管理上的具体职责进行了明确列举。

[2]《立法法》第78条第1款、2款，省、自治区、直辖市的人民代表大会制定的地方性法规由大会主席团发布公告予以公布。省、自治区、直辖市的人民代表大会常务委员会制定的地方性法规由常务委员会发布公告予以公布。

同等法律地位，[1]这是天津的首创，并很快被其他城市效仿。[2]

表 1-5　地市级生态保护红线规划的效力范围

名称	发布主体	发布时间	效力范围
《江苏省生态红线区域保护规划》	江苏省人民政府	2013 年 8 月	江苏省
《山东省生态保护红线规划（2016—2020 年）》	山东省人民政府	2016 年 8 月	山东省
《江西省生态空间保护红线区划》	江西省人民政府	2016 年 7 月	江西省
《关于划定海南省生态保护红线的通告》	海南省人民政府	2016 年 9 月	海南省
《南京市生态红线区域保护规划》	南京市人民政府	2014 年 3 月	南京市
《南通市生态红线区域保护规划》	南通市人民政府	2013 年 12 月	南通市
《泰州市生态红线区域保护规划》	泰州市人民政府	2016 年 4 月	泰州市
《苏州市生态红线区域保护规划》	苏州市人民政府	2013 年 10 月	苏州市
《宁波市生态保护红线规划（市区）》	宁波市规划局	2016 年 4 月	宁波规划部门

---

[1]　2014 年，天津市人大常委会审议并同意市政府关于划定永久性保护生态区域工作情况的报告，并作出相关决定——《天津市人民代表大会常务委员会关于批准划定永久性保护生态区域的决定》。该决定将天津市永久性保护生态区域分为红线区与黄线区。参见陈海嵩："'生态红线'的规范效力与法治化路径——解释论与立法论的双重展开"，载《现代法学》2014 年第 4 期。

[2]　如南京和常州两地分别发布《南京市人民代表大会常务委员会关于加强生态红线区域保护的决定》《常州市人民代表大会常务委员会关于加强生态红线区域保护的决定》，取得良好成效。

综上所述,我们可以看出,国家已经通过立法和政策文件的形式对红线问题作出相当的技术性指引,并具有一定程度和范围的法律约束力,只是目前相关规定尚未统一。从另一个角度而言,也为红线制度的创新增添诸多机遇,如前文提到的天津模式,灵活运用人大常委会公告的方式强化红线规定的法律效力。另外,由于红线实施细则并未明确,这为红线在地方层面的"落地"提出很大的挑战,除个别省市制度较为有力且相对完善,很多地方的红线规定法律效力整体上还是比较淡薄的,这也是未来红线规划与管理领域"自下而上"的法治化建设需要不断强化和完善之处。

四、禁限权力是国家生态保护红线的应然功能

(一)我国环境规制改革"合作规制"路径分析

1. 传统行政规制的改革进路

规制(Regulation)常被当作资源调控的方式,或某种特定制度的模式,特别是在政府及其部门实施的法定有序的监管行为中。它主要包括两个特征:其一,它必须以援引或适用国家认可的重要规则为前提要件;其二,规制行为的实施需要一个兼具执行和监督功能的常设公共机构。[1]近年来,规制这一概念在内涵和外延上已不断扩展,此种扩展的实质是对"治理"概念内涵的全新界定,即规制仅仅是治理的一种手段;治理涵括了对人们特定行为的综合性、系统性控制,无论该行为的实施主体是公权力机关或公民个人、法人、社会组织,也无论该行为是依据公法或私法机制做出的。比如在爱尔兰,政府虽然是最主要的规制主体,但具体规则和相关标准的颁布可以是某个标准化机构,也可以是贸易联合组织或非政府组织。

---

[1] 参见 Colin Scott:"作为规制与治理工具的行政许可",石肖雪译,载《法学研究》2014年第2期。

过去，由于发达国家大力主张国家积极干预经济，"凯恩斯主义"大行其道，伴随的是政府经济性规制手段和范围的持续扩张，直至二十世纪六七十年代，西方社会掀起公共管理改革与规制缓和（或规制解除、去规制化，Deregulation）等规制改革浪潮（见表1-6），并主张以服务型政府、规制措施松缓、市场经济归位为取向的新公共管理（NPM）。[1]政府的施政疆域（Frontier of the State）在实质上并未大幅缩小，而是伴随着生态风险的不确定性剧增，各国政府规制的重心开始逐渐变化，由原来的"经济性规制"开始向"社会性规制"等其他路径转化。就历史发展视角而言，行政工作所遵循的效率原则在经济性规制中经历了"较少规制—强化规制—放松规制—再规制"的循环往复演化过程，但此时的"再规制"已不再强调公权力绝对的、不可撼动的地位，而是打破国家与社会的二元对立，在规制主体上（除公权力主体外）也纳入社会私主体，在规制内容上则采取融合市场的多元规制手段，从而拥有多中心的"规制治理"（Regulatory Governance）内涵。

表1-6 发达国家规制改革的具体内容

名称	具体内容
规制缓和（Deregulation）	逐渐取消冗杂多余的行政规制
规制再造（Regulation Reconstruction）	全面提高规制的质量与绩效
规制治理（Regulatory Governance）	突出公私合作实现公共目标的重要性
自我规制（Self-Regulation）	社会组织或个人为任务主体实现公共目标

---

[1] 始于20世纪70年代末的美国不规制运动、80年代中后期的日本规制缓和和英国民营化运动，皆突出政府的服务职能，限缩其对市场的过多介入，引入市场机制和社会力量参与行政活动，以信息技术应用来推动行政规制流程再造和行政规制方式变革等。

第1章 国家生态保护红线的基本理论

与发达国家规制改革发展之路相似，近年来，我国规制行政也同样以政府守法为基本前提，以此开展自觉性、系统性和创新性的改革之路。需要明确的是，"规制行政"与"行政规制"的内涵是不同的。前者涵括的范围更广，除却用行政规制手段外，规制行政还可运用给付、契约、指导等手段。而后者只表现为权利束缚或赋课义务（见表1-7）。[1]我国近年来在行政体系内部实施的规制改革不仅包括"规制缓和"与"不规制"，还包含对权力主体责任的强化、复杂的规制整合及取消等各种优化活动。叶俊荣教授曾认为，规制性立法是环境立法的原型，包括针对污染所进行的污染物总量控制、排污许可，或对自然资源的限制利用等，其特色是透过不同规制方式，针对不同生态系统的特质，订立相应目标以改善环境质量。[2]

表1-7 我国规制行政的主要类型

依据内容	经济性规制	对收费服务等基础经济性要素进行的规制
	社会性规制	为实现环境保护等公共性社会目标，而就企业部分经济活动进行纵贯行业的规制。如环境、食品、药品等内容规制
依据手段	行政规制	为维护社会公共秩序或预防风险，而对私人的自由和权利进行限制
	行政规划	为实现特定行政目标，作出对行政主体具有约束力、必须在一定期限内予以实现的具体措施，其内容是关于地区或行业事务的部署与安排

---

[1]"规制行政"与"行政规制"常被混同使用。行政规制与行政给付、行政服务等相对应，是指行政主体为了维护秩序或者事先防止危险，而对私人的自由和权利进行限制，或者对其赋课义务的行政行为方式。参见杨建顺："中国行政规制的合理化"，载《国家检察官学院学报》2017年第3期。

[2]参见柯坚："环境行政管制困局的立法破解——以新修订的《环境保护法》为中心的解读"，载《西南民族大学学报（人文社科版）》2015年第5期。

续表

依据手段	行政合同	行政机关为达致公共利益的增进,与相对人经过平等协商过程而达成的共同协议
	行政指导	行政机关在职权范围内,以建议、劝告等无强制约束力措施要求有关当事人作为或不作为的活动

2. 我国环境规制面临风险难题

环境规制是规制行政的重要内容之一,在我国更官方的称呼是"环境监管",即特指在环境保护领域,政府及其部门(主要是环保部门)通过制定相关环境技术标准,发布环境政策和环保规划,设定环境保护目标,通过行政许可、行政监督、行政执法等方式对企业、组织或个人的环境污染,或生态破坏等相关活动实施一系列强制性管控措施。此外,它有时也会以环境行政指导、合同等非强制性方式为依托。如在20世纪的60年代末期,日本许多地方政府和企业主签订公害防止协定,通过较为平等、相对自由的方式督促企业主采取严于法律规定的防治公害措施。

传统环境规制难以应对环境风险"产生源头的不确定性""发展过程的不确定性"与"危害后果的不确定性"难题。具体地说：①由于法条的局限性,风险语境下的环境规制不得不依靠行政裁量权的扩张而就具体个案进行判断。而在行政机关获得一定裁量权的同时,其是否"有相当的技术能力和专业知识应对环境风险、明确相应责任主体"还是特别值得怀疑的,在最差的情形下,进行生产经营活动的强势者会以此为契机向社会转嫁风险或者损失,处于弱势地位民众的自由和权利随时面临被压缩的风险。②当公众意识到行政机关错误执法并主张其作为行政诉讼被告时,行政机关须对其作出行政行为的"事实依据"与"法律依据"进行举证。有学者认为,应当减轻行政部门的举证责任,缩小其举证范围,而运用"成本-效益"工具对行政机关的行为进行客观分析,并作

第1章 国家生态保护红线的基本理论

出"是否合理"的判断,若收益大于成本,行政机关就应该有行动,反之亦然。不过,"成本-效益"方法容易忽视不能用金钱衡量的环境伦理价值,如环境权的精神元素等。[1]

3. 我国环境风险规制的"合作规制"路径

风险规制实质是行政机关和相关领域的专家共同作为人民的"代言人",对特定风险的处理方式予以考量或定夺的过程,是"法律对于未来时间的一种处理",[2]涉及风险评价、信息公开、风险权衡、决策补救、利害关系人和公众参与等诸多内容,任何环节出现问题都有可能导致不可逆危害的发生,我国近些年出现的 PX 项目(即"对二甲苯化工项目")等群体性事件,即体现了政府风险规制判断与公众风险认知间难以调和的沟壑。在不断演进和发展的过程之中,环境风险规制也显现出很多"合作规制"的特征。

第一,在规制对象方面,行政的自我监督与自我规制正在不断增强。在传统秩序行政层面上,行政规制合法性的基础来源往往被比作"传送带",也就是说,它的权力来自公众的授权,而非"天赋"权力,并且行政规制的实施内容和方式应受到正当程序规则的约束和司法审查的制约。而在环境风险规制中,为实现"多中心、多主体、多层次"的合作治理,加强行政机关的规制有效性和相关行政部门的协同治理、明晰行政机关的权责等"行政自我规制"即变得愈发重要。"行政自我规制"的主要目标就是要规范行政权力,其规制对象为行政主体,它的出现非常有利于行政权合法合理和有效地使用,并且还会增强行政回应性与公众参

---

[1] 参见林森、乔世明:"试论环境风险的法律规制",载《西北民族大学学报(哲学社会科学版)》2015年第3期。

[2] 参见张宝:《环境规制的法律构造》,北京大学出版社2018年版,第197页。

与性。[1]奥里乌曾指出,"行政机构的部分处理手段存在一种由内而外、自发的控制,受其自身的严格监督。"[2]国家生态保护红线以各级政府为主要规制对象,充分体现了行政规划权与行政裁量权运用中的自我控制倾向。

第二,在规制手段方面,激励性规制模式的适用性增强。激励性规制模式主要通过经济激励,而非命令式且强制性措施,如通过环境税、环境保险等形式。这样能够使资源得到合理配置,降低成本,激发市场活力,获取的资金也能弥补受害人损失,实现利益分配平衡。[3]不同于传统命令控制规制模式的权威性威慑,激励性规制模式是一种责任属性的威慑,即它将是否实施风险行为的决策权留给潜在的加害人自己。在环境风险规制之中,以市场为基础性要件的激励规制模式反映了环境规制的"反身法"导向,即环境问题的复杂性制约了法的支配力,转而须通过其他手段消解的自我指涉能力。环境问题的复杂性体现于其"高度科技关联性"与"系统性"特质,"任何被忽略的不确定科技风险都可能对环境造成致命打击"[4],并且环境侵害不仅涉及跨区域层面,还涉及跨介质层面,从实质上来看是不可孤立、难以分割的。[5]经济学家普遍赞同,"负外部性"是环境污染和生态破坏的

---

[1] 参见岳琨:"论行政自我规制现象:经验与问题",载《河南师范大学学报(哲学社会科学版)》2015年第4期。

[2] 参见[法]莫里斯·奥里乌:《行政法与公法精要》,龚觅等译,辽海出版社、春风文艺出版社1999年版,第488页。

[3] 参见刘超:"环境风险行政规制的断裂与统合",载《法学评论》2013年第3期。

[4] 参见[美]史蒂芬·布雷耶:《打破恶性循环:政府如何有效规制风险》,宋华琳译,法律出版社2009年版,第5页。

[5] 参见张宝:"环境司法专门化的建构路径",载《郑州大学学报(哲学社会科学版)》2014年第6期。

成因，[1]加之生态环境具有非排他性、无偿性的公共品属性，这加剧了公共品被滥用以及无偿获得公共品利益的"搭便车"情况。由此环境规制将"反身法"路向转向市场，并引导企业与其他相关社会子系统诉诸灵活且非常有创造性的方法来使环境得到最优的改善。例如，为了支持排污企业在一定期限内履行环境目标，政府有时会与排污企业在意思表示一致的基础上缔结"自愿协议"。

第三，在规制路径方面，司法控制作为环境规制的重要补充，能够制约潜在违法行为、降低行政机关被"俘获"的风险并预防重大生态环境损害。在环境规制领域，司法控制支持者普遍认为，"完美的行政规制政策"难以产生完全符合预期的效果，这是由于政策能否有效运行与规则的精细化程度、程序的正当性、激励机制的适宜性、实施工具的"成本-效益"等诸多要素密切相关。而单纯的司法控制也是有诸多问题的，比如在环境公益诉讼中，当公众无起诉积极性（激励不足）时，将有部分违法行为逃避追责。或被告可追究财产不够时，执行判决很难实现，从而导致潜在环境污染或生态破坏者的谨慎程度降低。现有研究表明，二者合作方式与合作层次亦受多重因素影响，包括信息成本、起诉动力、法律的不完备程度、执法激励、道德风险等。[2]而在理想的司法控制与行政规制的"合作规制"路径中，司法机关可通过督促或监督行政规制机关执法行为，及时弥补公共执法资源的不足。近些年，我国环境司法改革成效已不断显现，"环境司法与环境行政联动"不断完善，《生态环境损害赔偿司法解释》中以行政机关作

---

[1] 负外部性，即对他人产生不利影响，但不需要他人对此支付报酬或进行补偿的活动。参见王曦："论新时期完善我国环境法制的战略突破口"，载《上海交通大学学报（哲学社会科学版）》2009年第2期。

[2] 参见宋亚辉："论公共规制中的路径选择"，载《法商研究》2012年第3期。

为起诉主体、司法控制与环境规制的"合作路径"得以深入实施开展，如我国法院创新赔偿协议司法确认程序，发布环境诉讼禁令、加强专家有效参与审判的力度，并格外注重将生态损害赔偿案件与环境公益案件的诉讼程序实现有序对接，将"绿色司法"中生态修复型司法理念置于史无前例的新高度。

事实上，在2014年对《环境保护法》修订之后，它就已经有了"合作规制"的初始模样。在《环境保护法》第2章中，沿用了原有规定中的"监督管理"，共包含15个法条，从内容上看，除典型的"命令与控制"直接规制外，还涵括激励性规制的内容，如在《环境保护法》的第21条和第22条中，政府须对环保行业和为环保做出贡献的企事业单位、其他生产经营者采取税收减免、价格优惠、政府合作等鼓励措施。在《环境保护法》第5章中，第一次以专门章节的形式规定"信息公开和公众参与"，进一步明确公众在环保中应该拥有的程序性权利。倘若超越狭义的"监督管理"，从形式上俯瞰《环境保护法》以及整个环境法律体系，最初的《环境保护法》更加偏向于国家行政性和强制性在环境法治中的效果，忽略了以生态系统为核心的整体性、综合性、互动性治理机制，致使大多数生态环境立法可实施性不强。而以2014年《环境保护法》为分水岭的第二代环境法则侧重于双向主体合作和规则共治模式，即建立在协商民主之上，公权力机关与公民、法人、社会组织的合作形态，最终达到国家与地方环境法、自治性群体环境管理、利益关系人之间环境合约与环境习惯法的融洽[1]（见表1-8）。

---

[1] 参见戚建刚、兰皓翔："'中国第二代环境法的形成和发展趋势'之反思"，载《中国地质大学学报（社会科学版）》2019年第5期。

表 1-8 中国第二代环境法的形成标志

1	环境伦理观从个体主义转向整体主义	从关注"一个生物的内在价值"和"个体环境要素的特有功能"转而关注人的行为和制度对生态系统整体性的影响
2	价值目标从代内关怀转向代际关怀	既着眼于当下群体间环境利益代内公平,也关注代际公平
3	实践功能从被动抑负转向主动增益	将全过程控制制度、环境规划制度的主动性和计划性功能体现在环境法治实践中
4	治理机制从单向的行政命令模式转向双向的主体合作和规则共治模式	第二代环境法将商谈民主理论中的主体合作引入到现代环境法治的具体实践中

(二) 国家生态保护红线本质是对环境规划权的事前控制

1. 我国环境规划的立法与实施现状

从微观的实施手段来看,生态保护红线是强制性的环境规制手段。而从宏观的制度格局来看,生态保护红线是特殊的环境规划,其本质是对各级政府环境规划权的严格控制。红线的划定需要以区域资源利用上限为基础,对红线区所有的土地、水、森林等资源产生限制,这都直接指向了行使区域规划权、建设项目审批权与资源利用许可权的环境行政机关。在国家生态保护红线规定实施前,我国环境规划与技术标准是政府主导、限制私主体权利。而根据《关于划定并严守生态保护红线的若干意见》[1]、国家层面的环保法以及地方性红线的相关规定,地方各级党委和政府是生态保护红线的第一责任主体,生态保护红线的规制对象除

---

[1] 根据《关于划定并严守生态保护红线的若干意见》,"严守生态保护红线"部分中规定,严守生态保护红线的责任主体为地方各级党委和政府,并强调"落实地方各级党委和政府主体责任,强化生态保护红线刚性约束,形成一整套生态保护红线管控和激励措施。

一般公民、法人、社会组织外，还包括环境行政机关自身。

环境规划作为我国行政规划的重要组成部分，它是以生态文明为主要目标以及可预期的手段和技术的有机综合体。行政规划不同于其他类型行政行为，它常具有不同样态与表现形式，既可能是行政法规、规章，也可以是具体行政行为或政府内部规范文件等。在生态环保领域，若环境规划类文件中没有清晰界定实施效果和权责，通常认为其没有约束力，即使有，也比较弱。具体地说：①就立法层面而言，当前我国环境规划散见于各单行法中，这也导致了在实践中，环境规划的编制原则、规划程序、管理体制与法律责任并没有明确的标准可以遵循。而且，绝大多数的环境规划之法律规定都过于宽泛与抽象，实操性很差，法条的开放式界定也导致规则涵义几乎没有限制，这间接加剧了环境规划具体规则的各种不确定性。②就法的实施层面而言，环境规划极具技术性、专业性和政策性，而实施过程中却涉及多方利益，此双重性使得环境规划裁量的可创造空间不断变大〔1〕，这也就容易致使环境规划裁量越来越任意，甚至专横。如《环境保护法》第13条，即规定地方政府要把环保工作纳入国民经济和社会发展规划之中，但在实践中不具有可操作性，这必然导致地方行政规划裁量出现"断片化"和裁量失范现象。

2. 生态保护红线的特殊定位：环境规划裁量基准

生态保护红线为政府生态空间规划提出"裁量基准"路径，体现为风险规制中政府的"自我规制"转向。行政裁量基准，是我国的制度实践首创，它以"法律-基准-个案"为基本结构，基

---

〔1〕 现代行政规划功能决定了规划裁量充斥于行政规划的全过程，具有广泛性和内在必然性。环境行政规划的制定机能正是基于行政机关广泛的规划裁量权而形成的强力权能，以至于常常被称为"第二立法权"或"第四种权力"。参见杨建顺：《日本行政法通论》，中国法制出版社1998年版，第567页。

准的功能在于为个案正义划定最低尺度。从技术的视角来看，这个基准应当包括对应的处罚幅度、情节判断余地以及逸脱程序和例外条款，平衡于羁束与裁量之间。[1]"行政法的基本精神在于裁量"[2]，而国家生态保护红线成为环境规划裁量基准，通过"规则细化"的方式压缩政府的规划裁量行为，其最根本的目的就在于保证行政裁量权得以合法行使，纠正不当的裁量，从而使政府对行政行为进行自我约束和控制。[3]

从差异性上看，国家生态保护红线不同于一般行政裁量基准（见表1-9）。①从裁量空间看，传统行政裁量往往是"具体案件、具体分析"，红线规划裁量却不常针对个案，而是进行更广泛意义上的利益权衡。②从裁量手段角度来看，传统行政裁量主要是通过行政命令、处罚、强制等强约束力方式，而红线规划的裁量兼容方法的科学技术性、手段的强制性和内容的灵活性，如"生态补偿""红线合同"等激励性手段在维护红线区多元利益衡平方面的重大作用。③从裁量基准的性质和类型上看，生态保护红线规划裁量具有规制、引导其他行政行为的准立法属性。不同于其他行政行为，生态保护红线具有先行性、预防性和引导性，即具有引导其他行政行为的重要功能，甚至在一定程度上起到引导生态空间管控立法、统一各项行政政策实施标准的作用，如在各地红线实施规定中采用与一般性假设命题抽象规定相同的模式，即"要件+法律效果"。[4] 2016年《海南省生态保护红线管理规定》

---

[1] 参见周佑勇、钱卿："裁量基准在中国的本土实践——浙江金华行政处罚裁量基准调查研究"，载《东南大学学报（哲学社会科学版）》2010年第4期。

[2] 参见杨建顺：《行政规制与权利保障》，中国人民大学出版社2007年版，第104页。

[3] 参见孟鸿志："行政规划裁量基准初探"，载《法学论坛》2015年第6期。

[4] 参见李昕："论行政规划的定性分析与规制、救济"，载《法学杂志》2013年第11期。

第31条明确规定，"违反本规定在生态保护红线区内进行开发建设……"违法审批建设项目的具体的规划裁量责任。而传统的行政裁量基准，都是以独立的个案为裁量基准的。

表1-9　生态保护红线规划裁量与传统行政裁量基准的区别

	传统行政裁量基准	生态保护红线规划裁量
裁量空间	针对具体案件中个别的公益与私益	不针对个案，进行更广泛意义上的利益权衡
裁量手段	强制性行政规制手段	强制性与灵活性并存的规制手段
裁量基准性质	针对个案的细化规则	准立法的规范属性

（三）生态保护红线"约束权力者"基本内容

根据上述分析，在国家已通过既有自然保护区、风景名胜区等自然保护地制度对私主体设置重重约束的情形下，对掌权者的行为约束即成为红线制度的法治增量，是国家环境治理和生态文明建设的制度增益。我国既有生态环境保护制度的运行主要以"环境规划权"为起点。无论是环境保护综合立法，大气污染等污染防治立法，还是土地、水、森林等资源专项立法，"国家规划权"是行政机关与私主体间相互联系的核心作用点，其基本表达模式是"纳入国民经济和社会发展规划""编制特定的保护性规划"等，以赋予行政机关强有力的规制性权力为主。与之形成鲜明对比，在各地红线规范性文件中，均比较详细地规定了行政机关未依法划定和审批红线区、未依法实施红线区项目建设等规划类责任（见表1-10），对各级政府的规划审批权与裁量权形成制约，各级政府不得超出环境容量与自然资源利用限制，批准红线内建设项目的实施，或允许集体土地使用者过度的开采或破坏行径。实际上，伴随着环评审批权限的逐步向下级转移，地方政府参与建设规划的权力范围以及能力领域也在不断扩大,而红线规则的设置极大地约束了地方政府"为部分敏感建设项目开绿灯"的违法规划审批乱象。[1]

表1-10 各级政府的生态保护红线责任形式

	规划类责任	实施类责任
1	未依法划定、调整审批生态保护红线	未按照规定设立生态保护红线标志
2	审批、许可、核准不符合开发建设项目管理目录的建设项目	突破红线、不顾环境承载力盲目决策,或违反程序规定决策
3	未按照要求组织实施红线区内生态项目建设、生态移民等	未按照规定履行红线监督管理职责

此外,从新环保法修订后的发展走向看,红线的责任约束功能十分清晰:①以严苛的环保目标责任和考核制度作为系统内部的责任评价依据之一。②强调党政领导干部在环保中的责任。在《党政领导干部生态环境损害责任追究办法(试行)》中明确规定6种责任类型,并且规定党委(组)和行政领导干部应一同被问责。③将公权力的预防性环境责任逐渐纳入司法审查制度之中,规定"在不利环境损害结果发生前,检察机关督促行政机关积极履责或改正违法程序内容"的环境行政公益诉讼制度。此外,《生态环境损害赔偿司法解释》第1条已明确规定红线区的适用案件范围。第20条规定,行政磋商后达成生态环境损害赔偿协议的司法确认程序,强化了环境司法对环境行政提前介入的不同方式,在一定程度上加强了程序面向的司法审查。

与"约束权力者"的步调一致,国家生态保护红线赋予市场

---

[1] 黄锡生、韩英夫:"我国建设项目环评制度的现实困局及其完善路径",载《内蒙古社会科学(汉文版)》2017年第4期。

机制更多灵活性、给予公众参与"协商性程序"更大的发展空间，指标化的红线制度为公众提供基础监督工具，使其摆脱了弱势地位和虚化状态。如2016年《海南省生态保护红线管理规定》第25条和第26条的生态移民和生态补偿规定[1]均涉及红线规划与管理过程中"利益群体的多方沟通与利益协调"。生态移民，即是保护区内的原住居民从先前的居住地完全搬离至新的居住地、并开始重新建设家园的人口迁徙。生态移民一般由政府作为主导力量，在这个过程中，政府应当制定详尽的异地安置规划和实施方法，移民工作也应根据政府的统一要求配合完成。生态移民是一项极其复杂的系统工程，搬迁户应根据政府要求履行异地安置规划中的实施义务，并且在此过程中以及之后的时间里，都很有可能会涉及不同主体利益的纠纷，如有些地方生态移民迁入地土地承载能力是极为有限的，这就导致难以满足移民在新的居住地基本的、用以维持生计的生存需求。而当部分移民者抗拒搬迁时，为了实现维护环境公共利益、守护生态安全线的目标，政府极有可能采取行政强制措施督促居民迁移，而此时事前的积极协商沟通能促成生态移民与生态保护指标的按期完成。此外，自由且灵活的市场机制在红线区生态补偿机制中能够发挥极其重要的作用。生态补偿的主要特征是通过经济或其他物质奖励，激励更多人积极主动地有效参与生态保护。

在我国，公共土地属于国家或集体所有，在红线区内生活的居民仅享有部分自然资源的使用权（而非所有权），而基于红线空

---

[1] 2016年《海南省生态保护红线管理规定》第25条："县级以上人民政府应当建立生态保护红线区生态移民机制，逐步引导重要江河源头等Ⅰ类生态保护红线区内的居民退出生态保护红线区。"第26条："县级以上人民政府应当建立生态保护红线生态补偿机制，将生态补偿资金列入财政预算，明确补偿范围，合理确定补偿标准，改善和提升生态保护红线区生态服务功能，促进生态保护红线区和其他地区的协调发展。"

间管控的强制需求,他们所享有的特殊生态功能区的资源开发利用权将受到压迫性限制或完全禁止,当地居民由于生态保护而付出的各种经济损失并没有得到与之相对应的补偿和法律保障。借此,党的十九大报告明确提出,应全面建立市场化、多主体参与且符合中国国情的生态补偿机制。事实上,国外的生态补偿(即生态服务付费,Payment for Ecological Services)早已开展有益探索,如生态补偿在跨流域管理、生态系统修复、生物多样性保护以及碳排放交易中已有不少可供参考学习的重要经验。

五、本章小结

在对国家生态保护红线的理论和实施现状进行深入讨论之前,厘清国家生态保护红线的内涵、特征、历史溯源、规范依据等最核心和最基本的理论是十分必要的。本书所采用的狭义生态保护红线观点,即认为国家生态保护红线特指具有极重要生态功能、必须强制性严苛保护的陆域。与传统生态空间保护制度相比较,它具有非常明显的特征:①在调整对象上,国家生态保护红线是我国环境法调整对象从单体环境要素向整体生态空间的转变。②在治理内容上,国家生态保护红线作为国家环境治理的核心手段,是一个有梯度、有层级的生态空间保护界限体系,并以"严格性与灵活性相统一"为红线划定与调整准则。③在治理效果上,国家生态保护红线具有事前预防的风险治理效能。事实上,国家生态保护红线是我国各级人民政府对最重要生态空间进行"协商民主式"治理的重要方式。

国家生态保护红线的产生与各国"红线"治理形式的历史演变有着密切联系。国家治理形态经历如下发展变化:从以"占有-掠夺"式强权统治为主要形式,过渡到以"控制-管理"为主要形式的国家,再进一步到以"协调-多元共治"多主体参与为主要形式的国家。相应地,"红线"治理模式作为国家对公民施加的义务增量,它在各国的出现及运用呈现出"统治型""管理型""多元共治型"等不同样态。在"统治型"红线关系(如1928年《红线协定》)中,权力机构占据主导地位,公民和相关社会组织几乎可以被排除在外,公权力和公众之间呈现出绝对的、"命令-服从"的强制性依附关系。在"管理型"红线关系(如18亿亩耕地红线)中,"效率"成为政府公共管理的最高标准,政府与公众间在合理的利益分配、平等的沟通交流方面存在着比较大的鸿沟。而"多元共治型"红线则有效弥补上述弊端,政府不再是治理过程的唯一主导力量,可与市场主体及民间组织间建立广泛的合作关系,促使环境善治成为可能。国家生态保护红线秉承"多元共治型"红线的制度逻辑,它强调生态空间管制不再是权力单向意志的集结,而是社会共同体成员经过协商达成的集体共识,公众也更有动力履行"基于合意过程产生的义务"。

在规范依据方面,国土空间规划、自然保护地体系均与国家生态保护红线密切相关。国土空间规划是以空间治理以及空间结构的优化为主要内容,它是实施国土空间用途管制和生态修复的重要依据之一,也是国家生态保护红线划定的最基础框架。而自然保护地体系以生态系统原真性、整体性和内在规律性为划分标准,以此分为"国家公园""自然保护区"以及"自然公园"三个类型,将其中生态功能特别重要、生态环境敏感脆弱以及其他被认为十分有必要进行严格保护的各种自然保护地纳入生态保护红线管控范围。所以,生态保护红线是自然保护地体系的基础构成之一。由于我国当前国土空间规划的强制性较差,也尚未形成体系化的自然保护地法律规范和上下统一的红线法律规范,国家生态保护红线在"落地"环节存在多个规范难题,其"落地"更多以地方政府为中心,由地方环保部门对区域内生态空间保护用地进行初步确认和类别划归，各种地方性法规及相关文件则成为红线顺利"落地"的主要依据。

在应然功能方面，国家生态保护红线不同于我国传统自然保护地制度，它的实施目标在于"禁限权力"，尤其体现为对政府环境规划权的控制。国家生态保护红线的"多元共治"发展方向彰显了我国环境治理的民主化变革，并与我国环境规制改革路径相协调。随着生态风险的不确定性剧增，我国环境风险规制朝着"合作规制"发展，表现为行政自我监督与自我规制加强、激励性规制模式的适用性增强、司法控制成为环境规制的重要补充等内容。相应地，国家生态保护红线是特殊的环境规划裁量基准，是具有强制性的环境规划和行政规制手段，它的规制对象除一般公民、企业、社会组织外，还包括环境行政机关自身。它通过加强政府规划与实施类责任、拓展多样化公众参与程序、充分激发市场活力等方式，构筑多主体协商互动的"多元共治型"权利义务关系，促使公众在红线治理中脱离虚化状态。

第 2 章
国家生态保护红线的理论基础

一、国家生态保护红线的生态学基础

(一) 系统生态学理论的产生与发展

1. 从"生态学"到"系统生态学"

生态学,作为研究生态系统现象、生物多样性现状和规律的科学,其意义就在于揭示生物之间以及生物与生态空间、人类间的相互关系。1866年,德国著名的生物学家恩斯特·海克尔第一次提出"生态学"的说法,进一步把其定义为"解释有机体和它们的环境间关联性的科学"。[1]也就是说,生态学是以生态圈及内部各要素为研究对象的系统科学理论,也是唯一以生态过程的因果关系为核心问题的自然科学。生态过程是同时包含时间与空间尺度的自然现象,生态过程的因果关系

---

[1] 参见陈茂云、马骧聪:《生态法学》,陕西人民教育出版社2000年版,第6—8页。

第2章　国家生态保护红线的理论基础

始终处于拥有时间与空间尺度的演化中。[1]18世纪末，马尔萨斯、洪堡以及达尔文对生态学的形成和发展起到里程碑式引领作用。1935年，自英国生态学家坦斯利（Tansley）第一次提出"生态系统"的概念后，美国的林德曼（Lindeman）对门多塔湖（Mondota Lake）生态系统进行了详细地研究，通过研究他提出了著名的"十分之一定律"。[2]自此，以系统论、控制论、信息论等为理论基础的独立生态学体系基本形成。

生态学的核心要素之一，即探究生物个体所在的小环境乃至整体生态系统的多层级间的相互关系，这种关系相互作用、互为环境，由"对生物体自身的认识"拓展至"生物群体与环境间关系"的探讨，最终使系统达到"由单一成为综合，由静态成为动态"的和谐状态。在我国，"天人合一"的思想是古人的智慧结晶，它是我国古代关于生态学保护理念的最突出体现，鼓励人们以善良友爱的心态对待自然界生物，其最主要的特点就是把天地万物看成是"集大成者"的有机整体，只有这些有机整体的各环节都是协调和平衡的关系，它们才能够各得其所。事实上，儒家思想早已把天地运作和万物的更迭都看作是自然运作的轨迹："天何言哉？四时行焉，百物生焉，天何言哉！"《礼记·中庸》对此种观点予以深刻解释："万物并育而不相害，道并行而不相悖，小德川流，大德敦化，此天地之所以为大也。"汉代董仲舒认为天、地、人三者尽管分散于宇宙各处，但"事各顺于名，名各顺于天，

---

〔1〕　参见李际："生态学研究方法争鸣的系统思考与系统化方法"，载《系统科学学报》2019年第2期。

〔2〕　十分之一定律：生物量从绿色植物向食草动物、食肉动物等按食物链的顺序在不同营养级上转移时，有稳定的数量级比例关系，通常后一级生物量只等于或者小于前一级生物量的1/10。而其余9/10由于呼吸，排泄，消费者采食时的选择性等被消耗掉。

天人之际，合而为一。"[1]道家老子提出"道生一，一生二，二生三，三生万物"，明确自然有其内在珍贵的价值，人类应该克制自身行为、尊重自然规律，以崇尚天地自然万物为准绳，这与道家另一代表人物庄子的"天地与我并生，万物与我唯一"的"与自然合二为一"的至高境界相仿。韩非子在《五蠹》中提出人口与自然资源矛盾易导致其他社会矛盾："不事力而养足，人民少而财有余，故民不争……是以人民众而货财寡，事力劳而供养薄，故民争。"

从世界范围来看，生态系统生态学（又称"系统生态学"）已经历经了跨越式发展，它不仅代表着生态学发展趋势，还是整个地球资源管理和维持系统结构的重要科学考量因素。1916年，克列门茨（F. E. Clements）就通过生态更迭的研究得出"顶级群落"的概念，这也是对系统生态学研究的最早来源。1935年，英国生态学家坦斯利首次提出"生态系统"的说法，认为它"可以不单依靠基于热力学平衡的完整组织和结构而'存活'，故而呈现出整体的系统特质"。这也就代表着，生态系统的特殊性不能仅仅通过组分理念来理解。生态系统作为一个庞大的组织体，其自我调节和自组织功能均远远超过各个组分的总和。从20世纪中期开始，奥德姆兄弟就开始了对"生态系统能量学说"的深入研究，直至1983年，H. T. 奥德姆的系统生态学终于成为了生态学中的一个相对独立的子学科。在之后的1994年修订版中又进一步阐释系统生态学是与综合系统、一般系统融为一体的技术性科学。自此，生态学研究在实体范式之上，更注重系统内各组分间的复杂多样关系。[2]在当前的系统生态学领域，哥本哈根大学教授约恩森（Jor-

---

〔1〕参见王树义、黄莎："中国传统文化中的和谐理念与环境保护"，载《河南省政法管理干部学院学报》2006年第2期。

〔2〕参见叶立国："国内外'系统生态学哲学'研究述评"，载《系统科学学报》2018年第1期。

gensen S. E.）是最重要的学者之一。他认为，生态系统实质上是由诸多生物体相互连接、相互协调而形成的生态网络，并具有七大属性，即"复杂、适应、层级系统（CAHS）或"自组织、层级、开放系统（SOHO）"（见表2-1）。

表2-1　生态系统的七大属性

1	开放性	对能量、质量和信息开放
2	难以预测性	在本体上难以预测其行为逻辑
3	发展的方向性	逐渐改变自身条件以便增加反馈和自催化（Autocatalysis）
4	结构的联结性	具有复杂的网络结构
5	等级性	通过上下层级间关系进行深刻分析
6	不断生长性	不断获得生物量（Biomass）、结构和信息
7	响应性	对干扰有复杂、多元的响应机制

例如，欧洲生态网络模型，即主要由系统生态学理论演变而来，包括麦克阿瑟和威尔逊的"岛屿生物地理学平衡理论"和"元人口理论"。从这些理论得出的最重要结论是，生境破碎化减少了当地种群可得的生境面积，限制它们分散、迁移和遗传交换的可能性，进而使物种面临濒临灭绝的危险。由此，人们对发展在景观系统尺度上促进生态协调的养护方法越来越感兴趣。20世纪90年代，西欧、北美洲、拉丁美洲、澳大利亚和亚洲许多国家订制了将保护区纳入更广泛联系网络的地方区域和国家方案。从历史的回顾中我们可以发现，由于社会制度运行方式和经济发展水平存在着很大不同，欧洲内部的生态网络研究尚存在较大差别。如在中东欧，很多学者都认为，通过实施生态网络战略可以保护和恢复大面积分布的廊道以及生态孤岛，从而为生物的迁徙提供

便利的条件。而在西欧，研究者则是基于人类与生态的关联角度，自然承载力、自净力以及生态稳定性等理念被看作是生态网络的根基。与中欧和东欧相比，影响西欧各个国家的生态网络模式引发的主要是"岛屿生物地理学"相关理论的发展。1967年，罗伯特·H.麦克阿瑟（Robert H. MacArthur）和爱德华·O.威尔逊（Edward O. Wilson）发表了岛屿生物地理学的均衡理论。两个学者都认为，岛屿中现存的物种量、新物种"移民"速度以及其灭绝速度之间的平衡有着密切联系。[1]20世纪70年代初期，岛屿生物地理学更加注重对生物多样性的保护，并引入"集合种群"的概念。据此，物种并非稳定而同质的种群，而是分布在类型多样的景观中的动态实体。物种在某些特定的不利条件下很容易被灭绝，但只要其地域内的同类种群重新移民至空旷的栖息地，集合种群即可继续生存。这些见解反过来证明了"栖息地破碎化易加重物种种群脆弱性"的推论，而该推论则是由"当地种群可用栖息地面积的减少""限制当地种群的分散、迁移和遗传交换机会"等状况导致的。20世纪70年代中期，贾雷德·戴蒙德（Jared Diamond）等提出自然保护区划定的一般规则并被纳入世界自然保护联盟的战略规划中，如"自然保护区范围应尽可能广、尽可能圆（为了减少破坏性的边缘效应）、尽可能彼此接近和相互连接"。

2. 系统生态学中的"整体论与还原论"

"整体论与还原论的博弈"一直是系统生态学研究的方法论层面所关注的中心问题，也就是以何种方式、何种角度来看待生态系统。大多数的生态学家均秉持"整体论"（机体论）理念，把生态系统当做一个能够自我调节、具有自适应能力的"准有机体"。

---

[1] 均衡理论认为，靠近大陆的岛屿将拥有比偏远岛屿更多的物种，因为它们更容易进入，移民率更高。此外，较大岛屿比较小岛屿拥有更多的物种，所以这些种群不易灭绝。由此均衡理论预测，在其他条件相同的情况下，靠近大陆的较大岛屿将包含更多物种。

第 2 章　国家生态保护红线的理论基础

当然也有相当数量的生态学家坚持"还原论"（个体论），他们认为生态系统可以被分解或还原为单个物种或种群的集合。实际上，整体论和还原论已长期存在冲突，并始终贯穿于哲学与科学史。德谟克利特的原子理论就主张个体都是由不可分的原子组合而成的。笛卡尔的"四条分析规则"则积极采纳"复杂问题－简单问题－复杂问题"自上而下的演绎分析方式。而奥本海姆（Oppenheim）和普特南（Putnam）在《统一科学工作假设》中则更明确地表达了还原论运用方式，即特定层级上，事物是由相邻较低层级的元素所组成。整体论的著名观点则是"突现主义"，即认为整体与部分之间存在着整体大于各部分之和的关系。在《一般系统论》中，冯·贝塔朗菲（Ludwigvon Bertalanffy）又对整体论予以进一步明确，即复合体的特征相较其各孤立部分更为突出和明显。物理学家普利高津（Ilya Prigogine）则从非线性关系出发，认为所谓的"叠加关系"在非线性关系中实际是不存在的，非线性关系在系统中表现为更加难以分解的、彼此纠葛的复杂关系。

　　总的来说，整体论与还原论所争论的重点仍为整体与部分间的关系，即将其视为一个基础的、整合的单元，还是将其分解为相互独立的组分。本书认为，整体论是对生态系统进行分析研究的基本方法，还原论可为补充。如奥德姆在《生态学基础》中曾主张，生态系统是功能性集合或聚集体，系统内部则呈现为各功能性整体的能量流动和营养结构间的物质交替。此外，生态系统具有不断更新的特质，而更新后的物质状态是较低层次不存在的，[1]这恰恰反驳了林德曼所推崇的"整体等于部分之和"的观点。[2]与之

---

[1]　参见［美］E. D. 奥德姆：《生态学基础》，孙儒泳译，人民教育出版社 1981 年版，第 278 页。

[2]　例如，湖泊的总产量就是每个营养级的产量的总和，而在每个营养级，我们都可以尝试确定物种的分布。一旦确定，我们便可通过它们的密度、新生代的繁殖模式、

相联系，还原论可成为细致化、技术化的补充性研究方法。如哈钦森（Hutchinson）在研究湖泊系统时确认"整体论的扩展"和"还原论数学种群生态学的扩展"。[1]此外，生态学中常用的"种群动力学方法"即是还原论的表现形式，可以对物种种群与它们的博物学进行细节性探索。[2]由此，国家生态保护红线是整体论之上无数个相互联系的、极其重要的生态系统的集合，红线区的生物与环境状态涉及"能量流""物质流""生态演化""生态阈值"等内容，只有红线区能量流动和物质循环维持相对稳定、变化较低的状态，才能够促使生物持续不断地适应新环境，从而维护生态系统的有序发展。[3]

（二）国家生态保护红线对系统生态学理论的适用

1. 国家生态保护红线与生态系统稳定性

国家生态保护红线的划定与调整，是以严格土地规划利用为基本手段，减少生物多样性丧失，以维持生态系统的平衡与稳定。一般来说，最严格生态保护空间格局构建须重点考虑最小保护面积、最小生态安全距离、生态系统服务辐射效应、潜在退化可能性等。[4]例如，江苏省红线划定基本方法即根据上述考量（见表2-2），明确土地生态服务功能分级与维持服务功能的能力水平，采用最小成本路径法划定架构各生态源地之间的连接线——"生态廊

（接上页）重量增加所需的能量等价物等来确定它们的产量。如果每个营养级的产量都得以确定，那么该生态系统的总产量便得以确定。Raymond L. Lindeman, "Experiental Simulation of Winter Anaerobiosis in a Senescent Lake", *Ecology*, Vol. 23, 1 (1942), pp. 1-13.

〔1〕 参见董心："生态学范式的哲学分类"，载《青海社会科学》2019 年第 3 期。

〔2〕 Macfadyen A, "Some Thoughts on the Behavior of Ecologists", 12 *Journal of Applied Ecology* (1975), pp. 401.

〔3〕 参见王丽霞等："现代生态保护理念在生态保护中的应用"，载《生态与农村环境学报》2017 年第 10 期。

〔4〕 参见高吉喜等："自然生态空间格局构建与规划理论研究"，载《生态学报》2020 年第 3 期。

道",以生态源地与生态廊道共同组成江苏省土地生态保护红线的明确范围,最终划定红线总面积占全省面积的 22.04%—32.46%。[1]

表 2-2 江苏省生态保护红线的划定数据

步骤 1	识别重要土地生态空间	通过评价形式初步确定一级生态源地,优化后最终识别一级生态源地共计 31 个,面积占总源地面积的 69.02%,主要包括太湖、洪泽湖等地域。剩余为二级源地
步骤 2	筛选重要土地连接线——生态廊道	采用最小成本路径法提取不同源地之间的最小累积阻力面,以此划定一级廊道共计 61 条,沟通苏北、苏中、苏南。根据一级廊道的划定结果,可将全省范围分为诸多小型的区域,以此为依据逐个划定二级廊道
步骤 3	确定生态保护红线	将所有生态源地和一级廊道纳入一级管控区,生态源地总面积 18 464.63 平方千米,一级廊道总长度 2283.2 千米,廊道宽度按 1 千米计算,[2]一级管控区总面积为 20 747.83 平方千米,占江苏省土地总面积的 19.35%

国家生态保护红线所涉及的生态系统稳定性包括敏感性(Sensitivity)、阈值(Threshold)和恢复力(Resilience)三个主要方面(见表 2-3)。生态敏感性,指的是在不损害或不降低环境质量的情况下,生态因子的抗压和抗干扰的能力,它是红线划定的次要考量因素之一,而生态阈值则是红线划定的基本考量要素。生态阈值是生态系统性质或状态发生急剧更替的点,是生态系统在"有序"和"无序"间转换的临界点,它也是环境驱动因素的微小

---

[1] 参见"研发生态空间管控红线划定技术支撑自然生态空间用途管制",载《中国国土资源报》,2017 年 12 月 13 日,第 6 版。
[2] 根据相关文献,保护生物多样性的一级廊道宽度 1 千米—1.2 千米较为适宜。

变化却在系统中产生大量响应的点。[1]

表 2-3　生态系统稳定性要素与生态保护红线的关系

内涵	概念	定义	与国家生态保护红线关系
敏感性（Sensitivity）	抗性（Resistance）	生态系统抵御离开初始状态的能力，而产生变化的大小	选择与划定之次要考量因素
	持久性（Persistence）	生态系统受到干扰后，维持恒定或某一状态的时间	
	恒定性（Constancy）	生态系统受到干扰后，其某些组分不发生变化	
	惯性（Inertia）	生态系统受到干扰后，恢复至先前状态的能力	
	变异性（Variability）	生态系统受到干扰后，种群密度随时间变化的多少	
阈值（Threshold）	限度（Limitation）	生态系统受到干扰后，可恢复的最大或最小界限	选择与划定之首要考量因素
恢复力（Resilience）	回复性（Elasticity）	生态系统受到干扰后，回到以前状态的速度	选择与划定之次要考量因素
	滞变性（Hysteresis）	恢复路径不同于退化路径的程度	

差异化的生态系统会因为抗干扰能力不同而具有千差万别的阈值。国家生态保护红线，即是以生态区域内不同生态阈值为基本依据，而对各类型土地进行的划分与调控。国内外对生态阈值的发生、行为和效用已开展了一系列理论和实证研究。在美国，

---

[1] Peter M. Groffman et al., "Ecological Thresholds: The Key to Successful Environmental Management or an Important Concept with No Practical Application?", *Ecosystems*, Vol. 9, 1 (2006), pp. 1-13.

第 2 章　国家生态保护红线的理论基础

保护河流状况中的阈值研究结果已将"新开发土地中的不利量限定为低于确定阈值的数值",美国环境保护局将 10% 的阈值作为流域分区计划的一般准则。[1]"界定、识别生态阈值"的过程,即"突破点或不连续性遭到严重侵袭,不得已转化至其他稳定状态的过程",并确定栖息地数量的阈值在 10% 到 30%。低于该阈值,栖息地破碎对人口持续性的影响可能变得明显,物种在适当的残留物中的发生模式也会随之产生显著变化(见图 2-1)。[2]澳大利亚在实验中曾假设栖息地丧失和破碎的临界阈值发生,阈值被突破将影响当地蜥蜴种群的运动和生存能力,区域鸟类种群等物种可能受到损害。基于此,澳大利亚生态学家、土壤科学家、土地管理者以及农业推广官员的专家技术参考小组合作,提出与土壤、牧场、树木和野生动植物相关的可持续土地管理的广泛指标相关的 6 个"底线"门槛,包括最高门槛 30% 的土地集约用地、至少 30% 的林地覆盖率、10% 的野生动植物管理资产、30%—40% 的最大裸地、60%—70% 的最小草丛草地貌、最小尺寸为 5—10 公顷的林地斑块以保护澳大利亚东部昆士兰东南部亚热带草地林地的生物多样性和农业生产价值。[3]与之相似,2014 年中国环境与发展国际合作委员会的研究报告中就明确指出,国家生态保护红线是基于生态阈值的理念而提出,它也是能够全面衡量生态系统受威胁程度的量化指标,科学评估生态阈值和系统可承受力是红线区设定

---

[1] Kato S and Ahern J, "The Concept of Threshold and Its Potential Application to Landscape Planning", *Landscape & Ecological Engineering*, Vol. 7, 2 (2011), pp. 275–282.

[2] Laurentian Great Lakes Basin 的研究表明从一个比较稳定的生态系统到另一个比较稳定的生态系统存在一个明显的转换,这个转换阈值是多个胁迫综合的结果,并提出生态系统阈值的 3 个机理:氮素循环的破坏、外来物种适应性策略和组分生态系统的不稳定性。参见柳新伟等:"生态系统稳定性定义剖析",载《生态学报》2004 年第 11 期。

[3] Huggett A J, "The Concept and Utility of 'Ecological Thresholds' in Biodiversity Conservation", *Biological Conservation*, Vol. 124, 3 (2005), pp. 301–310.

的最基本要求。[1]生态阈值在生态保护红线中的应用具体体现为：①适用于红线区物种、栖息地、生态系统的保护规划，有利于预测生态效应的发生。②确定生态保护红线规划的门槛与生态系统恢复力之间的关系，有利于实现决策科学化。③指导或者控制生态保护中的土地开发与管理活动，这非常地有益于土地模式的可持续发展。

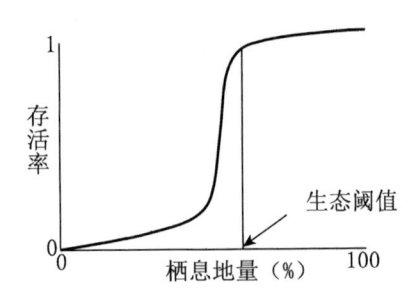

图 2-1　生态阈值与物种存活率的关系

2. 国家生态保护红线与生物多样性

红线制度能够在成本和资源有限的条件下实现最广泛意义上的生物多样性。生物多样性涵括景观、栖息地、种群、物种或遗传的多样性等内容，它不仅是生态文明的根基，还是生态平衡的必要条件。生物多样性还能够影响生态系统的发展过程，以此来改变生态系统服务水准。[2]2012 年，生物多样性与生态系统服务科学政策平台（IPBES）强调，生物多样性与生态系统的发展有着密切的联系，促使各层级的政策制定者深刻认识到生物多样性涵盖的广泛公共利益、帮助其指定生物多样性法律法规。联合国生

---

[1] 中国环境与发展国际合作委员会专题政策研究项目报告：《生态保护红线制度创新研究》，中国环境与发展国际合作委员会 2014 年年会。

[2] 参见李奇、朱建华、肖文发："生物多样性与生态系统服务——关系、权衡与管理"，载《生态学报》2019 年第 8 期。

第2章 国家生态保护红线的理论基础

物多样性保护公约（CBD）曾提出，生物多样性到 2020 年可以实现评估、保护、恢复以及合理应用，维护生态系统服务。[1]

同时，越来越多的科学研究显示，生物多样性通常可以提高植物群落的生产能力以及生态系统营养的维持能力，[2] 提高生态群落捕获资源、生产生物物质和回收必需营养素的效率，还可以很大程度上减轻受损害的生态系统对其周围环境所产生的不利影响。[3] 实践表明，尽管生物多样性可以提升稳定性，但形成的这种关系的驱动力并非生物多样性本身，而是群落所涵盖的物种或种群的集合能力。由于物种是分散生长且栖息地不固定，一类物种的任意扩散可能会导致另一类物种的生存障碍，分散考虑生物多样性保护是十分困难的。物种多样性对于生态系统的稳定性一般会在三个方面产生重要影响：①物种对环境波动内在反应的不同步；②物种对扰动的反应速度差异；③物种的减少将大幅降低竞争的力量。

总的来看，红线制度在维护生态系统多样性、物种和基因多样性中发挥着重要的作用。生态系统的各生物组织层次范围比较广泛，它主要涵盖生态系统、群落、种群、个体、器官及基因等。由于同一生物层次具有不同单元，它们各自"占领"特定生态位，各生物组织层次的多样性，即由生态位的时空异质性所决定。[4]

---

[1] 联合国生物多样性保护公约的任务是，"采取有效迫切的行动来阻止生物多样性丧失，确保到 2020 年实现生态系统的可恢复性并继续提供必要的服务，保护地球生命的多样性，促进人类福祉和消除贫困。"

[2] Tilman David, "Causes, Consequences, and Ethics of Biodiversity", *Nature*, Vol. 405, 6783 (2000), pp. 208-211.

[3] Michel Loreau and Claire de Mazancourt, "Biodiversity and Ecosystem Stability: a Synthesis of Underlying Mechanisms", *Ecology Letters*, Vol. 16, S1 (2013), pp. 106-115.

[4] 特别地，特定层次的稳定性特征可能更多地受制于相应层次的多样性特征。如群落的稳定性与种群功能型的多样性密切相关，而种群稳定性根本上依赖于个体的生活史特征。Laurence D. Mueller, Amitabh Joshi and Daniel J. Borash, "Dose Population Stability Evolve", *Ecology*, Vol. 81, 5 (2000), pp. 1273-1285.

就国家生态保护红线空间保护效力与生物多样性的相互作用而言，绝不得拘泥于特定的物种或几个物种的丰富度，应全面、整体、系统考察红线区内各生物组织层次，及同一层次不同生态位的生物生长状态变化。更进一步而言，红线制度也正是通过"高效圈地"方式维护生物多样性，深层次促进了生态系统服务功能的完整发挥。

（三）基于系统生态学的生态安全价值

1. 生态安全的内涵

红线制度通过实施最严苛的空间管理措施和管控限值，改善并提高了生态系统的服务功能，不仅勾勒出结构完整、功能稳定的国家生态安全格局，而且维护了国家区域安全底线。[1]生态安全（Ecological Security），最早于1989年由国际应用系统分析研究所（IIASA）在提出建立全球生态安全监测系统的时候第一次应用，目前为止，国际上尚无统一概念。根据国际生态安全合作组织（IESCO）的界定，生态安全主要包括自然生态安全、生态系统安全及国家生态安全三大类。[2]近年来，我国生态空间的生态系统服务功能下降明显。[3]

从生态学层面而言，特定区域的生态安全与生态系统是否完整稳定、生态系统服务功能的倒退或提升状况、重要的生态过程

---

[1] 参见李干杰："'生态保护红线'——确保国家生态安全的生命线"，载《求是》2014年第2期。

[2] 一是自然生态安全，包括火山、地震、飓风、海啸等；二是生态系统安全，包括森林、海洋、微观生态系统安全；三是国家生态安全，包括非传统安全、环境安全、物种安全、生命安全、城市安全、核安全与辐射、资源安全。参见马波："论环境法上的生态安全观"，载《法学评论》2013年第3期。

[3] 目前，我国草地生态系统退化趋势明显；湿地仍在萎缩，生态系统服务功能持续下降。在过去20年间，甘南水源涵养重要生态功能区生态服务能力下降30%左右；黑河下游防风固沙重要生态功能区生态服务能力下降近40%。

第2章　国家生态保护红线的理论基础

可否持续等因素都有紧密联系。[1]生态安全格局的构成整体上与景观生态学中的"景观分析模型"是相呼应的，比如其中的斑块、生态廊道与基质模型等。景观分析模型的构建也就意味着如何选择某些具有特殊生态功能潜力的斑块作为"跳板"，进而搭建彼此关联的廊道和辐射道。简而言之，生态安全格局的实质是形成生态过程连续完整的景观生态网络体系，遏制生态环境急速退化之势。[2]

从法律层面而言，生态安全指人类赖以生存发展的自然环境空间处于免于动荡的安定状态，国家生态保护红线是生态安全入法的最重要实践之一。美国《环境安全规划》中提到，生态安全包含资源、能源、环境、生物等四个方面的内容。[3]国外较早把生态安全纳入法律范畴的是俄罗斯。俄罗斯生态安全保障法律体系把生态安全定义为"所有国家行政行为、重要经济活动与跨政府间国际合作的首要条件"。[4]1991年底，俄罗斯颁布《俄罗斯苏维埃联邦社会主义共和国自然环境保护法》，其中第885条中第一次正式引入了"生态安全"的概念，将危害社会生态安全的行为作为最严格的刑事处罚对象。[5]2002年，《俄罗斯联邦环境保

---

[1]　参见肖笃宁、陈文波、郭福良："论生态安全的基本概念和研究内容"，载《应用生态学报》2002年第3期。

[2]　参见杨姗姗等："基于生态红线划分的生态安全格局构建——以江西省为例"，载《生态学杂志》2016年第1期。

[3]　具体包括污染预防、技术、安全和职业卫生、自然保育、符合法律、净化、爆炸安全以及害虫管理等8个主要因素。参见王权典、周珂："国家环境安全及其法律保护比较研究"，载《环境保护》2003年第2期。

[4]　参见刘洪岩："俄罗斯生态安全立法及对我国的启示"，载《环球法律评论》2009年第6期。

[5]　该法第885条规定，实施生态犯罪行为，即实施危害俄罗斯联邦的生态法律秩序、社会生态安全和对自然环境及人体健康造成损害的社会危害行为，并具有过错的公职人员和公民，承担俄罗斯苏维埃社会主义共和国刑法典规定的刑事责任。参见王树义："生态安全及其立法问题探讨"，载《法学评论》2006年第3期。

护法》第1条又进一步明确"生态安全"的内涵，即"使生态环境和人类根本利益免受难以预测的自然或生态风险的不良影响的防护状态。"[1]同年8月，俄罗斯政府又在其通过的《俄罗斯生态学说政府决议》中把生态保护领域的终极目标界定为"确保国家生态安全底线"。俄罗斯学者曾在《俄罗斯生态立法发展构想》中提出倡议，即生态安全应通过立法对自然资源利用的具体内容加以严格限制。[2]在我国，生态安全法的立法建议及相关"生态安全底线"的制度构建已持续多年。[3]如王树义教授、黄锡生教授、蔡守秋教授均曾倡议制定生态安全相关立法，并提出"生态安全的等级分类""生态安全和生态保护特定区制度"等与生态保护红线密切关联的制度形式。

2. 生态安全与生态系统服务功能的关系

红线制度是提高生态产品供给能力和生态系统服务功能、构建国家生态安全格局的有效手段。生态系统服务功能是人类发展的重要物质基础，也是测定生态安全状态、"自然资本"能否保值和可持续利用的重要指标。而生态系统服务功能则是指生态环境所能提供给人类生存，或发展所需要的自然条件以及资源效用，也就是人类直接或间接从自然界所能取得的不同收益。[4]从2001年至2005年这4年的时间，联合国千年生态系统评估报告（MA）把生态系统服务总共分为四种不同类型（见表2-4），它们

---

[1] 参见马骧聪译：《俄罗斯联邦环境保护法和土地法典》，中国法制出版社2003年版，第5页。

[2] 参见刘洪岩："风险社会语境下的俄罗斯生态安全立法"，载《政法论丛》2012年第1期。

[3] 2001年《中华人民共和国防沙治沙法》中首次将"生态安全"作为立法目的提出，但没有对其明确定义。

[4] 参见傅伯杰等："中国主要陆地生态系统服务功能与生态安全"，载《地球科学进展》2009年第6期。

分别为供给、调节、支持和文化四类服务,其中既有有形服务(如食物生产),也有无形服务(如美学或文化价值)。在评估的24项中,其中15项(约占评估的60%)已经开始退化或处在不可持续利用的情况下,主要包括淡水、渔业捕捞、净化空气和水源、调节区域和地方气候、调控自然灾害,以及控制病虫害等。据不完全统计显示,由于人类对生态系统的无节制之破坏,生态系统服务功能发生非线性变化的可能性(包括变化加速、突变及潜在不可逆变化)开始快速加强。[1]当生态系统服务功能不稳定或出现某些"变异"时,就表示这种生态系统正处于"不安全"状态。[2]

表2-4 生态系统服务功能的主要类型

	千年生态系统评估 (2015年)	生态系统与生物多样性 经济学综合报告(2010年)
供给 服务	食物	食物
	纤维	原材料
	淡水	淡水
	生物化学物、天然药材及药物	医药资源
	遗传资源	
调节 服务	调节气候	区域气候
	调控空气质量	碳吸收与储存
	控制自然灾害	调节水源
	洁净水源	缓冲极端事件

---

[1] 参见联合国《生态系统与人类福祉-综合报告》。
[2] 参见郭中伟、甘雅玲:"关于生态系统服务功能的几个科学问题",载《生物多样性》2003年第1期。

续表

	千年生态系统评估（2015年）	生态系统与生物多样性经济学综合报告（2010年）
调节服务	调控水土侵蚀	废水废物处置
	传粉	降低土壤侵蚀，维持土壤肥力
	控制疾病	传粉
	控制虫害	生物防治
支持服务	营养循环	栖息地
	土壤形成	维持基因多样性
	初级生产力	
文化服务	休闲及生态旅游	休闲，身心健康
	审美价值	旅游
	精神与宗教价值	美学鉴赏、文化、艺术与设计灵感
	心灵体验和地域感	

3. 生态系统服务功能在红线划定中的应用

国家生态保护红线，是以生态系统供给、调节、支持和文化服务的重要性及价值评估为基础划定的生态保护的最小面积。在2017年发布的《生态保护红线划定指南（2017）》中就明确指出，重点生态功能区红线是依据生态系统服务功能评价而划出的范围，评价对象包括水源涵养、水土保持、防风固沙、生物多样性保护等多个方面，按照生态系统服务值大小划分为一般重要、重要、极重要三个级别。[1] 换句话说，我国的生态空间管控"红线区"及"缓冲区"是根据生态环境敏感性，与生态系统服务功

---

[1] 参见李维佳等："基于生态红线的洱海流域生态安全格局构建"，载《北京林业大学学报》2018年第7期。

能的差异性来划分的。"红线区"是对生态系统服务极重要区设定的最严格基线，必须禁止任何违背管控目标的开发活动，以加强生态修复的力度、增加区域的基础生态价值。"缓冲区"则具有教育性和适当控制性，可进行适度的开发建设。两个区域应适时相互补充，对于敏感性增强或生态系统服务功能减弱的缓冲区应及时调整和审批纳入红线区。

借此，各地政府可借助 GIS 软件、遥感等信息技术手段建设动态监测平台，将生态空间管控区的分布区域、区块面积和边界、各组分功能类别等要素录入系统，定时监测生态空间的界限变化并进行针对性调控。其中，红线区保护措施应最为严格，而且还要通过各种手段和措施促进环境的积极修复。在缓冲区则要在可持续发展的指引下选择合适的手段实现其生态价值。如有的学者从生态服务功能重要性，以及生态敏感性两个角度对天津的市域生态本底进行了客观而详尽的评价，并与天津市空间管制规划划定的禁建区相融合，得到天津市生态保护红线的高水平、中水平、低水平 3 种方案，分别占据整个市域国土面积的 32%、23% 和 15%，其中，低水平禁建区范围有 1800 多平方公里，而高水平红线格局范围则更加广泛，不仅包括禁建区，还包括生态服务功能与敏感性区域，叠加面积有 3811 平方公里。[1]

总的来看，红线区包含森林、草原、湿地、荒漠等自然要素，但这并不是将各红线空间和数量总和的简单叠加，而是要基于生态安全阈值，维持和提升区域内重要生态系统服务功能，使之能够发挥核心生态安全保障用地的功效。就此，与之前松散的、约束力比较低的生态安全格局构建相比，基于红线制度的生态安全

---

[1] 参见闫维、张莹："基于生态服务功能和敏感性评价的生态红线划定研究"，载《2017 年中国环境科学学会科学与技术年会论文集（第三卷）》，2017 年。

格局构建具有相当明显的优势：①国家生态保护红线区具有明晰的地理边界，并通过范围认知、重要性评测、规划与协商、边界核准等精确的技术流程，得出精确的图件与基本信息。②国家生态保护红线对于多个部门的保护内容予以整理合并、统一筹划，有利于防止生态空间保护的交叉重复。③国家生态保护红线的保护范围更广泛，不仅有水平生态过程，还有垂直生态过程。[1]

二、国家生态保护红线的哲学基础

（一）沟通行动理论的产生与发展

1. 西方哲学界对理性化困境的反思

1981年，德国哲学家尤尔根·哈贝马斯（Juergen Habermas）[2]在《交往行为理论》一书中提出对西方哲学具有典范转换意义的"沟通行动理论"（Theory of Communicative Action）。该理论试图摒弃马克斯·韦伯的社会理性化困境，突出人与人间的真诚沟通与相互协调，并尝试以程序正义为基础，实现理想言语情境之下近乎完美的"真理合意"。

20世纪的西方哲学社会科学界中有两位主要探究合理性问题的著名学者，他们分别是韦伯和哈贝马斯。韦伯从主客体关系的视角入手，认为社会科学的使命不只局限于对世界客观规律的寻觅和深入体会，更是在社会、文化、个人三层次解释理想社会的现实情况。韦伯颠覆性地将"目的理性"作为基本的分析方法和

---

[1] 相比于以往研究较多的以水平生态过程（物种迁徙、沙尘暴扩散等）为主的生态安全格局构建，生态保护红线还关注水源涵养、水土保持等垂直生态过程。

[2] 尤尔根·哈贝马斯，德国当代最重要的哲学家和社会理论家之一，是法兰克福学派（Frankfurt School）第2代至第3代最重要的人物之一。法兰克福学派，是批判主义社会学传统在当代的主要继承者，是西方马克思主义的一个主要流派。1923年法兰克福大学社会研究所的成立标志该学派的诞生，该学派标榜自己是社会批判理论，将批判的矛头直指现代资本主义。

批判武器，认为社会合理化与个人之间的关系具有深层次、难以调和的矛盾。与此同时，他对目的理性工具的过度崇拜也导致其合理性理论陷入不可化解的困境之中。形式合理性与实质合理性易产生冲突，而这种冲突易造成伦理和道德判断在现代生活中的功能性降低。一旦工具理性限制了价值理性，我们必将承受"心理失落"和"自由丧失"的交叉打击。这也使得韦伯认知发生转变，即一方面，他深刻地认识到现代西方文明需要通过强大的理性加以推动，另一方面，韦伯也发现，工业化、资本主义以及科层制会对人类社会的基本价值产生很大的钳制作用，理性化将导致人与人之间缺少血性与温存。

在韦伯之后，现代资本主义思想也遭遇到以哈贝马斯为代表的"法兰克福学派"学者们十分强烈的批判。他们认为，虽然启蒙运动促进生产力和物质财富前所未有的提升，人类也运用科学技术彻底改变自身生存条件，但启蒙精神的张扬和对理性的推崇导致人性缺失，人性状态甚至回归野蛮时代。依据哈贝马斯的观点，韦伯"目的理性"的现代性困境不仅是对社会发展情况的客观反映，而且关乎西方文化的世俗化。相比之下，"沟通行动理论"却能够更好地解决此困境，完成从工具理性到交往合理性的方法论范式转换。哈贝马斯认为，"彻底且真诚"的交流和沟通是通向真实合理性的必由之路，只有自愿、无压迫的思想共识才能解决人与世界的关系纠葛。事实上，哈贝马斯批判现代性的真正原因是合理性被误用于工具或手段意识中，而其更专注于整合开放的、批判的主体间视域，摒弃主体意识哲学的强烈约束，为重新认知生活和系统世界中的现代性问题提供了崭新的视角。因此，"沟通行动理论"超越了韦伯与前辈思想家们对社会理性化问题的悲观态度，认为主体间关系的合理性——沟通活动中持续的反省能力和有理有据的论证能力远比"目的–工具合理性"更具有推进社会全面合理化的可能性。

2."沟通行动理论"内涵

根据沟通行动理论,沟通行动是借助言语碰撞与交流,以求互动合作、相互理解并协调关系的过程,该理论彰显了人类在日常交往过程中所暗藏的双方以平等、自由、无压力的姿态而获得的"目的理性与价值理性的统一"。沟通行动的根本目的就在于行动者为了说服或者使对方信服,通过语言为中介来达成双方行动的协调。沟通行动理论包括三方面假设。

第一,"理想言语情境",也就是无外界压迫的环境是进行高效沟通的首要条件。理想的沟通情境构成有7个要素,其中最重要的是没有内在或外在束缚的论辩氛围(包括社会氛围和政治氛围)。"理想言语情境"追求的是高标准的沟通交往条件,它要求"当论辩多方就某个问题进行博弈时,参与者必须是真诚且相互尊重的,并具有充分权利提出问题、表达观点"。在没有时间束缚和辩论状态控制的情况下,应尽力排除外来干扰和强制,可对相关问题进行更广泛的讨论甚至批评。当在高度有序且自由的理性环境下,才能认为共识源自参与者的真实意思表示。

第二,人们之间的真诚沟通能够打消道德分歧。除了理想言语情境以外,有效的沟通行动还需要满足以下要件,也就是可领会性、真实性、真诚性、正当性四个方面(见表2-5)。以社会行动概念为视角、对目的论行为模式进行否定的过程中,哈贝马斯明确提出,人们之间没有设防的沟通模式才可以防止道德和正义标准的确定性瓦解。这也是"真实的商谈沟通可以消除分歧"理论假设,由此法律的道德正义性才得以凸显,主体间的人际关系才得以和谐稳定。

第三,以言语为手段、以程序正义为后盾的共识达成则是实现真理的必经之路,沟通行动理论须坚持"公开、透明的程序规则"与"真实明确的沟通意愿"相结合。哈贝马斯认识到"主客体相一致的'合乎真理论'"是违背常识的,真理必须由主体间无数次观点碰撞、交流实践而形成。

表 2-5 有效沟通行动的基本要件

可领会性	只要句子合乎语法,那么它对于所有懂得这种语言构造的人来说都是可深刻理解的
真实性	言说者应该提供一个真实的态度,以便听者可以确切分享说者的意向
真诚性	言说者应该真诚客观地表达他的态度和想法,以便听者可以完全相信说者的话语
正当性	言说者必须遵守社会规范

由此可知,哈贝马斯认为,韦伯以及传统的批判理论之所以陷入社会理性化的"泥潭"之中,根本原因是他们分析问题的出发点不当,没有认识到社会集体产生巨大理性力量的可能。在理想语境之下,沟通行动体现了参与主体间通过商谈论证而形成的自愿的共识和真理的过程。工具合理性是一种以人类个体为中心的理性,是"基于精确的个人利益算计"的理性。沟通理性则是一种借助言语中的最佳论据而进行的反复磋商以及论证的理性行为,并最终形成以集体为中心的共识。沟通行动理论展现出人们期盼放弃武力等其他强制力、诉诸平等和谐对话的方式缓和主体间的人际冲突,从而进一步地克服物质社会所带来的科技、经济理性与道德原则之间产生的矛盾。

3."沟通行动理论"在中国的发展

我国的协商民主理论,就是基于"沟通行动"哲学理论而实现广泛传播的。就最宽泛的理解来说,协商民主是作为一种可能实现的民主规范以及国家治理的状态,"公民群体的公共协商是合法立法的前提要件，而协商民主是对理性立法与公民自治的呼唤。"〔1〕协商民主理论起源于20世纪的后期，它更偏重于民主活动的参与方式与手段，以及实质性问题辩论等程序性要求。在协商民主理论出现之前，民主被当做形式上所谓的集体行动偏好和利益偏好所做的决定。而在民主呈现"协商"转向后，信息公开与交流碰撞、不同利益间的交融汇聚被置于民主的中心。〔2〕反思协商民主在我国的形成与发展过程，即可发现，协商民主是中国共产党领导下广大人民群众进行的伟大革新，极具主体的多元化特点。〔3〕在"政治理念—政治实践—政治制度"的变革过程中，协商民主是"最广泛政治联盟的政治民主实现形式"，是促进治理科学化的重要途径，〔4〕也是现今我国国家治理现代化的重要依托之所在。〔5〕党的十八大第一次提出，要"健全社会主义协商民主制度"的重大议题，强调在风险日益增加的现代社会，应就涉及群众切身利益的问题广泛协商、增强合力，以求得公众利益诉求与政府治理关注之间的均衡。〔6〕

当前在环境治理领域的协商民主理论，究其本质是在环境公共事务中借鉴"沟通行动理论"，而创设的一类多元主体参与的环

---

〔1〕 参见〔美〕詹姆斯·博曼、威廉·雷吉主编：《协商民主：论理性与政治》，陈家刚等译，中央编译出版社2006年版，第54—57页。

〔2〕 参见周珂、腾延娟："论协商民主机制在中国环境法治中的应用"，载《浙江大学学报（人文社会科学版）》2014年第6期。

〔3〕 协商民主与以往的统治、管理的最大区别在于主体的多元化，既包括党和政府，也包括市场和社会，包括商业的、非商业的，全国的、地域的各种类型的社会组织。

〔4〕 参见赵雨田："国家治理体系视域下的协商民主"，载《山西日报》2018年12月25日，第14版。

〔5〕 参见徐锋："社会主义协商民主：人类民主政治探索的中国方案"，载《中央社会主义学院学报》2017年第6期。

〔6〕 参见汪家焰、赵晖："论协商式政策议程设置模式：理论谱系、生成逻辑与建构路径"，载《南京社会科学》2018年第12期。

境民主实践形式。根据哈贝马斯"沟通行动理论",协商民主程序设置不仅应关注公平进入的机会和协商过程,还应具有充分的恰当理由,即"更佳理据"(Better Argument)。罗尔斯则在"沟通行动理论"的基础上,进一步将协商民主从程序正义扩充至"实质性要求的限制",即:①公共利益的价值诉求:法律或政策的正当解释是依据共同善的理念总结的,而公共协商的终极目标在于将其运用于牵涉多元主体利益的公共问题。②平等主义的程序诉求:保证公民在公共政策实施过程中,不受经济或社会上占主导地位的利益集团的控制。③公民方面的实质诉求:公民应具备"理解、应用和依照正义原则行事"和"形成、修正和理性追求某种善之观念"的道德能力。[1]受到罗尔斯思想的影响,科恩认为,"合理多元主义事实"能够协调现代化自由与公共利益之间的关系。

(二)国家生态保护红线对沟通行动理论的适用

国家生态保护红线所秉持的"多元共治"治理模式,本质是"沟通行动理论"的哲学思想在环境法领域的具象表达。以往的域内外环境法学者常常会生硬地采取"主客二分"的理念去分析和研究环境,将环境当做客观实在的物,这种单一的、僵化的认知方式将人与自然的关系固化为人类整体对大自然的强权控制,却没有充分考虑到人和自然界错综复杂的内在牵绊。而以多元利益整合为特色的现代国家环境治理机制,本质上是一个共同话语形成的过程,该过程是人与人之间围绕环境污染、生态空间破坏、野生动物非法交易等问题展开的思想碰撞和交往互动,它既塑造了人们对生态环境风险的认知,又有助于环境行政部门的科学化与民主化决策。

---

[1] 参见刘明:"西方协商民主理论中的程序与实质",载《西南大学学报(社会科学版)》2019年第1期。

在国家生态保护红线规划与实施中引入政府与公众的合作治理机制囊括了沟通行动理论的"协商"精髓。根据"沟通行动理论",协商的根本旨趣在于"客观、全面地审查各种类型的政策和建议,在目标一致的基础上赋予这些政策和建议以合法性,并且为私主体能够参与到环境治理之中预留出适当的空间。"[1]这意味着国家生态保护红线在规划与实施中必须致力于主体结构和制度体系两个层面创新:一是在主体结构转型中,公众理应成为国家环境治理的主体之一,环境行政部门应与公众间构筑上下互助、协商合作的对话与沟通机制,为公众的实质参与创造条件;二是在制度体系变化中,私主体应尽量发挥国家环境治理所设定的框架性法令下的主观能动性。多元主体参与结构并不意味着公权力主体与私主体的法律地位相当、权利等同,政府作为红线规则制定者与公众自主治理规则的核定者,仍承担着主导性的"元治理"角色,而私主体应作为辅助性的规则践行者,可在法定义务之内细化、填补行为内容。

事实上,国家生态保护红线规划决策与实施过程非常注重"风险沟通程序"的适用。在突出强调科学理性与政治理性相分离的改革导向下,国家生态保护红线运作中仍面临着风险评估科学化与风险决策政治化间的冲突,仍须平衡风险评估者、风险管理者、消费者、生产者、专家群体和其他多元主体间的利益关系。欧盟178/2002号法案将风险沟通定义为"风险辨识与界定过程中对于潜在危险与不可逆风险的信息公开与互动交换"。美国国家科学院(The National Academy of Sciences)就认为,风险沟通就是个体、组织以及不同的机构之间表达风险信息、化解各种理解差异

---

[1] 参见王树义、蔡文灿:"论我国环境治理的权力结构",载《法治与社会发展》2016年第3期。

第 2 章 国家生态保护红线的理论基础

的沟通过程,是采取适当行动降低社会群体可能感知到的社会风险、强调对话与共享的和谐参与过程,[1]主要涉及对特定风险评估结果的认知及对风险决策基础和重要利益部分的解释。[2]

国家生态保护红线,是在生态风险不确定性前提下划定的相对确定的生态空间保护区,在此之中涉及多维、复杂的信息交流过程,目前已知共有四个主流风险沟通理论模型,它们分别是:①国家生态保护红线的风险认知模型。由于风险的主观性本质,专家与公众对国家生态保护红线的划定及可能带来的风险变化之观点存在差异,从而对风险沟通带来影响。②国家生态保护红线的心理噪音模型。生态风险的不确定性和难预测性会对个体造成心理压力,进而影响不同群体的信息获取及选择过程。③负性特征主导模型。在生态保护红线所涉及的各级沟通过程中,人们对负面信息的关注远多于正面信息。④信任决定模型。国家公权力机关与各类群体间的信任建构,是影响生态保护红线划定及实施的最重要因素。就此,国家生态保护红线运作需要国家公权力机关以积极、开放、包容与负责的心理积极回应社会组织与公众的利益诉求,以建立和完善各种路径的公众利益表达机制,增进政府、专家与公众的相互信任,最终达到科学理性、政治理性与公众理性的相互融合。[3]

总体而言,红线制度运作的全过程都应该深入地贯彻"沟通行动理论"。为了实现环境善治,"多元共治型"生态保护红线须秉持多元沟通、协商共赢的行为逻辑,将国家强权治理与公众实

---

[1] 参见唐钧:"风险沟通的管理视角",载《中国人民大学学报》2009 年第 5 期。

[2] 参见柳恒超:"风险沟通与危机沟通:两者的异同及其整合模式",载《中国行政管理》2018 年第 10 期。

[3] 参见谢有长:"社会资本与风险治理:构建风险治理机制的探讨",载《中共山西省直机关党校学报》2018 年第 4 期。

质参与的集体行动逻辑相结合，通过环境契约、生态补偿的市场化、专家的实质参与等多重方式，克服政府单极管制带来的僵化和效率低下，并借助对政府规划的司法审查、环境行政公益诉讼等多种途径，为政府管制行为提供预防性监督和约束机制，缓和主体利益多元化与公共利益间的张力，将国家环境治理从依赖政府、以权威解决问题的过程转变为塑造共识和合意的协商合作治理过程。

（三）基于沟通行动理论的综合生态系统管理方法

1. 综合生态系统管理方法基本原则

综合生态系统管理方法（Integrated Ecosystem Management Approach，IEMA）是国家生态保护红线基于沟通行动理论的深化运用，它注重生态系统各组成成分间的"交流互动"，要求通过整合式、多学科、多维度的方式，实现经济、社会和生态的多元惠益。[1]自 20 世纪 40 年代，欧洲环境保护战略要求各成员国从以地区为中心的分散式管理方式转向系统的、综合的管理方式，即在综合风险评估的基础上，以生态系统完整、稳定与健康为核心，注重各机构及跨学科的监管、技术信息与广泛合作，使环境评估和管理系统适应生态系统层面的范围、方法和监管措施。2003 年 10 月，《生物多样性公约》第 5 次会议在蒙特利尔召开，这次会议上通过 12 条基本原则及具体操作的指导方针（见表 2-6），将系统保护规划（Systematic Conservation Planning）方法贯穿其中。其中"确立保护优先区"的程序内容，类似于最严格的生态保护红线制度设计，即灵活运用综合生态系统管理手段，将生物多样性丰富、物种特

---

[1] 它要求综合对待生态系统的各组成成分，综合考虑社会、经济、自然的需要和价值，综合采用多学科的知识和方法，综合运用行政、市场和社会调整机制以解决资源利用、生态保护和生态系统退化的问题。参见蔡守秋："从综合生态系统到综合调整机制——构建生态文明法治基础理论的一条路径"，载《甘肃政法学院学报》2017 年第 1 期。

有化程度高、珍稀濒危物种分布集中、具有极为重要生态系统服务功能区域纳入优先区域的指标体系之中。[1]

表 2-6 综合生态系统管理方法的 12 个基本原则

	内容
原则 1	依赖社会共同选择来决定包括土地、水和其他生命资源管理的目标
原则 2	管理应当在相适应的层次，且要摒弃中心化
原则 3	某个生态系统监管者应考量特定行为对其他生态系统造成的恶劣事实或潜在影响
原则 4	应从经济学角度认知管理生态活动的潜在收益，一是减少市场扭曲对生物多样性引发的不良影响；二是要加强生物多样性保护以及可持续发展；三是将成本和收益控制在一定范围限度内
原则 5	应当将维持和保护生态系统结构与功能作为该方法适用的首要目的
原则 6	管理过程应当在生态系统服务功能最大限度中进行
原则 7	该方法应当在特定时空范围内应用
原则 8	认识到生态系统过程在时间范围上的可变性和结果滞后性，生态系统管理目标的设定必须是长期性的
原则 9	生态系统进行管理时应意识到生态环境变化是不可避免的
原则 10	生态系统方法须在生物多样性的整合、保护和利用之间寻求适当平衡
原则 11	生态系统方法须公开多方向、多形式的信息，包括技术性的和人文性的，尤其是当地人民具备的创新或传统保护方法
原则 12	生态系统方法必须涉及所有社会相关部门和学科

2. 基于"沟通行动理论"的综合生态系统管理方法实践化

综合生态系统管理方法，强调以哈贝马斯"沟通行动理论"

---

[1] 参见林金兰等："海洋生物多样性保护优先区域的确定"，载《生物多样性》2013 年第 1 期。

为基础，实施整体性和多元主体参与的监管方式。[1]哈贝马斯认为，各层面共同体的作用机制可将现代社会的两种基础构成形式——"系统性整合方式（Systemisch Integration）和社会性整合方式（Soziale Integration）"结合起来，最终形成比较强大的、相互作用的交往共同体。在交往共同体中，各方将理解作为核心要旨，将共同和客观的观点作为最终目标追求，从而形成某种特定的、相互认可的交互型社会关系。[2]综合生态系统管理方法强调自然和人类间"交往共同体"模式，强调自然是有生命的，自然与人类是可以通过某种方式"交流"甚至"相互理解"的。2015年9月，中共中央、国务院印发的《生态文明体制改革总体方案》中提出"共同体理念"及生态系统的运作机理和方式（整体性、系统性与规律性），其中，"整体性"指的是生态系统不同因素间始终是普遍联系且相互作用的，"系统性"指生态系统是具有自我组织的、自我调节的完备系统，"内在规律性"指生态系统融合"物物相关""负载有额""忍受阈限"等，其作用结果远超生态系统内各组分之和，[3]以此作为引导人类环境行为的主要依据。如在表2-6的原则3和原则5中，该方法明确了生态系统的连通性和统一性。原则2和原则12确认了方法适用的"去单一化"，充分考虑各类人群的利益分担和各学科间的技术交叉。就此，以整体性和多中心性为基本支撑，综合生态系统管理方法是对"主、客一体"生态法学范式的超越，是对沟通行动理论的实践深化。

---

[1] 参见史一舒："IEM原则在海洋环境立法中的应用"，载《中国社会科学报》2018年1月24日，第4版。

[2] 参见杨礼银："哈贝马斯社会整合理论中共同体的三个基本层面"，载《哲学研究》2019年第10期。

[3] 参见肖显静、何进："生态系统生态学研究的关键问题及趋势——从'整体论与还原论的争论'看"，载《生态学报》2018年第1期。

主流的"主、客一体"范式尽管突出了"人"的主客体性的统一，但忽视了人与环境间复杂难测的多重交互关系，同样也忽视了后现代环境法方法论应注意的主体、价值、技术要求之集合。[1]

正是鉴于上述内容，以综合生态系统管理方法为逻辑支撑，国家生态保护红线是以"妥善处理生态环境中各种关系及相关环境事务"为理论起始点，所设计的一套具有科学内涵和技术内容的、适应人与自然发展关系需要的实践性法律制度（见表2-7）。与一般的环境法律制度不同，红线制度主要体现两个方面的特征：①它是综合性的生态保护法律制度。涵括生态学、经济学、民法学、环境法学、行政法学等多个学科的相关知识，并将这些知识予以整合运用至生态空间保护领域。②它是真正把实践和人民的现实需求相结合的生态保护法律制度，在哲学基础上强调"关系超越实体"，深入挖掘主客体间的深层次关系，有助于主客体间的统筹共赢。国家生态保护红线的适用对象不仅局限于行政相对人，还重置了生态空间保护领域内公权力机关与公民个人的不平等关系，将强势的国家权力与弱势的公民权利有机融合，最终形成多中心协同共治的"回应型法治"。

表2-7 实践论范式下国家生态保护红线的体系构建

主要行动	发现问题—认识问题—提出主张—解决问题—反思改进	从中央及各地实践中获取经验，进行反思
核心基础	以政府、企业、公众及社会的关系为逻辑起点，以社会技术为中介，以系统性思维为基本方法，探讨国家生态保护红线的设计意图、态度、倾向、价值、目标的相互作用	对生态学与法学等技术层面有关的全面分析，获取理论合法性与实践可行性信息

---

[1] 参见杜辉、陈德敏："环境法范式变革的哲学思辨——从认识论迈向实践论"，载《大连理工大学学报（社会科学版）》2012年第1期。

续表

| 潜在陷阱 | 国家生态保护红线理论工作的长期性和反复性 | 无法根除人类中心主义观念或过于突显生态中心主义观念 |

三、国家生态保护红线的法学基础

(一) 环境权理论的产生与发展

1. 环境权理论研究的三种进路

环境权,是国家身负环保重任、履行环保义务、赋予公民参与环境管理权利的重要环境法基础理论之一。就历史发展阶段特征来看,以西方私人主体的自由权利为根本要旨的近代法,和以社会为中心的现代法治体系,均将"人"自身置于核心地位,对生态环境保护重视不够,如普罗泰格拉所说的:"人是万物的尺度,"存在着主体"人"与客体"生态环境"的二元对立。而随着全球化的生态环境危机凸显,人类对自然资源的无穷耗竭,人类与自然环境的千丝万缕关系由"和谐共生"逐步转为"分裂对抗"。正是在这个背景下,纠正人和生态环境错误认知关系的环境伦理学应运而生。环境伦理学深刻阐释并重构了人类与自然界的沟通性、平等性以及相互依赖的关系,摒弃了无限论、征服论、差等论的传统自然观主张,贯彻"自然内在价值"。[1]如罗尔斯顿所说,"生命并不仅仅限于自我,它也要有赖于水文、气象和地质循环等,可以说与自然资源密切相关"。[2]随着对"人类中心主义"伦理观的怀疑与摒弃,环境权成为倡导人类与自然协调发展

---

[1] 参见朱平:"重建人类与自然的共生观——环境伦理学诞生之价值",载《哈尔滨工业大学学报(社会科学版)》2019年第3期。

[2] 参见[美]霍尔姆斯·罗尔斯顿:《哲学走向荒野》,刘耳、叶平译,吉林人民出版社2000年版,第104页。

的一种新型权利。

1972年6月16日,环境权定义在联合国人类环境会议通过的《斯德哥尔摩人类环境宣言》中第一次出现,公布了国际社会达成共识的涉及可持续发展问题的7点共同看法和26项原则,其中第1项原则即明确了环境权的基本内涵,[1]而其中关于环境权的内容界定则较为模糊且抽象,仅表明它是一种生而获得的"天赋权利"(the fundamental right)。1992年,联合国环境与发展大会在《里约环境与发展宣言》中指出,环境权是指人类应当享有(are entitled to)与自然和谐共处的积极方式,体会舒适健康环境生活的基本权利,即认可环境权是一种主动性权利,需要国家在规范体系中充分授予和积极保障。1998年《在环境问题上获得信息、公众参与决策和诉诸法律的公约》以及2018年的《在环境问题上获得信息、公众参与和诉诸司法的拉丁美洲和加勒比海区域协定》将其予以明确,即通过鼓励公众事前积极参与环境问题的方法,实现环境污染以及生态破坏的预防性、前瞻性救济。实际上,环境权的重要地位已在国际上达成基本共识。2012年,美国戴维·博伊德教授(David R. Boyd)在其《环境权革命:对宪法、人权和环境的全球研究》一书中通过对192个国家的考察发现,其中有86个国家在宪法中已经有明确的环境权规定,115个国家在参与的国际协定中已承认环境权。[2]总的来说,域内外对环境权内涵的研究主要有三种进路。

第一,从程序性到实体性的环境权。环境权可以被统分为两

---

[1]《斯德哥尔摩人类环境宣言》原则1:"人类有权在一种能够过尊严和福利的生活环境中,享有自由、平等和充足的生活条件的基本权利,并且有保护和改善这一代和将来世世代代环境的庄严责任……"

[2] 参见蔡守秋:"环境权实践与理论的新发展",载《学术月刊》2018年第11期。

种，即实体性和程序性环境权。相较于实体性环境权，程序性环境权是更加被环境法和公法学界所普遍接受的。程序性环境权是一种程序性资格，它是法律赋予公民参与环境事务的权利，主要包括环境知情权、决策权和司法权以保障公民及其团体的参与权、表达权和监督权。而就在近期的研究中，实体性环境权也开始得到越来越多研究者的认可，认可的理由大多为程序性环境权无法保证一定推导出清洁空气权、清洁水权、安宁权、景观权等实体性的环境权利，但实体性环境权是公众提起环境公益诉讼的重要权利基础。[1]在阿根廷，清洁水权被认为是人类与生俱来的宪法环境权，内容包括国家应提供干净清洁的饮用水，并应对造成饮用水严重污染的个人或企业处以巨额罚款等。[2]

第二，从衍生权利到独立权利。一般来说，环境法学界和公法学界学者能够接受衍生权利进路，如通过宪法解释或宪法修改的方式，推衍出宪法环境权。例如，印度法院不仅从宪法的生命权条款（第 21 条）导出清洁空气权和清洁水权等权利，同时，根据国家环境政策条款，以及公民环境义务条款还可深化环境权意蕴，其不仅具有"预防和停止环境侵害"的消极权利面向，还有"享受舒适、健康环境权利"的积极权利面向。[3]随着各国对生态环境风险的日渐重视，环境权从衍生权利不断演化为脱离其他人权而存在的独立权利。现如今，已经有不少于三个文件明确了独立的环境人权。如《世界环境公约（草案）》提出人们具有"享受能带给他们健康、福祉、尊严、文化和自我实现的环境中

---

〔1〕 当前实体性环境权的类型化研究较为突出，实体性环境权是一个权利束，包括众多子权利，如清洁空气权、清洁水权、安宁权、景观权、历史环境权等。

〔2〕 参见吴卫星："我国环境权理论研究三十年之回顾、反思与前瞻"，载《法学评论》2014 年第 5 期。

〔3〕 参见王小钢："环境权研究进路的转向——兼评《环境权理论的新展开》"，载《中国地质大学学报（社会科学版）》2019 年第 5 期。

生活的权利"。不可忽视的是，独立权利扩大了权利保护客体范围，其触角逐渐伸向各自然生态系统之中。也就是说，在没有证据证明侵犯其他人权时，如果当事人作出一定损害生态环境的行为，即能够被视作侵犯环境权，就此可以得到国际人权法的保护。也有学者提出，环境权是在现代风险社会下生态价值面临严重摧毁的危机之下衍生的，这与财产权、生存权、健康权等基本人权所体现的是完全不同的法律理念与运行秩序。[1]所以，环境权是具有特定价值的，它是不依赖于传统体系的新型独立法律权利。

第三，从集体权利到个体权利。有学者提出，环境权面临着比较现实的困难，这主要是由于环境权的个体性和公共性不能精确划分，难以论证集体性环境权进路的正当性。如西方法律哲学家麦考密克和拉兹所说，清洁环境权难以成为个体权利的客体，最多可能成为集体权利的客体。而另外一些学者则认为环境权的个体进路是必然的，因为每一个自然人都可以独立地、不借助他人的力量而呼吸，本能地饮用清洁水。清洁空气、清洁水的"自然人独立享用性"为个体环境权提供论证的基本思路。1996年，在南非的新宪法中，第2章"权利法案"之第24条明确规定了环境权人人平等享有。[2]在持有个体环境权观点的学者看来，权利的演进是一个由大集体分散到个人的进程，这种权利并不会依赖人类集合体的意识。[3]例如，吕忠梅教授认为，环境权应该是

---

[1] 参见吕忠梅："环境权入宪的理路与设想"，载《法学杂志》2018年第1期。

[2] 1996年《南非共和国宪法》第2章"权利法案"第24条规定，每一位公民享有环境权，南非国家、公民，乃至环保NGO均有保护环境的义务。参见曾明："南非宪法环境权的历史流变与现实启示"，载《求索》2018年第5期。

[3] 参见刘超："环境法学研究中的个人主义方法论——以环境权研究为中心"，载《昆明理工大学学报（社会科学版）》2010年第3期。

"整体性与个体性的统一",其核心即是人类不可或缺的生存权,它借助个人权利的外衣彰显全人类共同的公共权利。[1]

2. 我国环境权理论的演进

我国环境法对环境权研究的核心,即"环境权存在的正当性与具体内涵(或所涉权利范围)",主要包括"环境权肯定说"和"环境权否定说"两个观点(见表2-8)。按照"最广义环境权说",环境权被视为与环境相关的、包罗万象的权利束。如从权利主体视角来看,它包括了诸如个人、单位、国家、人类等环境权。从权利范围来看,它既有生态性权利(如清洁水权等),也有经济性权利(如排污权等),更有程序性权利(如环境知情权等)。换句话说,部分学者观点具有泛化环境权、把环境权等同于"环境法上所有权利"的极端倾向,实质上则是将环境权的特质和内涵模糊化,这不利于对公民整体环境权的维护及其在司法实践中的具体应用。本书则认同"广义环境权说",也就是从环境权概念设定的可持续发展与环境善治等目标来看,将环境权解释为"公民理应享有的、在无污染和无破坏的环境中生存,以及利用环境资源的权利",包含环境使用权、知情权、参与权和请求权等4项权利,而它所涉及的实体权利和性质仍尚待梳理清楚。

表2-8 国内环境权理论的主要观点

	类别	主要内容	代表学者
环境权肯定说	最广义环境权说	所有与环境有关的权利。包括所有生态性、经济性和程序性权利	蔡守秋 陈泉生

---

[1] 环境权的整体性中又包含着个体性,是人成为人或继续作为人生存的权利,这是每个人首要和平等享有的权利。参见吕忠梅:"论公民环境权",载《法学研究》1995年第6期。

续表

	类别	主要内容	代表学者
	广义环境权说	环境使用权、知情权、参与权和请求权	吕忠梅 周训芳
	狭义环境权说	环境权是实体性权利，不包括经济性权利和程序性权利	吴卫星
环境权否定说	国家环境管理权说	公民享有良好环境的权利是国家环境管理权的确立依据	朱谦
	环境义务先定论	环境权是以自负义务的履行为实现手段的、维护自然环境的人类权利	徐祥民

目前，我国对于环境权尚无统一性立法，其法律地位和具体的适用规则亦不明确。但《中华人民共和国宪法》（以下简称《宪法》）总纲中的第 9 条第 2 款，"公民自然资源利用权"[1]和第 26 条 "国家环保义务"[2]可归入 "环境政策" 条款，而如果以非原旨主义解释，也可推出公民环境权的深层意蕴。另外，我国《宪法》第 2 章中的第 33 条第 3 款以及第 38 条可成为环境权的 "寄居条款" 而被应用。同时，《环境保护法》（2014 年修订）第 53 条以及第 58 条之中也显现出程序性环境权的初始形态，如环境知情权、参与权和环境公益诉权等，与实体性环境权相对比，程序性环境权在实践层面更加具有实现的可能性。此外，《中华人民共和国民法典》（以下简称《民法典》）"绿色原则" 的引入也为环境权的私权进路提供了契机，正如有的学者所言，"良好环境权

---

[1]《宪法》第 9 条第 2 款："国家保障自然资源的合理利用，保护珍贵的动物和植物。禁止任何组织或者个人用任何手段侵占或者破坏自然资源。"

[2]《宪法》第 26 条："国家保护和改善生活环境和生态环境，防治污染和其他公害。国家组织和鼓励植树造林，保护林木。"

具有人格权本质,对人类生活环境的污染、对自然资源的破坏实质上是对公民的不尊重"。[1] 总的来看,尽管环境权还没有得到国家立法层面的认可,但在很多地方立法中已经先行一步,如《广东省环境保护条例》第 5 条第 1 款,即规定公民、法人和其他组织无一例外地享有良好环境权。[2]

3. 环境权具有精神层面的独立意义

本书认为,无论环境权采广义理解还是狭义理解,均具有精神层面的特殊涵义。近些年来,国际立法和实践均已将环境权的外延指向精神性环境权。比如美国《国家环境政策法》中法律设定目标——为全体国民创造安全、健康、富有生命力并符合美学和文化上的优美的环境。《联合国保护世界文化和自然遗产公约》含有环境精神美感的内容。精神性环境权与人的人格性环境权相区别,其实质上是以环境资源的美学价值和生态价值为基础的人的精神活动权,是超越人的最基本环境诉求的、精神享受性的权利。由康德"人的存在"基本理论观之,按照由外而内的次序,环境权可分类为生命性环境权、理性环境权和精神性环境权等三种权利。环境权所涵盖的精神类元素,经常被学者们融入不同生态功能之中,如环境的舒适性、景观优美性、可欣赏性等。事实上,环境权所蕴含的深层次精神价值和生态功能千差万别,前者是人对自然的主观感知,是主客一体化的重要表现,具有主观性。而后者反映了自然环境对人的客观价值。在 1972 年的塞拉俱乐部诉莫顿案(Sierra Club v. Morton)中,美国联邦最高法院在判决中

---

[1] 参见刘长兴:"环境权保护的人格权法进路——兼论绿色原则在民法典人格权编的体现",载《法学评论》2019 年第 3 期。
[2] 《广东省环境保护条例》第 5 条第 1 款:"公民、法人和其他组织依法有享受良好环境、知悉环境信息、参与及监督环境保护的权利,有权对污染环境和破坏生态的行为进行举报,有保护和改善环境的义务。"

特别明确,环境损害不仅是一种客观且物化的事实,还是"美学的、环境适宜度等非经济上的损害"。[1]2006年3月日本"国立景观诉讼"中将相邻权人的"景观权"上升到法定权利的高度,颠覆了过去对环境权存在价值的否定态度。[2]

当前我国司法实践中逐渐体现出对环境权精神意义的维护。如"青岛市民诉青岛市规划局环境行政许可案"中,青岛市市南区人民法院认为"原告优美环境权是否存在以及被告规划局的规划许可行为是否合理"是此案的争议焦点,而由于公民环境权在我国立法中并无明文规定,青岛市市南区人民法院最终驳回原告的诉讼请求。即使如此,在我国环境民事诉讼之中,不少法院的判决承认并支持环境权精神层面的诉求,如在"陈某汉与南京荣程物业管理有限公司环境污染责任纠纷上诉案"中,法院的观点是,餐饮经营者油烟与污水排放的行为必然会给受害者陈某汉造成心理上或精神上的痛苦,最终法院判决南京荣程物业管理有限公司应支付精神损害赔偿金3000元。[3]类似地,在"房某某等诉甲公司等水污染责任纠纷案"中,法院认为水污染状况超出了原告容忍限度,即使未造成严重的身体损害,却很容易引发精神层面的忧虑,因此有必要通过精神损害赔偿的方式予以抚慰。

(二)国家生态保护红线对环境权理论的适用

国家生态保护红线的全面且有效之适用,足以彰显国家对公民环境权的维护。一方面,国家生态保护红线保障公民的经济性环境权,确保生态系统的稳定性和生物多样性。另一方面,国家

---

[1] Sierra Club v. Morton, 405 U.S. 727 (1972).

[2] 参见吴卫星:"环境权的中国生成及其在民法典中的展开",载《中国地质大学学报(社会科学版)》2018年第6期。

[3] 参见史一舒:"我国环境侵权精神损害赔偿制度的司法限制与扩张——基于18个典型案例的分析",载《山东大学学报(哲学社会科学版)》2018年第3期。

国家生态保护红线的法律保障与预防性救济

生态保护红线保障公民的精神利益，确保红线区居民良好环境权的永久获得而实现文化传承和利益共享。红线制度体系的建立为保障我国贫困人口底线正义和最基本环境权提供良机。红线区多处较为贫困的是世居民族[1]聚居区，红线区的划定会对世居民族传统文化与自身生存、经济发展产生巨大冲击。由于当地贫困人口高度依赖红线区内的空间和资源，常陷于"生态保护"与"开发利用"两难的困境。如多年前张家界森林公园管理处为了景区资源和生态的全区域保护，督促景区内世居民族（如土家族）等在一定期限内迅速搬离，与此同时世居民族从景区旅游开发中获益的权利将被无情剥夺。事实上，为了解决红线区内世居民族的环境权与发展权等重大利益问题，我们必须从文化与环境相互融合的视角来探讨红线规划的范围与限度。只有尊重本地区的自然规律，在重视特殊的文化背景、生产经验、生活方式以及生活习惯的基础上，通过生态补偿、签订保护地役权合同等方式保障当地居民最基本的环境权，才能实现终极意义的环境善治。

一直以来，贫困和生态保护间存在着持续不断的恶性循环，构成可持续发展与生态文明建设的"弱点"，最终仍须贫困人口为其买单。国际学界曾提出"贫困人口的生态政治"（Ecological Politics among Poor Populations），认为贫困是环境恶化的重要因素，一个明显的例子是贫困的农民被迫食用下一年农作物的种子，将可

---

[1] 世居民族作为一个整体性概念被提出，即是从中华民族是"多元一体"多民族国家这一事实出发的。我国参加《在民族或族裔、宗教和语言上属于少数群体的人的权利宣言》《原住民权力宣言》两个公约，也明确表示尊重"原住民族"的权利，但中国强调"包括汉族在内的56个民族都是世居民族"，指出中国"没有原住民问题"。"中国表示支持人权理事会通过《土著人民权利宣言》"，载中国法院网 https://www.chinacourt.org/article/detail/2006/06/id/210596.shtml，最后访问日期：2019年12月10日。

再生资源变为易耗竭资源。[1]经济上的弱者和生态上的弱者往往是合二为一的，因此，"消除贫困"与"绿色发展"是相互作用的整体，如若不考虑贫困人口的真实需求或生存境况，而单纯呼吁重要生态功能区的经济贫民积极投身到保护环境中去，是几乎不可能实现的想象。处于生态困境的贫困人口往往会走向两个极端：要么不计后果地过度消耗有限资源，变成生态的掠夺者和破坏者；要么为了能够持续生存下去，在政府的充分补偿与协调下，统一行动起来保护环境，最终变成生态的保护者和建设者，最终达到减缓甚至打破资源耗竭的恶性束缚。[2]较为积极的实例是，在肯尼亚"绿带运动"中，副环境部长旺加里·马塔伊（Wangari Maathai）带领当地贫困妇女在其任职的30年中种植了3000万棵树，使肯尼亚的荒漠化问题得到大幅度缓解，从而有效改善当地干旱和贫困问题。

国家生态保护红线承继"贫困人口的生态政治"的核心理念，即如何在最严格生态空间保护的同时，切实充分保障红线区内贫困人口最基本的权利，也就是生存权、发展权以及环境权，"使贫困人口有尊严并可持续地生活"。在我国较为贫困的少数民族地区，当生态保护红线制度与民族地区的习惯法规定不一致或者发生冲突时，尤其当红线区对资源与土地利用的准入标准超出一般限制时，常遇到当地村民的共同抵制。[3]因此，我国要坚定地遵循生态学马克思主义的重要内容和发展方向，在确定的、可预期的红线保障制度中将社会责任与生态正义相统一，把生态哲学价

---

[1] Joan Martinez-Alier, "Ecology and the Poor: A Neglected Dimension of Latin American History", *Journal of Latin American Studies*, Vol. 23, 3 (1991), pp. 621–639.

[2] 参见张云飞："'穷人生态学'：社会主义生态文明的正义底线"，载《江西师范大学学报（哲学社会科学版）》2016年第4期。

[3] 参见莫张勤："生态保护红线制度在民族地区的法治化进程"，载《兰州学刊》2019年第4期。

值观与可获取的科学技术有机地结合起来。[1]具体地说：①在制度设计上，必须划清"公地"与"私地"的界限，在防止"公地悲剧"发生的同时，意识到"私地悲剧"也是非常有可能的。诺贝尔经济学奖获得者奥斯特罗姆已对此有深刻意识，他认为当贫困地区没有保护个人产权的规范时，私有化自然资源保护方法会导致任人唯亲的统治精英利用自身对资源的权力为他们自己及部落谋求利益。同时，相互独立的自然资源私人所有者难以统筹衡量当地的自然生态条件与生态变化过程，常常产生错误的保护决策。②在制度理念上，必须注重底线合作，良好的底线合作是生态正义的最完全体现。所有的生态空间保护制度设计决不能脱离贫困人口而独自存在。《欧洲共同渔业政策》（The European Common Fisheries Policy）曾完全依赖国家到地方的政府强制管制过渡捕鱼，反而导致"有价值的鱼类正被排空、30%超出安全生物限制"。[2]而根据"十三五"规划提出的要求，与贫困人口相关的生态补偿的时间、内容、强度等因素须充分全面考量。底线合作表明，在纵向府际关系中，各级政府应保持最基本的协同合作指标。而在横向的政府与公众关系中，公众（尤其是贫困人口）的实质参与决策程序是国家治理稳定性、民主性的关键要素，应确保公众参与的平等自由性、充分协商性以及真实理智性。[3]

---

[1] 参见王雨辰："论生态学马克思主义的生态价值观"，载《北京大学学报（哲学社会科学版）》2009年第5期。

[2] 参见［美］埃莉诺·奥斯特罗姆：《公共资源的未来：超越市场失灵和政府管制》，郭冠清译，中国人民大学出版社2015年版，第3页。

[3] 参见周珂、史一舒："环境行政决策程序建构中的公众参与"，载《上海大学学报（社会科学版）》2016年第2期。

(三) 国家环保预防义务与公民环境权的对接

1. 国家风险预防义务与公民环境权的对接

国家生态保护红线，即是国家践行环境保护"风险预防义务"与"危险防御义务"之理论深化与实践展开。由于我国传统乡土社会的生态风险意识较差，以至于进入到工业时代以来，我国环境风险规制以及组织制度的发展仍然还不能实现平衡，而现代性生态风险主要体现为追求物质极大化而导致的技术异化与自然资源耗竭风险。[1]风险预防义务是国家生态保护红线的主要目标，即防御未来可能发生的生态不利后果的可能。"风险预防"始于德国环境领域，后来，欧盟在食品安全与健康领域引入了该机制。该原则作为生态风险规制中的基本原则，尤其针对生态环境与健康卫生领域可能出现在科学性证据并不充分，或未能完全确认的情形下，规制者也可以提前通过极为严格的规制手段来保护民众的健康和生态的安全。风险预防的前瞻性并不意味着其完全舍弃科学理性，而是承认科学技术本身的"社会价值与伦理缺失"，在不确定情境下的风险决策和风险评估需要考虑多方利益主体的意见（如专家咨询意见或公众建议），从而解决利益受损方的价值偏好与风险接受度等关联性问题。[2]

国家风险预防义务的发挥得以有效避免大气、水、生物等环境要素性质相割裂的风险规制手段，能够将极重要生态区域作为整体进行共同的科学生态风险预测与不利结果规避，从而为公民环境权（环境使用权）的行使提供科学的前瞻性依据。鉴于行政资源的有限性和难以统合性，我国传统意义上的政府主导型生态

---

[1] 参见董正爱、王璐璐："迈向回应型环境风险法律规制的变革路径——环境治理多元规范体系的法治重构"，载《社会科学研究》2015年第4期。

[2] 参见张海柱："专业知识的民主化——欧盟风险治理的经验与启示"，载《科学学研究》2019年第1期。

空间保护必须先行选定最为急迫的规制对象，围绕无可替代的"核心地带"展开规制和监管。这表示尽管生态风险是一个客观的事实，但其是否需要预防性规制及规制程度并不是一个非常客观的标准，实质上是价值塑造了事实，生态价值重置了规制主体的目标导向及行为选择。[1]风险预防是基于生态价值的优先顺位而进行的利益抉择与摒弃。其中，我们必须全力规避在断裂和分割的混沌状态下选择风险预防的对象。由此，作为环境风险治理中的预防性法律制度，国家生态保护红线，是对我国自然保护地体系，以及重要生态功能区中最具生态价值和生态系统服务功能的生态空间进行的客观衡量与有限筛选，是我国生态安全保护的"最核心地带"。

2. 国家现状保持义务与公民环境权的对接

现状保持义务又被称作"倒退禁止"义务，它是指国家具有保证环境状况良好、生态功能不退化的基础环保责任。[2]依据"公共信托理论"，包括野生动植物、水、土地、森林以及矿产在内的各种自然资源的本质是全体公民所共有的财产，国家（政府）受人民的委托而对环境资源进行适当管理，在社会主体间对环境利益进行公平分配。而根据我国《宪法》第9条[3]的规定，国家或者集体虽然享有对自然资源的所有权，但是国家必须保障公民对自然资源拥有合理的使用权，并负有维护环境公共利益的永久责任。[4]就此，国家现状保持义务体现为"对于造成不利环境影响的行为进行有效的规制"与"对造成恶劣环境影响的国家（或

---

[1] 参见刘超：“环境风险行政规制的断裂与统合”，载《法学评论》2013年第3期。
[2] 参见陈海嵩：《国家环境保护义务论》，北京大学出版社2015年版，第94页。
[3] 《宪法》第9条第1款规定，矿藏、水流、森林、山岭、草原、荒地、滩涂等自然资源，都属于国家所有，即全民所有；由法律规定属于集体所有的森林和山岭、草原、荒地、滩涂除外。
[4] 参见李艳芳、王春磊：“环境法视野中的环境义务研究述评”，载《中国人民大学学报》2015年第4期。

第2章 国家生态保护红线的理论基础

地方)规划行为进行严格的约束"内外两个面向。[1]

过去,我国行政机关履行"现状保持"义务主要通过排污许可证制度。[2]它具有对企业污染物排放而确认污染底线的强制性的实施效力,根据2016年发布的《控制污染物排放许可制实施方案》,排污许可证管理内容在逐步扩大,不仅包括大气污染物、水污染物,还将逐渐纳入其他污染物。而在最先施行排污许可证制度的国家瑞典,其需要申请许可证的项目有7类,即农业和水产养殖业;矿业开采;制造业电力、煤气及供热;商业;运输和电信业等活动,这实际上是对企业非法排放污染物的常态监管。[3]为了弥补排污许可证制度在抑制企业非法开发建设活动不利影响方面的缺失,国家生态保护红线作为与排污许可证制度并列的国家"现状保持类"环保底线类制度应运而生。国家生态保护红线无论在深度还是广度上,均超越传统仅对污染物水平进行控制的做法,是我国生态文明制度建设中的重大创新。通过在生态功能极重要区和生态环境极敏感区划定保护线的方式,有效规制政府、企业与公众在红线区内的资源破坏和污染排放行为,保证生态环境水平不再不间断恶化,从而为公民环境权的可持续维护提供基础的保障。

---

[1] 在社会优位法治实践的法权构造中,生态法域重构的使命便突出地体现在"国家防御义务"与"公民生态权利"的公法创生上。参见曹炜:"环境法律义务探析",载《法学》2016年第2期;参见陈海嵩:"国家环境危险防御义务的二元制度结构",载《北方法学》2015年第3期。

[2] 排污许可是行政许可在污染防治领域的运用,是指环境保护部门针对排污者的申请,依法审核并确认排污者是否具备合法排污的条件,并对该排污行为依法进行全程监管的行政行为。

[3] 参见全国人大环境与资源保护委员会编译:《瑞典环境法》,中国环境科学出版社1997年版,第11—13页。

四、本章小结

国家生态保护红线的理论基础来源广泛，如生态学、哲学和法学等自然科学和社会科学。

首先，在生态学层面，国家生态保护红线的技术理论根基在于系统生态学的生态系统科学理论。系统生态学始终强调，生态系统具有整体性与复合性，生态系统结构与服务功能的稳定是生态系统有序运作的前提条件。长期以来"整体论与还原论的博弈"一直是系统生态学研究的重心。本书认为，国家生态保护红线既遵循整体论中"准有机体"的地位，又须将其还原为物种或种群的集合予以细化关注。具体而言，国家生态保护红线的划定、实施方法以及系统生态学中的"生态系统稳定性"和"生物多样性"联系紧密。生态系统稳定性涵盖了敏感性、阈值和恢复力三个层面的内涵，而生态阈值则是生态系统质量、性质或者现象突然发生变化的临界点，是红线划定的基本考量要素。同时，红线划定也有利于实现最广泛意义上的生物多样性。生物多样性可提高生态群落捕获资源、生产生物物质和回收必需营养素的效率，以及缓冲功能不断弱化的生态系统对大环境的影响。此外，生态安全对国家生态保护红线的重要价值是绝对不可忽视的，促使生态保护红线与国家生态安全格局有机的结合，将有助于形成全领域、多层次、连续完整的景观元素集合，遏制生态环境退化，并且有利于维持生态系统供给、调节以及文化服务等功能的正常运转。

其次，在哲学层面，国家生态保护红线所秉持的"多元共治"治理模式，本质是"沟通行动理论"的哲学思想在环境法领域的具象表达。根据哈贝马斯的沟通行动理论，沟通行动是借助言语的碰撞与交流，以求能够互动合作、相互理解并且协调彼此关系的过程，该理论彰显了人类在日常交往过程中所暗藏的双方以平

第 2 章 国家生态保护红线的理论基础

等、自由、无压力的姿态而获得的"目的理性与价值理性的统一"。该理论包括三个基本理论预设：理想言语情境、沟通的真诚性以及借助言语媒介和程序保障。我国协商民主理论的根基即"沟通行动理论"，同时国家生态保护红线规划与实施中所引入的"政府与公众的合作治理机制"亦涵盖沟通行动理论的"协商"精髓，并注重适用科学理性与政治理性相分离的风险沟通程序。其中，相关部门更加注重构建多元主体参与的沟通和协作途径，而私主体应发挥国家环境治理所设定的框架性法令下的主观能动性。以此为基础，国家生态保护红线应重视应用综合生态系统管理方法，实施整体性和多元主体参与的监管方式，最终实现经济、社会和生态的多元惠益。

最后，在法学层面，环境权理论是国家生态保护红线得以顺利实施的法学基础。当前域内外对环境权理论的研究主要有三种进路：从程序性到实体性的环境权、从衍生权利到独立权利、从集体权利到个体权利。而我国法学界对于环境权理论的研究主要包括环境权的肯定说以及否定说两种，并且呈现出环境权概念泛化的情况。本书认为，无论环境权采广义理解还是狭义理解，其本质均具有精神层面的独立意义。环境权所包含的精神元素，多被研究者们纳入生态功能中，如环境舒适性、景观优美性、可赏性等。近年来，国内外的立法以及司法大都已经将环境权的外延指向了精神性环境权。与之相适应，一方面，红线制度保障了公民的经济性环境权，保障了生态系统的稳定性以及生物多样性，以确保其提供生态系统服务功能的能力。另一方面，国家生态保护红线保障公民的精神利益，确保当地居民通过良好环境权实现文化传承和利益分享，保障当地贫困人口的底线生态正义。另外，不可忽视的是，国家生态保护红线所蕴含的国家环保义务理念与公民环境权的对接。一方面，国家风险预防义务的发挥得以有效

国家生态保护红线的法律保障与预防性救济

避免将大气、水、生物等环境要素性质相割裂的风险规制手段，能够将极重要生态区域作为整体进行共同的生态风险预测与不利后果规避，从而为公民环境权（环境使用权）的行使提供科学的前瞻性依据。另一方面，国家生态保护红线作为与排污许可证制度并列的国家"现状保持类"环保底线类制度应运而生，而红线无论在深度还是广度上，均超越传统上仅对污染物水平进行控制的做法，通过在重点生态空间划定生态功能基准保护线的方式，有效规制政府、企业与公众的生态环境破坏行为，为公民环境权的永久存在提供了最根本的保障。

第二编

"红线"预防性救济的域内外现状

第3章
国家生态保护红线预防性救济的实施困局与成因

一、国家生态保护红线划定与实施现状：以北京市为例

(一) 北京市生态保护红线划定情况

2018年2月，15个省、自治区及直辖市的红线划定方案被国务院正式通过，方案中包括291个国家重点生态保护区，其中，县域生态保护红线比例超过四成。从区域方位看，京津冀区域包括诸如水源涵养、防风固沙等七大类37个区域，形成"两屏两带"生态保护红线空间分布。长江经济带则覆盖与京津冀类似的六大类144个片区，形成"三区十二带"为主的生态保护红线空间格局。[1]宁夏回族自治区生态保护红线同样也包括类似的

---

[1] 其中，"三区"为川滇森林区、武陵山区和浙闽赣皖山区，"十二带"为秦巴山地带、大别山地带、若尔盖草原湿地带、罗霄山地带、江苏西部丘陵山地带、湘赣南岭山地带、乌蒙山-苗岭山地带、西南喀斯特地带、滇南热带雨林带、川滇干热河谷带、大娄山地带和沿海生态带。

五大类 9 个片区，形成"三屏一带五区"为主的生态保护红线空间格局。总的来看，这些省市划定红线的总面积已达到 60 多万平方公里，它们所覆盖的均为生态功能极重要和敏感脆弱区，占这些省份国土总面积的 25% 左右。

其实，在过去相当长的一段时期，北京市常面临着水资源过度使用、饮用水源地污染严重等一连串问题。而根据《北京市划定生态保护红线》的规定，北京市划定的生态保护红线总面积有 4290 平方公里，这已经超过了整个北京面积的 1/4。划定方案中包括了水源涵养地、水土保持地、生物多样性地带、重要河流湿地四个类型的保护地[1]以及"三库一渠"（密云、怀柔、官厅三个水库以及京密引水渠）等重要的河湖湿地。除上述四类保护地以外，市级以上禁止开发区域和有必要严格保护的其他各类保护地亦纳入生态保护红线区域，包括：自然保护区（核心区和缓冲区）、风景名胜区（特级区和一级区）、市级饮用水源地（一级保护区）、森林公园（核心景区）、国家级重点生态公益林（水源涵养重点地区）、重要湿地（五条重要河流）、生物多样性重点区。

北京市生态保护红线的划定有利于加强流域森林、草原系统维护的力度，增强生态涵养水源以及水土保持能力，有利于主要集水区的生态保护与恢复，降低污染。具体地说：一是《北京市划定生态保护红线》确认的红线区涵盖水源涵养区、市级饮用水源地等区域，对于保障北京市区的饮用水供应安全具有重要的意义。二是《北京市划定生态保护红线》涵盖了重要的湿地及北京

---

[1] ①水源涵养地，主要分布在北部军都山一带，即密云水库、怀柔水库和官厅水库的上游地区；②水土保持地，主要分布在西部西山一带；③生物多样性地带，主要分布在西部的百花山、东灵山，西北部的松山、玉渡山、海坨山，北部的喇叭沟门等区域；④重要河流湿地，即五条一级河道（永定河、潮白河、北运河、大清河、蓟运河）。

第3章 国家生态保护红线预防性救济的实施困局与成因

市五条重要的河流。整治河道的综合措施客观上增加了作为红线区域之一的"重要湿地"范围,与河流的主体功能定位是相符的。因而,红线的划定有利于防止城市内涝问题的发生。三是北京市生态保护红线的划定,有利于提升首都城市宜居度和居民幸福感,从而保障居民的精神利益。森林公园、自然保护区、风景名胜区中红线区的划定,对首都区域的生态环境质量提升有较大的好处。是否能够享受到良好、舒适的宜居环境对居民生活的幸福指数有重要影响,尤其在经济高度发达的首都地区,人们对于良好环境追求的愿望会伴随着经济的发展而越来越强烈。红线的划定对于保障城市生态安全底线、合理布局城市空间、提供更多优质的生态产品具有十分重要的作用。

(二) 北京市生态保护红线实施现状

当前,北京市政府对红线区的管控仍为"以各生态环境要素为依据"的分散式管控模式。北京市各级人民政府对生态保护以及建设负总体责任,形成政府统一领导下生态保护和建设责任的各部门分工协作。鉴于生态系统具有整体性和有机性两个特征,所以在对红线区整体的生态保育以及建设上应当有一个具体的领导核心,如总体规划、建设目标设定、组织协调以及资金支持都需要各级政府的统一协调和管理,而具体的生态要素保护由各个部门(包括水务部门、水土保持及防沙固沙部门、林业部门等)负责。

根据《北京城市总体规划(2016年—2035年)》的规定,北京市生态涵养区包括城五区外的昌平区、房山区、门头沟区、平谷区、怀柔区、密云区以及延庆区,它们是京津冀协同发展中重要的生态涵养区,也是北京欲实现可持续发展的核心一环。根据2018年9月18日怀柔水库一级保护区(红线区)调研情况显示,怀柔水库一级保护区已取得部分成果:①关停怀九河一渡河段两岸的养殖户,禁止在沿河两岸烧烤,改善了原来脏乱的环境,种植了5公里的月季花树苗。②对怀九河—渡河段进行集中整治，对违章建筑进行拆除。③在拆除河道行洪障碍物方面，怀柔区2016年完成截流坝拆除74处，2017年完成截流坝拆除181处，最终拆除255处。然而，随着最严格红线区的划定，水库区当地居民的民生问题亦随之产生：一是怀柔区经济建设主要依赖于第一产业与第三产业，如果将第三产业全部撤离，将抑制怀柔区经济发展，与此前的扶贫政策相悖。②在水源保护一级圈内，低收入村子较多，倘若限制民宿项目发展，当地百姓的收入将不能够得到保证；倘若清退经营设施，会对百姓的基本生活产生非常大的影响；迁村的高成本也会加大政府的经济负担。③在保护区内既有的工业企业的清退问题上，按照红线区规定，应当根据企业税收、面积、人员对清退企业进行补贴，但是缺乏明确且具体的生态补偿或者其他充足的资金支持。除此之外，一些地理标志性企业以及之前根据招商引资政策引进企业的清退成为新的问题。相较于怀柔水库一级保护区管控措施，密云水库（属红线区范围）更注重与当地村民的协作治理（见表3-1）。但仍存在红线区与基本农田的冲突、上下游之间的跨流域保护等问题。例如，当前密云水库的主要污染源是上游的生产经营与个人生活活动，尽管密云境内的上游污染已得到有效控制，但密云水库的来水，密云境内只占1/3，大部分水源来自河北省。而河北省对上游河流是鼓励开发。为此与河北省协商后，河北省表示只能保证三类水质，但这与密云水库所要求的二类水质尚存在较大差距。

表3-1 密云水库红线区的实施措施

	具体措施
1	全面建立围网禁止靠近水库区域，并在每个出入口设有标示牌和专人守卫

续表

	具体措施
2	成立1200人的保水管护队伍,由当地村民组成
3	一个月内集中清理所有94个库中岛上的生产生活活动
4	花费巨资从村民手中租回近水集体土地,退耕退殖10多万亩
5	上游潮河白河养殖业年底全部退出,并严抓河道盗采砂石
6	在中央编办的支持下,集合了与水库保护有关的环保、水利、国土等数个区级不同执法部门的执法权限,成立了全国首家的水库综合执法大队,它的成立解决了以往"九龙治水"的难题

北京市红线的划定方式、管控方式,以及实施标准可以作为国家生态保护红线实施整体状况的缩影,尽管我国红线划定面积较广、管控手段较为严格,但总体上仍为地方政府占主导地位的"管理型"红线,公众参与红线治理的热情和积极性不高,难以实现整体性、系统化空间管控格局,相较"多元共治型"红线的要求相去甚远。"多元共治型"红线可适当调节公权力主体与私主体的权利义务关系,使社会个体逐渐由消极被动的被管理者转变为积极主动的参与者,使权力机关由自上而下的规则制定者转变为红线网络的"激活器"和"管理器"。而当前生态保护红线的实施仍以政府的"事后管控"为主导,缺少对公权力的有效监督,整体上依旧延续了传统自然保护区中公权力单向规制模式。并且,生态保护红线的管控机构仍以生态资源要素划分,缺乏专业机构对红线划定与实施进行整体性监管,对违法行为人(特别是公职人员)的责任追究不到位,易导致红线形同虚设。

二、国家生态保护红线实施困局

(一)红线划定与实施标准的缺失

当前我国部分地区红线划定范围极不合理。通过相关部门的勘察和监测，发现部分试点区的红线划定面积已经超过了该地区总面积的1/4。例如，浙江省已划定红线区域3.89万平方公里，占全省国土面积和管辖海域面积的26.25%（1/4以上）[1]。海南生态保护红线的划定包含陆域，以及近岸海域两个部分。其中，前者的总面积为11 535平方公里，占陆域面积的1/3左右，后者的总面积为8316.6平方公里，占近岸海域总面积的1/3以上。[2]就此而言，由于目前缺少统一的红线划定与实施标准，各地也出现生态保护红线划定范围难以合理确定、分级管控标准不一、调整与审批程序各异的问题。

第一，各地红线划定范围难以合理确定。国家生态保护红线，是对我国自然保护地体系以及重要生态功能区中最具生态价值和生态系统服务功能的生态空间进行的衡量与有限筛选，是我国生态安全保护的最核心地带。所以，生态保护红线规划理应恪守科学标准以确定生态功能区、敏感区和脆弱区的空间分布范围。根据《生态保护红线划定指南》的规定，生态保护红线的校验划定应在生态功能极重要区、生态环境极敏感区、生态空间以内及人文景观类的国家和省级禁止开发区，以及其他有必要严格保护的各类保护地。其中，《全国主体功能区规划》确定25个全国重点生态功能区，占中国陆地总面积的一半左右。《全国生态功能区划（修编版）》确定63个全国重要生态功能区，约占全国陆地面积的四分之一，它们均边界明确，为全国生态保护红线划定奠定了基础。[3]《中国生物多样性保护战略与行动计划》（2011—2030年）

---

[1] 参见《浙江省划定生态保护红线》。
[2] "海南划定生态保护红线 陆域保护红线过万平方公里"，载海南省人民政府网 http://www.hainan.gov.cn/hn/yw/zwdt/tj/201609/t20160928_2128294.html，最后访问日期：2019年4月24日。
[3] 参见刘军会等："中国生态环境脆弱区范围界定"，载《生物多样性》2015年第6期。

第3章 国家生态保护红线预防性救济的实施困局与成因

中共提出 32 个内陆陆地及水域生物多样性保护优先区，总面积达到 232 万公里，占国土总面积近 1/4。然而，上述三类宏观尺度生态保护区域存在空间上的严重重叠，总面积已达到全国总面积的五成以上（见表 3-2）。[1]而在生态环境敏感区以及脆弱区方面，生态环境部（原环保部）2008 年印发的《全国生态脆弱区保护规划纲要》则以生态服务功能特质交错地域为核心，确定了 8 个生态脆弱区，[2]但至今未公开发表涵括明确边界的脆弱区分布图。[3]并且在《全国生态功能区划（修编版）》中，也没有规定生态敏感区的明确框架与具体范围，仅有关于生态敏感区区域性质的技术性勘测和识别方法。

表 3-2 重点生态功能区在有关文件中的界限划定

	《全国主体功能区规划》	《全国生态功能区划（修编版）》	《中国生物多样性保护战略与行动计划》（2011—2030 年）
区域类别	25 个全国重点生态功能区	63 个全国重要生态功能区	32 个陆地及水域生物多样性保护优先区
区域大小	386 万平方公里	237 万平方公里	232 万平方公里
占陆域总面积	40.2%	24.8%	24.8%

此外，对于应纳入红线区的国家以及省级禁止开发区而言，

---

〔1〕 参见杨邦杰、高吉喜、邹长新："划定生态保护红线的战略意义"，载《中国发展》2014 年第 1 期。

〔2〕 8 个生态脆弱区包括：东北林草交错生态脆弱区、北方农牧交错生态脆弱区、西北荒漠绿洲交接生态脆弱区、南方红壤丘陵山地生态脆弱区、西南岩溶山地石漠化生态脆弱区、西南山地农牧交错生态脆弱区、青藏高原复合侵蚀生态脆弱区、沿海水陆交接带生态脆弱区。

〔3〕 参见刘军会："中国生态环境脆弱区范围界定"，载《生物多样性》2015 年第 6 期。

《生态保护红线划定技术指南》所涵盖的禁止开发区范围要远远比《全国主体功能区规划》中所列举的范围更加充实而丰富（见表3-3），除了在《全国主体功能区规划》中所列明的国家级自然保护区等区域以外，还包括生态公益林、湿地公园、饮用水水源地等已经建立的与生态空间保护密切关联的区域。[1]因此，从全国范围来看，"禁止开发区、生态环境敏感区和脆弱区"的功能分区和具体范围均存在界定模糊的现象，而《全国主体功能区规划》等重要规划类文件中，对红线区域划定的技术性标准与审批的规范性流程等内容不尽完善，国家相关部门也未发布边界明确、布局清晰的重要生态空间分布图，这成为国家生态保护"落地"的首要障碍。

表3-3　禁止开发区在有关文件中的界限划定

禁止开发区范围	《生态保护红线划定技术指南》	《全国主体功能区规划》
典型的天然生态系统和濒危野生动植物集中地	有	有
珍贵的自然遗迹所在地和文化遗址	有	有
各级各类自然文化资源保护区域	有	部分有

第二，各地红线的分级管控标准并不统一。在各地红线实践中，我国诸多地市已根据不同红线区的特色属性，制定极具区域特质的生态空间保护标准和管控措施，赋予管控级别不同的红线区域与其相对应的开发建设活动准入资格。有学者即认为生态保护红线可以根据其生态系统服务功能的特征和属性来进行分类，例如，可以划分为维护生态系统服务功能的重要生态功能区保护红线、减缓与控制生态灾害的生态脆弱或敏感区保护红线以及生

---

[1]《全国主体功能区规划》中规定，禁止开发区包括国家级的自然保护区、风景名胜区、森林和地质公园以及世界文化自然遗产。

第 3 章 国家生态保护红线预防性救济的实施困局与成因

物多样性保育区红线三大类别。[1]2014 年,江苏省依据"保护和管理的严格程度"将红线区划分为 I 类和 II 类生态保护红线区。对于 I 类红线区实施了超过"禁止开发区"的最严格的管控。对于 II 类红线区,除有损于主导生态功能的开发建设活动之外,允许适度的、不僭越环境负载容量的生态旅游、基础设施建设等活动的开展,从而最大程度地平衡生态空间保护与区域经济发展。[2]由于我国立法对 I 类和 II 类生态保护红线区没有具体的划分标准、划分原则与划分程序,各地最严格生态空间保护区呈现"百家争鸣"局面。如《贵州省生态保护红线管理暂行办法》第 11 条就明确限定了 I 类红线区的范围,规定自然保护区核心区和缓冲区、千人以上集中式饮用水源保护区的一级保护区以及国家级和省级水产种质资源保护区等在内的 11 个地区为 I 类红线区,而《海南省生态保护红线管理规定》(2016 年)第 11 条则开放式地规定 I 类红线区包括但是不局限于上述区域,任何符合红线区设定条件的极重要生态空间均可以纳入 I 类红线区。《湖北省生态保护红线管理办法(试行)》规定,一类管控区与贵州、海南有重合却并非完全相同,该办法第 13 条,另外规定了农业野生植物资源原生境保护区(点)的核心区、湿地公园保育区等 9 个地区。此外,部分城市甚至存在城镇空间和农业空间被划入红线区内,[3]例如,2014 年沈阳市根据相关的红线规划技术性规范及《沈阳市生态保护红

---

[1] 参见高吉喜、邹长新、陈圣宾:"论生态红线的概念、内涵与类型划分",载《中国生态文明》2013 年第 1 期。

[2] 类似地,2014 年天津市出台《天津市永久性保护生态区域管理规定》,将永久性保护生态区域分为红线区与黄线区,在红线区内除市政府已经批准和审定的规划建设用地外禁止一切与保护无关的建设活动;在黄线区内可以从事经市政府审查批准的开发建设活动。

[3] 参见杨红艳:"基于区域生态保护红线划定分类的调整及管控策略分析",载《低碳世界》2019 年第 2 期。

线管理办法》，划定 501 平方公里（约占据规划区总面积的 14.4%）的红线区。但是，其中部分永久基本农田位于生态保护红线Ⅱ类区，功能上难以区分。部分红线区甚至蔓延至城镇开发边界与建设用地内部，另外需要"多规合一"予以统筹协调。更有甚者，部分环保部门将城市内部的重要河流、重要道路沿线防护绿地等纳入Ⅱ类红线区，导致正常合规的基础设施建设与维护均受到相当程度的束缚。

第三，各地红线的调整审批程序各异。根据《关于划定并严守生态保护红线的若干意见》与《生态保护红线划定指南》的相关规定，红线划定后的调整审批应具有严格范式，且具备步骤明确的程序限制。[1] 而在具体实施中生态保护红线调整原则、调整适用情形与调整程序却极具地方特色。如 2016 年《海南省生态保护红线管理规定》第 17 条，强制要求"五年一次"的评估周期，[2]《吉林省生态保护红线区管理办法》第 11 条则规定，"四年一次"大规模调查和评估。[3]《沈阳市生态保护红线管理办法》第 10 条，规定红线调整方案利害关系人的公众参与形式及 30 日的公示时间。[4] 与

---

[1] 生态保护红线划定后，只能增加，不能减少，因国家重大基础建设、重大民生保障项目建设等需要调整的，由省级政府组织论证，提出调整方案，经原环境保护部、国家发展改革委会同有关部门提出审核意见后，报国务院批准。

[2] 2016 年《海南省生态保护红线管理规定》第 17 条规定，县级以上人民政府应当至少每五年组织一次对本行政区域生态保护红线保护与管理情况的评估，经评估确需调整的，应当依法予以调整，确保生态保护红线区面积不减少，生态服务功能不弱化，环境质量不降低。

[3] 《吉林省生态保护红线区管理办法》第 11 条，市级政府每两年对所辖县（市、区）进行生态环境综合评价，省政府每四年在全省范围内进行大规模调查和评估，科学评价生态保护红线区生态环境状况和现有生产、生活设施的生态影响……

[4] 《沈阳市生态保护红线管理办法》第 10 条第 2 项规定，调整方案应当征求市人民政府相关部门和区、县（市）人民政府以及规划地段内利害关系人的意见，采取论证会、听证会或者其他方式征求专家和公众的意见，并向社会公示，公示时间不少于 30 日。

此同时，审批程序的严格程度也大相径庭。如《贵州省生态保护红线管理暂行办法》第9条规定，红线调整必须经过省级人民政府批准，并且经必要性论证和5日公示。而《湖北省生态保护红线管理办法》第11条，则仅规定必须向省环境保护委员会提交调整报告，无必要性论证和公示程序。[1]与上述不同，《沈阳市生态保护红线管理办法》审批程序则非常严苛，包括必要性论证、公众参与、公示程序及生态保护红线联席会议等。[2]以上红线调整审批程序的"多样化"归根结底是由于我国现阶段没有生态保护红线的统一性立法所致。我国须通过明确的国家统一性立法，详细列明能够有效评价生态系统特征、生态敏感性和脆弱性的红线区准入标准体系，这是有效划定与实施空间红线的核心要素。

（二）生态空间管控模式的局限性

1. 传统自然保护区的"分区分块管控模式"

过去，我国以"自然保护区"为代表的传统生态空间保护"分块分区管控模式"一直处于一种尴尬境地。我国自然保护区的功能区划采用的是"三区"理念，即参考借鉴联合国教科文组织"人与生物圈"所划定的核心区、缓冲区、实验区同心圆模式，但此种分区管控模式将人与自然强制性隔离对立，忽视了二者相互沟通与协调的可能：①核心区、缓冲区与试验区在概念、终极目

---

[1]《湖北省生态保护红线管理办法》第11条第1款，各市（州）人民政府向省环境保护委员会提交调整报告，调整报告应当说明调整理由、调整方案；省环境保护委员会办公室组织专家审查，提出审查意见，审议通过后报省人民政府批准调整。

[2]《沈阳市生态保护红线管理办法》第10条，由于上位规划调整等原因，确需对生态保护红线进行局部调整的，应当按照下列程序进行：①环境保护行政部门会同有关部门对生态保护红线规划修改的必要性进行论证，报经市人民政府同意后组织编制生态保护红线调整方案……③调整方案经市生态保护红线联席会议讨论通过后，报市人民政府批准……

标和管理方式等层面存在诸多矛盾，尚未达成一致性。②"三区"范围和界限一旦被确认，较长时间内其使用性质和管理手段均不得进行更改，即管理机构必须长期关闭，或永久开放某些已发生性质改变的保护区域。③土地性质和功能不明确。实验区和缓冲区同时担负着保护和开发利用双重职能，而对于区域内土地权属及土地利用限度界定不清晰，由此造成非法猎捕食用野生动物、过度放牧或肆意采集而产生的传染病散播、土地侵蚀、居民生产生活与区域保护的冲突等一系列问题。[1]

传统自然保护区"三区"管控模式难以成功的关键在于，它仅对目标物种的个体特征进行考量，却忽略了其赖以生存的栖息地整体生态环境。它仅考虑生物个体或种群生存的生态空间适宜性分布，却忽视了栖息地之间的相互联结、相互影响，对于保护区的生态系统稳定性、敏感性等生态基本属性难以适当测评。并且，《自然保护区条例》第8条亦明确了自然保护区"综合管控与部门分权"相结合的管理体制，[2]这意味着自然保护区难以进行有效的统筹性、整合性监管，自然保护区的管控模式总体呈现分散化与割裂化。

2. 新型自然保护地体系管控现状

当前，我国已建立1.18万个自然保护地，约占国土陆域面积的1/5，领海面积的1/20。[3]其中，国家级的公园试点有10个、自然保护区有474个、风景名胜区有244个，面积约占我国陆域总

---

[1] 参见张娜、吴承照："自然保护区的现实问题与分区模式创新研究"，载《风景园林》2014年第2期。

[2] 即中央环境保护主管部门负责综合管理全国自然保护区生态保护，地方各级政府环境保护行政主管部门负责保护辖区内自然保护区生态环境；横向上，环境保护主管部门与林业、水利、海洋、农业等部门联合执法进行自然保护区生态保护管理。

[3] "我国已建立自然保护地1.18万处"，载 http://www.gov.cn/xinwen/2019-11/04/content_ 5448292.htm，最后访问日期：2019年12月6日。

第3章　国家生态保护红线预防性救济的实施困局与成因

面积的 1/7。[1] 2017 年 9 月，中共中央办公厅、国务院办公厅统一发布的《建立国家公园体制总体方案》，与 2018 年中共中央印发《深化党和国家机构改革方案》等政策文件中明确规定了统一的监管部门，将自然保护区、风景名胜区等保护地职能合并集中于国家林业和草原局（国家公园管理局），负责自然资源和生态空间的统一监管和系统保护，以弥补传统自然保护区"分块分区管控模式"的不足。[2] 国家公园体制的建立，并非对过去生态空间管控体制的颠覆，而是基于现行保护地体制的部分革新，实现省级政府垂直管理之下的"一个保护地一个牌子、一个管理机构"。[3] 但应当注意，虽然是省级政府垂直管理、林业局代管，这仍然相当于属地一把手领导下的双重垂直管理模式。

然而，当前以国家公园为主体的自然保护地体系被赋予的公益性尚存在不足之处，其本质仍然是对于资源价值较高、生态利用性较强的国土空间实施的开发保护管理制度，"休憩娱乐"仍是国家公园的实施目标。由于我国自然保护地体系建设刚刚起步，各地国家公园等建设存在着类别划分不合理、空间分布不科学、监管权责不明晰等问题。具体地说：①大多数自然保护地的管理目标多为"生态旅游"等经济性目的，忽视了如何将保护区域的重要生态功能与当地居民的生存问题相结合。②我国当前的自然保护地是在"抢救性划建"思路下以"自愿申报"方式建立的，

---

[1] 参见徐德琳等："基于生态保护红线的生态安全格局构建"，载《生物多样性》2015 年第 6 期。

[2] 《深化党和国家机构改革方案》明确指出，将国土资源部、住房和城乡建设部、水利部、农业部、国家海洋局等部门的自然保护区、风景名胜区、自然遗产、地质公园等管理职责整合，组建国家林业和草原局，由自然资源部管理。国家林业和草原局加挂国家公园管理局牌子。

[3] 参见胡咏君："国家公园体制与我国保护地资源规制的变革"，载《南京林业大学学报（人文社会科学版）》2016 年第 3 期。

列入红线区的重点生态功能区也只有27%左右纳入各类自然保护地范围，以至于一些线性或网状的特殊生态功能区仍遭受严重侵蚀甚至消失、退化。③自然保护区与风景名胜区、森林公园等，规划重叠严重、界限不明，部分区域甚至一跨多界。如武隆区芙蓉江国家级风景名胜区分别被纳入喀斯特自然遗产地、岩溶国家地质公园、黑叶猴自然保护区，重叠面积超过2160公顷。[1]

3. 国家生态保护红线的管控现状

事实上，当前以生态保护红线为核心的生态空间管控仍延续了改革前传统自然保护区"统分结合"的分散式管控模式。2018年3月，中共中央印发的《深化党和国家机构改革方案》中将"生态"和"环境"相分离，分别设立自然资源部和生态环境部。[2]就此自然资源部负责建立国土空间规划体系、划定和调整生态保护红线，而生态环境部负责监督和监测生态保护红线的具体实施，在形式上明确了二者的分工，促使规划权和管理权与监督监测权的有效分离。而在具体实践中，生态保护红线划定与调整、监督监测与执法工作的执行，与传统的分块式管控并无二致（见表3-4）。

表3-4 自然保护地与生态保护红线管控模式的区别

	中央层面	地方层面	存在问题
自然保护地	由国家林业和草原局统一管理	省级政府特定部门垂直管理	重叠设置、边界不清、权责不明、保护与发展矛盾突出等

---

[1] 此外，武隆区芙蓉江国家级风景名胜区跨武隆区4个乡镇和彭水县2个乡镇，由于在跨区域管理上协同不足，区内的朱子溪景点一直未能开发。

[2] 组建自然资源部，将过去分散在发改委、住建部、水利部、农业部、国家林业局等部门的自然资源的调查和确权登记整合，统一行使用途管制和生态修复的职责。组建生态环境部，统一负责生态环境监测和执法工作，监督管理污染防治、核与辐射安全。

第3章 国家生态保护红线预防性救济的实施困局与成因

续表

	中央层面	地方层面	存在问题
生态保护红线区	由自然资源部负责划定、调整与管理，由生态环境部负责监督、监测	"统分结合"的分散式管控模式	碎片化、分割化管理，各部门权责配置严重不匹配等

在地方层面，《沈阳市生态保护红线管理办法》第6条规定，在由环保部门负责红线区统一划定调整、综合评估的基础上，水行政部门、林业行政部门、农业和城建等行政部门分别对红线区内的河道、水库、滩地、灌渠，红线区内的林地、湿地、自然保护区，红线区内的农业、城建的项目进行日常监督管理。[1]尽管该办法规定应确立红线区管理跨部门、跨级别整体统筹协调机制，但在表现形式上仍体现为"不同权力对同一空间的碎片化管理"。[2]例如，梁平区百里竹海作为市级风景名胜区，它的很大部分同时位于红线区和自然保护地内，然而，市级风景名胜区规划由市林业局负责，红线规划则由市生态环境局负责，这样同一区域就出现了多头管理。此外，在跨区域的长江经济带各省（市）形成的生态保护红线方案，仅仅实现了"图上划线"，由于缺少实地勘验监测和各省市规划的归类统一，加之受空间比例尺的限制，大量红线区边界线将村落、耕地、商品林等完整地块"拦腰切

---

[1] 环境保护行政部门负责组织有关部门编制生态保护红线的划定和调整方案，对生态保护红线进行综合评估、评价，对生态保护红线区进行生态环境监测和预警工作，依法对环境违法行为进行查处；水行政部门负责依法对生态保护红线区内河道、水库、滩地、灌渠等进行管理，查处相关违法行为；林业行政部门负责依法对生态保护红线区内的林地、湿地、自然保护区等进行管理，查处相关违法行为；农业、城建等行政部门负责依法对生态保护红线区内有关农业、城建等项目进行监督和管理，查处相关违法行为。

[2] 参见邓伟等："构建长江经济带生态保护红线监管体系的设想"，载《环境影响评价》2018年第6期。

断",并与现有各类规划相互重叠,监督执法工作举步维艰。

其最终结果是:一方面,各部门对红线区的多元利益需求和不同的管控手段使整体生态系统被"肢解"为碎片,且围绕各自管辖区域制定特定目标并施行特殊化管理;另一方面,各部门在红线区内的权责配置严重不相当,有时生态空间保护责任重的权力主体却仅握有较少权力,而具备较大权力主体却无法承担明晰的个人生态保护责任。[1]

(三)集体土地产权与公民环境权的冲突

1. 我国集体土地产权制度现状

红线区土地问题的关键是土地的权利归属与利用方式,而现行红线区集体土地产权制度仍存在多重瑕疵。就现阶段实施效果看,不能将集体经济未能解决的问题单纯地诉诸土地所有权国有化。红线区集体土地产权和相关纠纷解决的现实路径依旧是始终坚持集体土地所有制,在此基础上,明确当地居民(集体土地使用权人)的红线区土地权利,如可通过签订红线合同等方式,将土地的利用和土地之上自然资源的保护相结合,最终实现土地使用权的市场化和资本化。[2]

产权,是现代市场经济制度的重要组成,也是国家政治以及社会制度的根基,与一般所有权有着较大的区别。产权作为财产所有权及其派生权的总称,其范围更大,主要涵盖了5个部分,即所有权、占有权、使用权、收益权和处分权。[3]根据2019年修订的新《土地管理法》第45条的规定,一般情况下,非依法经过政

---

[1] 参见莫张勤:"生态保护红线在环境法律制度中的融合与创新",载《生态环境学报》2018年第3期。

[2] 参见胡建:"土地市场化视阈中的农村集体土地产权改造",载《求实》2014年第6期。

[3] 参见项继权:"我国农地产权的法律主体与实践载体的变迁",载《华中农业大学学报(社会科学版)》2014年第1期。

府审批,农民禁止自行改变土地用途。由此,一般可认为,除却集体土地所有权,农民拥有宅基地使用权、土地承包经营权和监督管理权等法定土地权利。根据《宪法》第9条[1]中关于土地权属的规定,我国的土地、矿产、森林等自然资源属于国家和集体所有,国家可以征收、征用并给予集体土地产权人相应补偿。也就是说,如果既得的土地承包经营权等权利与政府红线区规划严重不一致或有重大冲突,政府应该通过市场手段或行政补偿来保障权利主体之法定权利。

当前我国集体土地产权制度存在诸多问题,而集体土地的产权结构体系,将直接影响未来庞大的自然保护地体系建设、相关土地权利人的利益保护和生态环境保护目的实现等问题。比如在土地产权关系层面,因农民土地权利内容及其相互关系不明确,实践中农民基于土地的收益权和处分权长期处于弱化状态,具体来说,体现在土地承包经营权的主体限制、土地使用权转让的限制、土地收益权能的限制三方面。

2. 红线区集体土地产权与公民环境权的冲突

某个地方被划定为红线区,意味着红线区内集体土地为国家征收或征用,或在集体土地上设置许多禁限制度,以至于当地居民的集体土地使用权被限制,对土地和自然资源合法利用的收益权全部或部分丧失。[2]事实上,红线区内涉及大量集体土地,如山东省内42.5%的自然保护区核心区(即红线区)分布有集体土地[3]。

---

[1]《宪法》第9条第1款规定,矿藏、水流、森林、山岭、草原、荒地、滩涂等自然资源,都属于国家所有,即全民所有;由法律规定属于集体所有的森林和山岭、草原、荒地、滩涂除外。

[2] 参见何思源等:"基于细化保护需求的保护地空间管制技术研究——以中国国家公园体制建设为目标",载《环境保护》2017年第Z1期。

[3] 参见田贵全等:"山东省自然保护区土地权属状况调查与分析",载《中国环境管理干部学院学报》2015年第1期。

国家生态保护红线的法律保障与预防性救济

随着国家生态保护红线划定范围的日益明晰，我国集体土地征收制度缺陷愈发显露无遗，比如借用红线区生态空间严格保护的名义，任意扩大征地范围，而征地补偿金额与农民永远丧失的土地使用权益相比几近于无。一些学者明确指出，农用土地大量丧失的直接原因是集体产权主体的虚化和行政的强力干预，而根本原因则是物权法严重缺失农民权益的保护规定。[1]

我国早在十八届三中全会就开始进行集体土地产权制度改革，包括两大核心内容，一部分为缩减征地范围，在已经修改完成的土地管理法当中基本上将其严格地限制在公共利益的诉求当中。另一部分为优化征收程序、明确补偿标准等。2019年《土地管理法》在原有土地补偿费、安置补助费、地上附着物和青苗补偿费的基础上，第一次增加了对于农村住宅补偿费以及被征地农民社会保障费的相关规定。[2]

特别值得关注的是，有些红线区的建立涉及将原来的自留山和集体林等集体土地变更为国有土地等问题，在本地居民未同意情形下而发生冲突。[3]如1997年，陕西省的长青自然保护区为原长青林业局（森工企业）转产建立的保护区，其中30%为核心区，即红线区。在建立红线区前，长青林业局专门从事森林采伐工作，并且当地农民收入的70%也来自木材生产和林副产品的采集。而由于管理部门坚持"红线区内一草一木不能动"的强制政策，当地农民既不能依赖砍伐树木获取生活来源，也不能到红线区内放

---

[1] 参见詹王镇、陈利根："我国农村集体土地产权制度困境及其破解"，载《西北师大学报（社会科学版）》2016年第4期。

[2] 2019年《土地管理法》首次将2004年国务院28号文件提出的，"保障被征地农民原有生活水平不降低、长远生计有保障"的补偿原则上升为法律规定，并以区片综合地价取代原来的年产值倍数法。

[3] 参见潘景璐："我国自然保护区土地权属问题和对策研究"，载《国家林业局管理干部学院学报》2008年第4期。

第 3 章 国家生态保护红线预防性救济的实施困局与成因

牛和放蜂得到微薄收益,自此农民失去基本生活保障。

在集体林权制度改革后,部分林农的林地被不同程度地划为生态公益林,纳入到红线管控领域,极限甚至达至100%,例如,山西省的生态公益林面积占林业用地总面积超过了八成。由于公益林经营主体权利的限制,林农难以借助市场契机实现林业资源经济收益,加之红线区生态补偿制度的严重缺口,致使商品林与生态公益林间收益显现出很大的差异,林农更不愿意把山林划入红线区生态公益林,管理以及维护积极性大大缺失。[1]同时,在林权流转领域,有些农户以签订租赁或承包合同的方式把集体林地转至林业大户或林业经济合作组织,实现规模化经营,以从中得到相应的地租或分红。然而,如果将未到期的租赁林地强行转化为红线区域进行严格管制,极易引发各种纠纷。[2]由此可见,"一刀切式"的红线管控措施深度影响了当地居民与自然生活环境的关系平衡。[3]

(四)红线法律责任的地方性悬置

2017年,国务院发布的《关于划定并严守生态保护红线的若干意见》确认生态保护红线的责任主体是"所在地党委和政府",并明确地方各级政府的"属地管理责任"。我国各省市法规中的红线推行速度并不一致。这之中的多数省份是通过政府规章确定其责任的,如《贵州省生态保护红线管理暂行办法》;也有以地方立法明确的,如《海南省生态保护红线管理规定》;还有一些地方仍在红线划定阶段尚未明确规定,如北京、上海、天津等地。当

---

[1] 参见秦天宝:"可持续发展视域下的集体林权制度改革之反思——从'物权化'走向'生态化'",载《人大法律评论》2017年第2期。

[2] 参见吴静:"国家公园体制改革的国际镜鉴与现实操作",载《改革》2017年第11期。

[3] 参见贺雪峰:《地权的逻辑Ⅱ:地权变革的真相与谬误》,东方出版社2013年版,第25—26页。

前，我国各地市生态保护红线法律责任方面主要存在以下三方面问题。

第一，红线法律责任主体不明确。[1]逾越、破坏红线规定责任主体因地区差异而规定不同，有的地方规定了行政主体责任，也有一些地方仅规定了私人主体（自然人、法人以及其他组织）责任，还有两者均有责任的（见表3-5）。比如2022年《海南省生态保护红线管理规定》第26、27条规定，私人主体的"违法破坏或者擅自移动生态保护红线地理界标、违法进行开发建设活动"的刑事责任和行政责任，行政主体的"违法划定、调整和审批红线""玩忽职守、徇私舞弊、滥用职权"的行政责任、刑事责任。而在《安徽省划定并严守生态保护红线实施方案》第5条仅草草规定依据《党政领导干部生态环境损害责任追究办法（试行）》等追究政府及行政人员的政治责任。[2]对于生态保护红线越线责任的主体，国内多数学者均认可其较强的广泛性（包括行政机关、公民、法人和社会组织）和责任承担方式的全面性（包括民事责任、行政责任和刑事责任）。而《环境保护法》第29条仅规定了国家及各级人民政府对生态保护红线的划定及监管义务，仅将行政机关自身作为重点规制对象，这似与地方规定的"多主体复合型"规制对象并不一致。

---

[1] 参见莫张勤："生态保护红线法律责任的实践样态与未来走向"，载《中国人口·资源与环境》2018年第11期。

[2] 《安徽省划定并严守生态保护红线实施方案》第5条第2款第8项规定，"严格责任追究。对违反生态保护红线管控要求、造成生态破坏的地方和部门、单位及有关责任人员，按照有关法律法规和《党政领导干部生态环境损害责任追究办法（试行）》《安徽省党政领导干部生态环境损害责任追究实施细则（试行）》等规定实行责任追究"。

第 3 章 国家生态保护红线预防性救济的实施困局与成因

表 3-5 部分省市生态保护红线的法律责任主体

	省市	地方规范性文本	行政主体法律责任	私人主体法律责任
1	海南	《海南省生态保护红线管理规定》	行政、刑事	行政、刑事
2	湖北	《湖北省生态保护红线管理办法（试行）》	行政、刑事	无
3	吉林	《吉林省生态保护红线区管理办法（试行）》	行政、刑事	民事
4	辽宁	《辽宁省生态保护红线划定技术指南》	行政、刑事	行政、刑事、民事
5	江苏	《江苏省生态红线区域保护规划》《江苏省生态红线区域保护监督管理考核暂行办法》	无	行政、刑事
6	安徽	《安徽省划定并严守生态保护红线实施方案》	行政、刑事	无
7	贵州	《贵州省生态保护红线管理暂行办法》	行政	行政
8	黑龙江	《黑龙江省贯彻落实〈关于划定并严守生态保护红线的若干意见〉的实施意见》	行政、刑事	行政、刑事

第二，地方红线法律责任承担方式差异较大。一部分地方性法规阐明了违反红线规定应当承担公法责任，一部分地方规定无视红线应当承担私法责任，或同时承担公法和私法两类责任。那么生态保护红线维护的核心利益到底是什么？应适用何种标准来判定其承担公法抑或私法责任？在行政责任方面，多地市仅规定特定行为是被严格限制的，却没有提出对破坏红线规则行为的具

体责任认定与追究办法，对各行政部门的权责划分也不明确，从而致使最严格保护措施形同虚设、红线监管执法极为困难。如2022年新修订《海南省生态保护红线管理规定》第26条规定，红线区内"分区分部门治理"，[1]导致各自为政、"谁都管、最后谁都不管"的执法冲突和执法真空尴尬境地。[2]在刑事责任方面，虽然《中华人民共和国刑法》中设置了环境犯罪的内容，但大多侧重保护环境要素本身的物质经济价值，却较少关注其生态与人文属性，破坏红线规则造成生态价值损失的企业或个人无法被及时有效惩治，有损环境公平。在民事责任方面，《生态环境损害赔偿司法解释》第1条[3]已明确规定，在国家和省级生态保护红线区造成环境污染或生态破坏的自然人、法人或其他组织应承担相应的修复生态环境、赔偿损失、停止侵害、排除妨碍、消除危险、赔礼道歉等兼具事前预防与事后修复功能的民事责任，并且上海市高级人民法院院发布的《关于审理政府提起生态环境损害赔偿民事案件的若干意见（试行）》第2条，[4]对此亦予以明确，然而此类红线区生态环境损害赔偿责任在多数地方性法规或其他规

---

[1] 《海南省生态保护红线管理规定》第26条规定："违反本规定在生态保护红线内进行人为活动的，由县级以上人民政府生态环境、自然资源和规划、住房和城乡建设……"

[2] 参见戴瑛、山长旭："辽宁省海洋生态红线越线责任追究制度的法律分析"，载《理论观察》2018年第7期。

[3] 《生态环境损害赔偿司法解释》第1条，在国家和省级主体功能区规划中划定的重点生态功能区、禁止开发区（即在"红线区"）发生环境污染、生态破坏事件的，省级、市地级人民政府及其指定的相关部门、机构，或者受国务院委托使全民所有自然资源资产所有权的部门，因与造成生态环境损害的自然人、法人或其他组织经磋商未达成一致或者无法进行磋商的，可以作为原告提起生态环境损害赔偿诉讼。

[4] 上海市高级人民法院《关于审理政府提起生态环境损害赔偿民事案件的若干意见（试行）》第2条第2款规定："本市内跨行政区、市级机关作为责任主体的生态保护红线范围内、市政府授权相关部门管理的特定区域内的生态环境损害，市人民政府或者其指定的部门、机构有权提起生态环境损害赔偿民事诉讼。"

第3章 国家生态保护红线预防性救济的实施困局与成因

范性文件中却较少体现。

第三，红线政治责任与行政法律责任的关系不明晰。部分省份规定违反生态保护红线应按照《党政领导干部生态环境损害责任追究办法（试行）》追究政治责任。比如《吉林省生态保护红线区管理办法（试行）》第19条仅规定建立生态环境损害责任终身追究制，并按照《党政领导干部生态环境损害责任追究办法（试行）》追究相关责任人红线区监管不力、失职或渎职等责任，却未提及其他具体的法律责任形式。以行政学的角度看，行政责任涵括政治、道义和行政法律责任三层次责任形式，不过，道义责任的外在构成较为虚化，强制性也较差，而政治责任和行政法律责任却可以是确保公权力机关恪守职责、谨慎履行环保义务的重要手段。政治责任与政府行为是否违法没有必然联系，而是关涉政府决策本身是否失误。关于政治责任的定义尚未形成统一定论，大致是指行政官员制定的顺应社会发展需求和民众期盼的公共政策，并能全力推动其施行。如无正当履责，则应受到政治方面的制裁和谴责。[1]

行政法律责任则在实践中适用较为广泛，如在"贵州省江口县人民检察院诉铜仁市国土资源局、贵州梵净山国家级自然保护区管理局行政公益诉讼案"中，由于行政机关怠于履行红线区内的监督管理法定职责，并存在滥用职权许可红线区违法开采的行为，江口县人民检察院通过行政公益诉讼的方式确认行政机关行为违法，督促其及时履行监管职责并承担相应行政法律责任。在国家生态保护红线责任体系中，政治责任与行政法律责任极其容易混淆，二者的主要不同之处在于，政治责任主要表现为"党政

---

[1] 参见张贤明："政治责任与法律责任的比较分析"，载《政治学研究》2000年第1期。

同责"，是针对领导干部的终身追责制；行政法律责任主要是对政府工作人员红线规划与实施的徇私舞弊、擅自审批等行为追究法条明文规定的责任。行政法律责任与政治责任孰轻孰重，抑或是两者的相互配合运用，是未来红线责任体系完善过程中亟须平衡与解决的问题。

三、实施困局之成因

（一）主体层面：传统环境行政权力配置问题

我国传统环境行政权力配置关系主要包括，"纵向权力配置关系"与"横向权力配置关系"两个方面。长期以来，我国环境管理体制处于"变与不变"之间的相对恒定状态。在横向关系上，我国实施"统一管理与分部门负责相结合"的管理体制，即以生态环境主管部门承担的统一监督管理职责为基础，许多其他环境行政机关也承担相应的环保职责。在纵向关系上，我国施行"以块为主"的环境行政管理模式，即按照各行政区划为中心配置环境监管权限。1989年，此类管理体制在《环境保护法》里予以明确，之后又在2014年修订后的《环境保护法》里保留下来。从我国的实践来看，无论是横向抑或纵向环境行政权力配置关系，均存在一定的缺陷，难以适应绿色发展和风险行政的迫切诉求。[1]当前自然资源部和生态环境部的设立难以彻底解决传统环境行政权力配置问题。这在红线规划和运作中具体体现为：

第一，从纵向关系来看，地方政府是红线区内的责任主体，不过，实践中不难发现，建设规划权和审批权依旧由中央掌控。根据政府组织法的规划权禁限规定，地方政府有"自我限制"和"上级限制下级"两类，那么，地方政府可否约束中央规划权呢？

---

[1] 参见陈海嵩："生态文明体制改革的环境法思考"，载《中国地质大学学报（社会科学版）》2018年第2期。

第3章 国家生态保护红线预防性救济的实施困局与成因

基于生态保护红线的"红"的特点,这个限制对象应该更加多元,当地方红线区的资源利用达到上限后,需要地方规划权的自我限制,同样上级政府的行政规划权也应该被予以同样约束。

第二,从横向关系来看,"以行政区划为核心的分散和分区而治是我国横向行政权力关系的基本特质",[1]此类"分割而治"模式致使生态环境主管部门和其他行政机关间存在部分职能重合,导致各行政机关缺乏有效的沟通协调机制。[2]根据现有环保行政体制,我国环保主管和相关部门实行的是统一监管与分级分部门相结合的形式。虽然《建立国家公园体制总体方案》等文件提出"统一监管机构""一个保护地一个牌子、一个管理机构",但在各行政单位中"部门分块管制"的现实难以在短期内改变,有的保护地仍采用区域化的多部门"属地管理"策略。[3]

由于我国传统环境行政权力配置问题,地方红线治理"因地制宜"现象显著,难以适应地方政府红线治理的严格化与分级化要求,难以统筹施行跨行政区或跨流域的协同而治。

(二)程序层面:地方红线治理对公众参与程序的排斥

在传统生态空间治理过程中,政府通常会把治理决策隐藏在其内部,表现为上下级或部门间有限资源的分配上,公众很少参与到那些与其利益密切相关的公共政策的制定和实施中。而政府依托其"代言人"身份,以公共利益之名对不同个体利益的主张

---

[1] 参见边晓慧、张成福:"府际关系与国家治理:功能、模型与改革思路",载《中国行政管理》2016年第5期。

[2] 参见常纪文:"新常态下我国生态环保监管体制改革的问题与建议——国际借鉴与国内创新",载《中国环境管理》2015年第5期。

[3] 如根据《风景名胜区条例》(2016年修订)第5条,国务院建设主管部门负责全国风景名胜区的监督管理工作;而在地方,"省、自治区人民政府建设主管部门""直辖市人民政府风景名胜区主管部门""省、自治区、直辖市人民政府其他有关部门"共同分工负责地方风景名胜区的有关监督管理工作。

进行钳制，并且要求个体予以服从、配合，却未对个体或群体利益的诉求予以重视。近年来环境群体性事件频发，使公众环境权与政府生态管制权力产生冲突甚至互不相容的局面，比如"2009年湖南武冈血铅污染问题群体性事件""2012年浙江镇海PX项目群体性事件""2013年云南昆明石化项目群体性事件"等。

当行政难以较好地应对此类不可控群体性事件时，通常还会有立法或司法两种解决路径：第一种是从内心深处期待着立法机关将公共利益的范围和政府行为的界限界定清晰，给予公权力行动以确切指引，对违反行动指引或违背实施程序的行政机关或个人以相应处罚；第二种是渴望司法机关将公权力有效束缚在公民"可接受"范围内，保证他们所遭受的不法侵害获得及时而完整的救济。对于第一种方式而言，基于行政机关内部运作的效率性与获取信息的便利性，立法机关将不断扩大对行政机关的授权，授权标准和范围亦越来越模糊，这也导致行政机关行使裁量权的空间越来越大。而对于第二种方式而言，司法审查制度等监督机制的缺乏导致司法机关难以游刃有余地处理新出现的权力越轨问题。如在生态治理领域，我国尚无对政府规划类行为（包括规划行政许可、规划环境影响评价等）的司法审查制度，加之科学技术的与日俱增和国家宏观调控能力的大幅提升，新兴权力类型甚至有超越传统权力之态势，司法机关在成本有限的前提下难以担负起其全部职责。

为了解决这一问题，符合广义公众参与要求的"专家理性模型主导下的行政法"应运而生。与单纯公众参与不同的是，具备专家理性的行政机关不再单纯将自己作为集体选择的一方与利益当事人进行强力辩论，而是要努力成为一个全知全能的智者，把握现状并预知未来，在此基础上作出理性安排。应当注意到，专家理性是必要非充分条件。在知识类型方面，专家更擅于通过价值偏好来实现公共价值，但偏好如何预设则并不在他们权限范围

第3章　国家生态保护红线预防性救济的实施困局与成因

之内。并且，专家的职业组织方式和纪律严格性使他们的客观理性难以得到施展，尤其在自由裁量权广泛的情形下，他们易于做到形式上合法，而实质上却往往更倾向于某些利益集团。[1]

这表示，只有在对公权力扩大解释的情况下，给予部分民众实质参与的程序性权利才更值得推崇。当然，专家参与也是不可或缺的。这是立法民主化在行政决策与执行领域的复制与延伸，并赋予行政决策行为以实质性标准：在不损害或不减少大多数人可获得利益的前提下，行政决策行为才更具备合法性。在此思路下，若回归到公民环境权基础理论范畴，它理应是生命性环境权（生命权、健康权）、理性环境权（宁静权、环境知情权、环境行政决策参与权等）、精神性环境权（阳光权、眺望权等）范围较为广泛的、与公民环境利益切身相关的实质及程序性权利的集合。[2]因此，在国家生态保护红线的规划与实施过程中，在保证信息公开与自由获取的前提下，公众应被赋予参与利益相关问题协商和谈判程序的资格，以求最大程度上实现红线实践被期许的良好效果。[3]

（三）责任层面：对公权力的预防性监督机制匮乏

改革开放以来，我国始终坚持"以经济为中心"的发展模式，这也直接或间接地给生态环境带来不小的负面影响，为满足人民对美好环境需要的增长，环境治理思维须由原来的事后监管向事前预防转变，若想实现这一转变，环境法框架下须形成较为系统的对公权力的预防性监督机制。

纵观全球，在"有权力必有监督"的背景下，现代法治国家

---

[1] 参见王锡锌、章永乐："'参与式治理'的兴起：经验模式、理论框架与制度分析"，载《中国-瑞士"权力的纵向配置与地方治理"国际学术研讨会论文集》，2009年。

[2] 参见孟庆涛：《环境权及其诉讼救济》，法律出版社2014年版，第69页。

[3] 参见王梅："生态红线制度实施中的公众参与"，载《中南林业科技大学学报（社会科学版）》2015年第6期。

均确立监督权,虽其属性定位在各国并不统一,却已是庞大的国家权力体系中的最重要构成。那么在我国,在某种可期许的状态下,如何将地位独特、功能强大的监督权融入国家权力体系并为国家立法欣然纳之,成为中国法治化建设的最重要命题。

我国是司法机关与行政机关在全国人大权力赋予下的不同职责与任务分工,行政权的本质是管理权,而司法权的本质是判断权。一般来说,行政机关通过不断提高行政活动效率,协调并持续改善行政主体与客体的关系,以维护社会秩序、保护公共利益和公民的合法权益;而司法机关负责监督行政机关是否正当履行管理权,司法审判则是权利救济的最后一道防线。由于环境问题本身的公共利益性、难以预测性和难以修复性,环境司法承担着特殊的预防性救济功能,主要体现为不可逆损害结果发生前,对环境行政权的预防性监督,包括"司法审查"和"环境行政公益诉讼"两个重要路径。

而事实上,这两个事前监督手段实施效果并不理想:①当前我国司法审查的对象范围较为狭窄,仅可对行政机关的具体行政行为(不包括抽象行政行为)进行司法审查,或对"国务院部门和地方人民政府及其部门制定的规范性文件"在提起行政诉讼时进行附带性审查。比如对于红线划定和调整中涉及的规划环境影响评价来说,目前《中华人民共和国行政诉讼法》(以下简称《行政诉讼法》)和《中华人民共和国环境影响评价法》(以下简称《环境影响评价法》)均未建立相应的司法审查或其他司法约束机制。[1]②当前我国尚未通过统一性立法建立完整的、系统的、可操作性强的环境行政公益诉讼制度,相关规定散见于中央政策性

---

[1] 参见卢锟:"论规划环境影响评价的司法审查",载《重庆大学学报(社会科学版)》2018年第4期。

文件[1]与 2015 年《检察机关提起公益诉讼改革试点方案》、2018 年《最高人民法院、最高人民检察院关于检察公益诉讼案件适用法律若干问题的解释》第 21 条中,主要包括"诉前检察建议程序"和"针对行政机关不依法履职的诉讼程序"两个部分,而在实践中存在受案范围不明确、诉前程序不规范、具体权能设定不明晰、判决执行效果不理想等诸多问题。[2]由此检察机关对行政机关违法调整红线规划、违法进行红线内建设项目审批等规划类行为的监督制约效果并不尽如人意。

四、本章小结

北京市生态保护红线的划定方式与管控标准可作为国家生态保护红线立法和实施现状的缩影,尽管我国红线划定面积较广、管控手段较为严格,但总体上仍为地方政府占据主导地位的"管理型"红线,公众参与红线治理的积极性不高,难以实现整体性、系统化空间管控格局。具体地说,当前国家生态保护红线的划定与实施面临以下困境:①在划定标准和管控手段方面,由于当前统一和完整的红线划定与实施标准缺失,各地生态保护红线规划和实施中出现划定范围难以合理确定、分级和管控标准不一、调整和审批程序各异等问题。②在管控主体方面,当前以生态保护红线为主要内容的生态空间管控仍延续了改革前传统自然保护区"统分结合"的分散式管控模式,同一区域呈现多头管理、实际监督执法困难、生态系统整体目标无人关注。③在土地权属方面,红线区集体土地产权与公民环境权产生冲突,红线区内集体土地

---

[1] 《中共中央关于全面推进依法治国若干重大问题的决定》提出"探索建立检察机关提起公益诉讼制度"的主张。

[2] 参见王一彧:"检察机关提起环境行政公益诉讼现状检视与制度完善",载《中国政法大学学报》2019 年第 5 期。

为多个国家征收或征用，或在集体土地上设置多重禁限制度，导致红线区居民的集体土地使用权遭到限制，他们对土地和资源利用的收益权部分或全部丧失。④在法律责任方面，我国面临各地红线法律责任主体不明确、红线法律责任承担方式差异较大、红线政治责任与法律责任的关系不明确的现状。本书认为，上述困境主要由以下三方面导致。

第一，在主体层面，传统环境行政权力配置存在问题。从横向来看，统分结合的管理体制导致实践中多头监管、越权审批的问题经常出现，这明显已经不能适应生态保护红线整体化管控理念。在纵向关系上，我国施行"以块为主"的环境行政管理模式，即按照各行政区划为中心配置环境监管权限。

第二，在程序层面，地方红线治理的公众参与不足。红线规划决策与实施过程中，政府依托其代言人的身份，以公共利益之名对不同个体利益的主张进行制衡，并且要求个体予以服从、配合，未对个体或群体利益的诉求予以重视。为了解决问题，符合广义公众参与要求的"专家理性模型主导下的行政法"应运而生，但专家理性参与模式也是有缺陷的，如在关涉与现代科学技术与风险密切相关的论题中，公众对专家的信任问题将变得尤为突出。这表明，只有在对公权力进行扩大解释的情况下，给予部分民众实质参与的程序性权利才更值得推崇。

第三，在责任层面，我国缺少对公权力的预防性监督机制。一般来说，环境司法权对环境行政权的预防性监督主要有两个路径：一是司法审查，二是环境行政公益诉讼。而在环境治理领域，这两个路径实施效果并不理想：我国司法审查的对象范围较为狭窄，仅可对行政机关的具体行政行为（不包括抽象行政行为）进行司法审查，或对"国务院部门和地方人民政府及其部门制定的规范性文件"在提起行政诉讼时进行附带性审查。此外，我国仍

第3章 国家生态保护红线预防性救济的实施困局与成因

未构建起系统的环境行政公益诉讼制度,也尚无针对性的司法解释或专门的环境行政公益诉讼规则体系,由此导致在红线规划与实施中,检察机关对行政机关违法规划、违法审批红线区域等行为的监督制约效果并不理想。

第 4 章
国家生态保护红线预防性救济的域外考察

一、国家生态保护红线的域外概况

(一) 域外自然保护地概览

国家生态保护红线的域外经验清晰地表现为严格程度有较大差别的、不同类型的"自然保护地"(Protected Area)。虽然域外多数国家和地区是基于"国家所有"和"私人所有"并存的资源保护和管理制度,与我国自然资源的国有(或集体所有)属性具有本质不同,但可以在公权力监督方式的拓展、公众参与途径的多种选择、自然保护地的识别等方面,为我国最严格的生态空间保护措施提供参考,如域外通过租赁契约、特许经营等多重方式克服政府单极管制带来的僵化和效率低下,并借助对政府规划等行为的司法审查、公民诉讼等多种途径对政府强制管控行为进行预防性监督。

第4章 国家生态保护红线预防性救济的域外考察

世界上各个国家和地区在保护地的面积、数量、保护类型上均具有相当大的差异，自然保护地面积比例最高国家占陆域国土面积的一半以上，但大多数在5%—40%。《生物多样性公约》的第2条，即赋予自然保护地以明晰阐释，也就是一个具有明确地理范围、为达到一定保护目标而实施强制性、特殊性管控的区域。[1] 世界自然保护联盟（International Union for Conservation of Nature, IUCN）制定的《IUCN自然保护地管理分类应用指南》（Guidelines for Applying Protected Area Management Categories）[2] 在上述定义基础上为自然保护地赋予更多文化属性。一般来说，国际上对自然保护地的确认与划定主要涵盖3个层次：①明确的、特定的、专用的地理空间。②主要通过法律等强制性途径获得认可并实施管理。③有益于生态系统的整体性和稳定性、生态系统服务功能的可持续性发展。2003年，世界自然基金会曾计划在全球范围内推广"可行的自然保护地网络"战略，利用保护地管理的快速评估以及优先排序的方法（Rapid Assessment and Prioritization of Protected Area Management Methodology, RAPPAM），为不同国家和地区识别并分析自然保护地所面临的不同威胁的严重性、普遍性与覆盖范围确定具有高度生态重要性和脆弱性的地区，以"效率"为准则对自然保护地的管理与保护进行优先排序。[3] 与自然保护地的设

---

[1]《生物多样性公约》中提出，无论以何种类型和形式来建立保护地区域，世界上平均每个生态区域至少10%的面积需要得到有效保护。根据该公约第2条的定义，"自然保护地是指一个划定地理界限、为达到特定保护目标而指定或实行管制和管理的地区"。

[2]《IUCN自然保护地管理分类应用指南》提到，"自然保护地是明确界定的地理空间，通过法律或其他有效手段得到认可和特殊化管理，以实现与相关生态系统服务和文化价值相关的长期生态保护区域"。Dudley N ed., *Guidelines for Applying Protected Area Management Categories*, Gland, Switzerland: IUCN, 2008.

[3] WWF, Rapid Assessment and Prioritization of Protected Area Management Methodology, pp. 1-52.

立目标和划定方法相一致，国家生态保护红线，即基于国家经济社会发展特殊阶段和生态资源有限性的实际情况，首先将最具生态发展价值与区域保护可能性的、连续的自然保护地通过划定红线的方法严格确定下来，红线区内将实施最严格的限制开发、限制人类活动的生态空间保护法律制度。

IUCN 将 6 类保护地按照管控目标和手段不同实行分级管理：也就是说要严格地划分为保护（Ia、Ib、II）、一般保护（III、IV）以及可持续利用（V、VI）三类。[1]其中严格自然保护地（Ia）和荒野保护地（Ib）所保留的原始状态最高，几乎禁止一切人类的改造活动。而可持续利用保护地（VI）的原始状态最低，允许适当的农业、林业、旅游、狩猎和采集等娱乐活动。目前，世界上已有约 188 个国家和地区参照 IUCN 保护地的分类体系规划保护地区域并且施行了分级分类管控。但不可忽视的是，尽管人们已作出诸多保护行动，气候变暖仍会导致保护地生境破碎化、敏感动植物类群迁移出保护地范围甚至濒危物种的大规模灭绝。一个可以被反复观察到的事实是，即使在类似的保护"红线"问题上，在不同的国家及不同的历史文化情境下，自然而然就会产生差异化的行为逻辑。在国外，尽管没有与"生态保护红线"完全一致的概念，不过接近于"红线"的思想与管控的手段却早已经在生态空间管理活动中有较为普遍的运用。一些国家开始在原有保护地之间构建相互连接的大尺度绿色廊道或统一管控的生态网络以整体防控不确定性生态风险（见表 4-1），如美国国家公园、欧洲泛欧生态网

---

[1] 根据《IUCN 自然保护地管理分类应用指南》规定，Ia：严格自然保护地（Strict Nature Reserve）；Ib：荒野地区（Wilderness Area）；II：国家公园（National Park）；III：天然纪念物或特色景观（Natural Monument or Feature）；IV：栖息地或物种管理区；V：陆地景观及海洋景观保护地（Protected Landscape or Seascape）；VI：可持续利用保护地（Protected Areas with Sustainable Use of Natural Resources）。

第4章 国家生态保护红线预防性救济的域外考察

络、非洲绿色长城等。通过保护地廊道或网络的建设可减轻其分散管理的"孤岛效应",增强具有最重要生态价值保护地间的连接与沟通,不断改善生态系统的稳定能力与自我修复能力。

表4-1 域外自然保护地的典型类别

类型	历史背景	保护内容	覆盖范围
国家公园体系(National Park)	1872年美国建立了世界上首个国家公园(黄石公园)	保护生态系统的完整性,为生态旅游、科学研究以及环境教育提供所需的场地	200多个国家及地区已建立约上万个国家级公园
欧盟特殊保护地体系(Special Protected Area)	1979年《欧盟野鸟保护指令》中认定的保护地	主要保护候鸟及濒危鸟类的栖息地	截至2006年9月21日,英格兰、苏格兰、威尔士和北爱尔兰共有252个分类的SPA和12个提议的SPA
欧盟特别保育区(Special Areas of Conservation)	1992年,由《栖息地指令》成员国共同认定的区域	主要是为了保护特定栖息地以及物种	包括220个栖息地和约上千个物种
泛欧生态网络(Pan-European Ecological Network)	1993年在马斯特里赫特召开的"保护欧洲自然遗产:走向欧洲生态网络"会议上,来自31个欧洲国家和26个国际组织的267名与会者讨论欧洲生物和景观多样性的下降,并提出"泛欧生态网络"战略	通过确定核心区域以确保栖息地类型和物种的保护;提供走廊或以增强自然系统的连贯性;建立恢复区,扩大网络,提供新的栖息地,促进扩散和迁移确保采取积极主动的方法来保护	整个欧洲地区的合作行动

续表

类型	历史背景	保护内容	覆盖范围
		欧洲剩余的自然价值，从而增加非洲大陆的生物和景观多样性	
欧盟"自然2000"保护区网络（Natura 2000）	欧盟最大的跨界环境保护行动，由特殊保护地、特别保育区及生物多样性丰富的私有土地组成	保护野生动植物、受到威胁的自然栖息地的重要地区	占欧盟各成员国海陆总面积的18.2%
欧洲绿宝石网络（Emerald Network）	以《欧洲野生生物与自然生境保护伯尔尼公约》为基础	重点管理欧洲的非欧盟国家的生态保护区	这个区域包括白俄罗斯、格鲁吉亚、挪威、瑞士、乌克兰等国家
非洲绿色长城（Great green wall）	沿着撒哈拉沙漠南缘的撒赫尔地区种植跨越非洲大陆的树墙，是一项防止沙漠化的计划	主要是为了处理撒赫尔地区和撒哈拉沙漠地区的土地退化与沙漠化而导致的社会、经济、环境的负面影响	这个区域包括了撒赫尔地区以及撒哈拉沙漠地区的20多个国家，如阿尔及利亚、埃及等国

（二）域外自然保护地典型类别

1. 生态网络

生态网络是过去30年发展起来的具有整体性和连贯性的自然保护地，其目标是维持生态过程的完整性。分裂和隔离使生态环境易于受到周边地区土地利用集约化的影响，而集中运用整合协调的政策工具会使生态保护更为有效。生态网络可使分散的"生态孤岛"重塑内部的复杂多样关系而实现更广泛意义上的生态价

第4章 国家生态保护红线预防性救济的域外考察

值。在欧洲，生态保护大致分为3个阶段：第一阶段，生态保护以私人倡议为基础，借助志愿组织的形式组织起来并受到美国国家公园制度体系的影响。第二阶段，政府开始对生态保护进行干涉，强化城市规划对生态保护的纽带作用，将城市公园与农村地区的娱乐和生态保护相结合。第三阶段，是基于景观生态的系统保护阶段，生态保护逐渐发展为既有场地保护又有景观保护的空间系统，促使人类生活与物种延续发展共存。这也意味着通过发展相关的生态空间结构——"生态网络"，使生态保护越来越多地融入物理规划。[1]

生态网络是欧洲全地域生态空间保护的基础组成部分，主要包括"欧洲—国家和地区—地方"三个层面。比如在欧洲层面，泛欧生态网络目标即是通过建立一个物理连贯的自然结构来实施生态保护，并通过促进物种迁徙而阻止其数量巨幅降低。在国家和地区层面，荷兰国家生态网络是在农业部、自然管理和渔业部生态保护计划的背景下设计的。西班牙和希腊生态网络，旨在促进改善与实现欧盟《栖息地指令》有关的国家生态保护政策。[2] 生态网络不仅在讨论生态保护统一性政策和建设规划方面发挥重要作用，而且在中欧和东欧国家土地所有权和土地使用变化方面具有实质影响。

随着"促进生态景观与生态规模"理论和实践的持续发展、1995年泛欧生态网络协议的广泛签署，荷兰、丹麦、瑞士、德国、英国等西欧国家都先后发起了全国性的生态网络方案。比如在丹麦，野生动物走廊的概念被引入国家区域规划。在荷兰，国家生

---

〔1〕 Jongman R H G, "Nature Conservation Planning in Europe: Developing Ecological Networks", *Landscape and Urban Planning*, Vol. 32, 3（1995）pp. 169-183.

〔2〕 此外，捷克共和国、斯洛伐克、立陶宛、爱沙尼亚和波兰的生态网络是国家综合规划系统的一部分。

态网络是包括核心区域、自然发展区和走廊的"超大"指示性地图,网络覆盖面积约 730 000 公顷,占荷兰农村的 17.5%。不同于主要以"非政府组织"推动并管理生态网络规划的北美,西欧的生态网络规划大多是通过政府政策制定程序,和国家立法程序来制定和实施的,只有少数依赖于世界自然基金会等非政府环保组织的生态空间保护区项目。

而在中欧和东欧,有些国家生态网络方案是受俄罗斯地理学家鲍里斯·罗多曼(Boris Rodoman)"极化景观生态学"理论的启发,在 20 世纪 80 年代发展起来的。景观生态学侧重于研究与不同的景观结构彼此结合的、生态系统的内在空间构造,它的基础是生物地理学、人口动态学以及土地利用的学科。[1]事实上,"绿化景观"的传统作为预防和引导城市扩张的工具,已长期存在于欧洲诸多国家。基于景观生态学理论,有学者提出"景观分区",即将密集使用的区域作为一个连贯的、能够自我调节与平衡的整体生态空间,第一个生态网络由此诞生。生态网络,即是通过对景观因素的严格功能区划,确定自然发展区域和人为恢复区域的界限,以对抗来自土地密集利用区域的磁极作用,将土地整体与其相对应的生态空间对接,形成一体化的网络。生态网络取决于经过人为整合的栖息地及其核心区范围,以及生态走廊的长度和宽度(见表 4-2)。由此,生态网络的规划过程既包含生态要素,也涵盖政治影响、土地利用规划和人类意识组成部分。如果没有这些方面的结合,生态网络就无法作为一个概念存活下来,也无法在实践中实现,这也意味着它的范围设定应基于科学模型,测试

---

〔1〕 景观生态学是 1939 年由德国学者特罗尔(Troll)首次提出,并成为一门融合环境科学、生态学和地理学的综合交叉学科。参见刘世梁等:"景观生态网络研究进展",载《生态学报》2017 年第 12 期。

第4章 国家生态保护红线预防性救济的域外考察

场景和参与式规划程序。[1]

表4-2 生态网络的基本特征

	基本特征	内容
1	生态走廊的连通性	联结文化景观、历史遗迹等重要景观要素以及其聚落的敞开式空间
2	生态过程的一致性	由多个类型的生态节点和生态廊道组成的空间联结的生态系统
3	土地规划贯穿始终	线性要素构成的整体土地网络,未来景观完整性由当代土地使用政策和实践指导[2]
4	生物多样性保护	保护物种和生态环境,维持生态系统的结构平衡及功能,最大程度减少人类活动产生的影响

对于生态网络模型在地面上的应用,各国已达成基本共识,即根据生态价值和自然资源潜力,将特定生态服务功能分配到不同区域,而这些功能将反映在连贯的生态网络组成系统(一般包括核心区域、生态廊道、缓冲区、可持续利用区)之中(见表4-3)。从地理角度看,核心区、生态走廊、缓冲区是生态价值有别、功能各异而又密切联系的保护区域整体:核心区是生态保护的最重要区域,国际上重要的核心区包括具有稀有、受保护或濒危物种和植物群落的地区,或植物和动物物种高度密集的地区,此类区域必须在足够大的未损坏或受损最少的地区创建。生态走廊不仅取决于核心区域的位置,还取决于历史悠久的分散和迁移走廊地形、有价值的水文地形地貌等。缓冲区是具有潜在生态价值的其他地

---

[1] Young J, Watt A and Nowicki P, "Towards Sustainable Land Use: Identifying and Managing the Conflicts Between Human Activities and Biodiversity Conservation in Europe", *Biodiversity and Conservation*, Vol. 14, 7 (2005) pp. 1641-1661.

[2] Jack Ahern, "Planning for an Extensive Open Space System: Linking Landscape Structure and Function", *Landscape & Urban Planning*, Vol. 21, 1-2 (1991) pp. 131-145.

区，缓冲区应在确保其系统正常运作的基础上，在结构方面支持核心区生态系统服务功能的安全发展。

表 4-3　生态网络的区域构成

	区域名称	内涵
1	核心区域	大小和品质比较合适的栖息地斑块，为动植物数量及相关生态功能提供基本条件，它是生态稳定性以及生物多样性保护所禁止侵占或毁损的最重要的地域，主要通过传统的自然保护政策确定为国家公园或自然保护区
2	生态廊道	通过物理联系和多用途的景观结构维持重要核心区域的生态或环境关系，如石墙，小森林景观，运河和河流等
3	缓冲区	保护网络免受潜在的破坏性外部影响，本质是过渡区域，以兼容的土地用途为特征。它是国家公园或保护区周边区域，限制资源使用或采取特殊发展措施以提高该区域的保护价值
4	可持续利用区	不仅须维持自然资源的可持续利用，同时须维护生态服务功能的正常运作

2. 生物多样性重要区和优先区

生物多样性重要区（Key Biodiversity Area，KBA）和优先区（Priority Biodiversity Area，PBA）的识别与国家生态保护红线有异曲同工之处。1993 年 IUCN 曾主张每个主要陆地生物群落至少10%的陆地面积应留出用于保护地建设。[1]生物多样性重要区域主要是根据濒危物种分类情况、受威胁生境状况等要素提出的、基于"场地保护"（Site Conservation）的不可替代区域，为优先区的确定提供科学依据。此种方法建立在物种保护目标的识别（世

---

[1] 在资源有限的前提下，生态保护战略须聚焦于能代表更大生物多样性或特有性的较小区域。Murray-Smith C et al., "Plant Diversity Hotspots in the Atlantic Coastal Forests of Brazil", *Conservation Biology*, Vol. 23, 1 (2009), pp. 151-163.

第4章 国家生态保护红线预防性救济的域外考察

界保护联盟 IUCN 红色名录）和更大规模的保护方法中，试图以标准化阈值为分析工具选择场地，由需要场地保护的物种及种群分布情况驱动保护策略。[1]意大利在其植物重要区域识别时，总共收集来源于 Nature 2000 数据库中的 122 种生境类型的上万条数据，将本国划分为了 3504 个方格，最后，基于生境丰富度和资源保护价值等因素形成了 312 个植物重要区域以及 8 个淡水藻类重要区域，占意大利国土面积的 15%。[2]

实际上，同生物多样性的重要区以及优先区相比，红线区域的选择以及划定标准更加具有科学性和系统性（见表 4-4）。前者多以某一代表物种或某一特定的环境要素类别为区域选定的工作要点，如目前已开展的鸟类重要区域、植物重要区域、两栖爬行动物重要区域等的识别与研究，忽略了生态系统的整体性和不可分性。并且，国际上对生物多样性的重要区以及优先区尚无完全一致的标准化界定方式，如 KBA 识别过程中使用全球受威胁代表物种、在特定区域集中的某个物种处于生命周期中的某个阶段生物群落所限制的物种组合三个不同标准。[3]

表 4-4 生物多样性重要区和优先区的特征

	生物多样性重要区和优先区	生态保护红线区
划分对象	部分项目采用"生态环境单要素"	整体生态空间

---

[1] 2002 年至 2004 年，爱沙尼亚在执行欧洲发起的"识别植物保护最佳区域项目"时，根据欧盟《栖息地指令》附录以及本国保护物种划定了一百多个植物重要区。

[2] Marignani M and Blasi C, "Looking for Important Plant Areas: Selection Based on Criteria, Complementarity, or Both?", *Biodiversity and Conservation*, Vol. 21, 7 (2012) pp. 1853-1864.

[3] 仅物种代表性而言，还包括物种进化程度、保护价值与保护成效等。

续表

	生物多样性重要区和优先区	生态保护红线区
划分依据	物种、物种丰富度和生境类别	重要生态功能区、生态环境敏感脆弱区
划分标准	标准存在差异	依据科学性、整体性、协调性、动态性的原则,依据生态服务功能重要性等可测量属性确认其界限

二、美国国家公园系统

(一) 国家公园管理局与环保组织的抗衡

1. 美国国家公园系统概况

从缅因州崎岖的海岸到美国的活火山夏威夷群岛,美国各种雄伟壮观的国家公园象征着国家丰富的民族文化遗产,同时也促使世界上其他国家,或地区开始创设符合各自国情的、严格的自然保护地体系。1872年,美国国会通过《黄石国家公园法案》(Yellowstone National Park Act),同年3月1日,世界上的首个国家级公园——黄石国家公园正式设立。美国国家公园系统提供相对免侵扰的栖息地屏障,管理并保护着它的自然价值和特色。而整个美国国家公园体系是一个复杂的系统,美国国家公园系统仅仅是其中一小部分,此外还有很多与此相关的联邦指定区域和管理实体。美国国家公园保留了传统的、最壮观的具有特殊自然景观的天然区域,并且禁止狩猎,采矿和放牧等消耗性用途。相较于国家公园,国家保护区、休闲区、海岸和湖岸的立法授权允许更广泛的活动,如石油和天然气开发,允许部分条件限制下的放牧和狩猎。

截至20世纪90年代末,约有6.5亿英亩土地为美国联邦政府

第4章 国家生态保护红线预防性救济的域外考察

所有，主要在西部各州和阿拉斯加。大部分土地由4个联邦机构管理：森林服务局（the Forest Service，1.92亿英亩）、土地管理局（the Bureau of Land Management，BLM，2.67亿英亩）、鱼类和野生动物管理局（the Fish and Wildlife Service，FWS，8700万英亩）、国家公园管理局（the National Park Service，NPS，7700万英亩）。截至2007年，这个体系涵盖超过390个离散单元及8400万英亩的土地，其中超过430万英亩仍为私人所有。包括21个不同的地方类型，其中61个单元被称为"皇冠上的宝石"——"国家公园"。其他类型的单元还包括：国家历史遗址（78个）、国家古迹（74个）、国家历史公园（42个）、国家纪念馆（28个）、国家娱乐区域（18个）和国家保护区（18个）等。其中国家公园是由国家公园管理局专属管辖，而其他单元则相互之间共享某个特定机构的管辖权，并可能关涉重叠管辖权，以伙伴关系或松散的从属关系存在。1916年，为了更好的管理国家公园，美国国会通过了《国家公园管理局组织法》，它是作为国家公园系统统一管理以及运作的根本依据而出台的，根据《国家公司管理局组织法》第1条规定，相关部门应该提倡、鼓励以及规范国家公园、国家公园纪念地和保留地等联邦土地的使用，保证其利用与设立根本目的相一致，以便子孙世代无限享受和利用。与此同时，《荒野法案》《野生和风景河流法案》《清洁水法》《濒危物种法》以及《联邦土地政策和管理法案》等法律也均在国家公园内部实施（见表4-5）。

表4-5 国家公园体系的主要规范依据

法律名称	颁布时间	主要目标
《国家公园管理局组织法》（NPS Organic Act）	1916年	保护国家公园界限内的风景、自然、历史遗迹和野生动植物，以便世代享用

续表

法律名称	颁布时间	主要目标
《荒野法案》（Wilderness Act）	1964 年	创建国家荒野保护系统，禁止在指定荒野进行所有商业活动，永久性道路或任何类型的开发
《野生和风景河流法案》（the Wild and Scenic Rivers Act）	1968 年	保障入选河流可永久保持自然流动状态，而不受阻隔或其他方式干扰；并可以对新建的水工建筑物或直接影响河流建设的项目享有否决权[1]
《清洁水法》（Clean Water Act）	1972 年	消除污染物排入水域，保障水陆动植物和人类安全
《濒危物种法》（the Endangered Species Act）	1973 年	政府负责制定"濒危和受威胁物种"清单，并保护它们所需的土地和水域
《国家环境政策法》（National Environmental Policy Act）	1969 年	通过该法的实施确保全体美国公民享有安全、健康、有生产力、美丽和有文化内涵的愉悦环境；在不引起环境衰退、健康风险和安全风险的情况下，最终实现利用环境资源利益的最大化
《国家森林管理法》（National Forest Management Act）	1976 年	美国林务局负责制定国家森林计划、木材销售标准，管理木材采伐的政策，以此保障国家森林免受过度或明显采伐而造成的永久性损害
《联邦土地政策和管理法案》（Federal Land Policy and Management Act）	1976 年	土地管理局负责管理公共土地并努力保护其中自然资源。涉及土地使用规划、征用、费用以及支付，联邦土地管理和联邦土地通行权等内容

---

〔1〕 参见刘海龙、杨冬冬："美国《野生与风景河流法》及其保护体系研究"，载《中国园林》2014 年第 5 期。

第 4 章 国家生态保护红线预防性救济的域外考察

美国在历经 1872 年《黄石国家公园法》、1916 年《国家公园管理局组织法》、1970 年《一般授权法》等国家公园的系统改革后，最终在 1998 年通过的《国家公园管理政策》(NPS Management Policy) 进行全面改革，使曾经国家公园管理系统的多部门、分散式管理合并归类为典型的"集权式"管理体制，形成以"内务部－国家公园管理局－地方办公室－基层管理机构"为主线的相对自主且独立的垂直管理体系。[1]国家公园管理局的直属上级部门为美国内务部，有时它会分配管理责任并且与内务部的其他土地管理部门合作，包括鱼类和野生动物管理局以及土地管理局。[2]在内务部之下的国家公园管理局主要负责 7 个区域公园体系的收集信息、资源保护、政策制定、战略规划、科研教育、公众参与等项目开展及特许经营管理工作，它的外地单位则被有组织地分成 16 个 10 至 35 个单元的"集群"。国家公园管理局有自己的员工执法，实施与联邦警察相同级别的执法权，同时有自己的专家队伍，包括生物学家、生态学家和景观设计师，并通过自己的国家指导文件《国家公园管理政策》来解释《国家公园管理局组织法》。

通过美国一系列的法院判决不难看出，1916 年《国家公园管理局组织法》具有对国家公园管理局的软而且无声的双重授权，"生态保护"与"公民享受"是国家公园系统的双重任务，即保护系统内自然资源生长进程免受损害、保证其生态完整性，并为当代及后代享受这些资源提供机会，这导致了国家公园管理局在进行规划或者作出具体行政行为的时候拥有了更大的自由裁量权，而与之抗衡的中坚力量则是有较强组织性的、以保护为导向的公民团体。

---

[1] 参见朱仕荣、卢娇："美国国家公园资源管理体制构建模式研究"，载《中国园林》2018 年第 12 期。

[2] National Park Service, *Management Policies 2006*, Washington D. C.: U. S. Government Printing Office, 2006, pp. 35–57.

2. 国家公园管理局的双重职权

美国国家公园管理局秉承"无损"（Unimpaired）原则下对生态系统的完整性和可持续性进行监管，即更好地维持自然演进下公园的基因多样性、生态完整性和各组分的生长过程。与此相适应，《国家公园管理组织法》又授予其"保障公民享用资源的权利"。1970 年一系列加州红杉树国家公园（California's Redwood National Park）相关案件提出"《国家公园管理组织法》的双重目标以及是否会对内务部长产生司法方面的实施义务（Judicially Enforceable Duties）"。《红杉树国家公园扩展法案》（the Redwood National Park Expansion Act）则在实质上扩大了红杉树国家公园的范围并创建公园保护区（Park Protection Zone），在该区域内，部长可以在特定条件下获得额外土地。1974 年的萨拉俱乐部诉内政部案（Sierra Club v. Dep't of the Interior）中，萨拉俱乐部认为，就保护公园的行为而言，部长的自由裁量权具有可诉性（Judicially Reviewable）。虽然公园立法已授予部长"改变公园界限、在公园界限之外获得利益、与毗邻土地所有人达成协议使公园资源伤害降到最低"等权力，而根据公共信托原则，公众作为托管人有责任保护国家公园免受损害或威胁，该原则为司法干预提供了一个独立于任何其他法规或原则的重要基础：当国家公园管理局的内部管理不当而导致公园资源受到损害时，公共信托原则可以为司法救济提供依据。

1978 年，国会重申并修订《国家公园管理组织法》，宣布必须以"公园系统的公共价值和结构上的实质完整性"保护公园，避免公园内部和相关公共场所的"价值和目的减损"。[1]更重要的是，法律在部长的自由裁量权之上提供了一个新的且更严格的管理

---

[1] Robin W. Winks, "The National Park Service Act of 1916: A Contradictory Mandate", *Denver Law Review*, Vol. 74, 3（1997）, pp. 575-623.

第4章 国家生态保护红线预防性救济的域外考察

所有公园区域的自由裁量标准："国家公园区域的管理应根据公益价值衡量国家公园系统的整体性,而不应该以一种毁损的方式实施"。但基于《国家公园管理组织法》的"保护"和"利用"双重授权,国家公园管理局的立场是它享有"广泛的管理国家公园系统的权力",而检验自身行为是否正当的标准是其"是否会损害生态资源,以至影响子孙后代的享用"。

3. 环保公益组织对国家公园管理局的监督

一般来说,国家公园管理局作为超级土地所有者而享有"广泛自由裁量权"来保护公园。作为管理联邦土地的国家机构,国家公园管理局及其上级内务部虽受到强有力的联邦法律约束,而这些法律却在实质上为其提供广泛的监管权力,并允许它在执法过程中对公民的不当行为直接进行强制性的干预。这可能意味着,国家公园管理局可以主张水的权利获得通行权,或阻止外来物种侵入或滋扰行为。在公共土地诉讼的背景下,法院传统上倾向于保护个人权利(如对自然资源的私人权利要求),并且通常在"总体政策和判断"上服从于国家公园管理局的自由裁量权。

随着大规模生态破坏问题的日益严重,当地公民逐渐担负起维护环境公共利益的重要职能,美国国家公园管理局经常卷入公民诉讼[1],该机构发现自己在为来自对立各方(环保主义者和国家公园用户群体)的飞行指控辩护。同时,《国家公园管理组织法》的双重授权使法院认为对国家公园管理局的资源利用行为审查没有统一、明确的标准。尤其在2000年前,法院最感兴趣的似

---

[1] 公民诉讼(即"环境公益诉讼")一般特征有:①针对政府机构的诉讼,如果诉讼成功,有可能败诉的资源开发商往往由政府出面干预。②原告声称该机构违反几项联邦(和州)法规。③程序性要求比实质性要求数量更多,成功可能性更大。④所要求的救济是公平的,不需要陪审团审判。⑤对初步禁令的请求,往往伴随着对简易判决的请求,是诉讼中的关键阶段。

乎是"遵循原则",内务部长的广泛职责使其管理决策基本不受审查。如在 River Runners for Wilderness v. Martin 一案中,原告对其非商业河流的利用挑战了国家公园管理局"2006 年科罗拉多河管理计划"(CRMP),而法院却支持后者有利于商业船只的规划决策。在 Davis v. Latschar 案中,原告对"国家公园管理局决定在葛底斯堡国家军事公园对白尾鹿进行控制性狩猎"提出异议,但上诉法院几乎完全支持地方法院的判决,并驳回了原告的诉讼请求,认为"若对管理机构出台的法规或规章提出挑战——比如公园管理局对其组织法和管理政策的解读——法院的司法审查必须特别恭敬"。

而在某些领域,这种区别已被"侵蚀"了,法院对国家公园管理局的决策进行更多的监督,通常被称为"硬性原则"(Hard Look Doctrine)。根据科金斯和格列克曼教授的说法,"改变的主要催化剂是'公共利益'组织作为有效的政策监督者、机构说客和诉讼律师的出现"。在这些案例中,由倡导组织和非营利律师事务所代表的公民通常声称,"联邦土地管理机构对环境问题关注不够,或在资源开发许可方面忽视了法律"。数十年里环境公共利益组织对生态环境保护诉讼产生实质影响,并已重塑联邦土地管理机构行为的实体和程序格局。

而在国家一级,主要有两个非政府组织:国家公园信托基金(the National Parks Trust,NPT)和国家公园保护协会(the National Parks Conservation Association,NPCA)。国家公园信托基金成立于 1983 年,其使命是通过教育、合作伙伴和社区建设来支持收购适于建设公园的、范围较广的重要土地。它首批收购的是围绕在北极水源附近的私人土地,事实上,这些土地一部分已受到私人开发的威胁。在国家公园信托基金 2007 年年报中提到,它长期与国家公园管理局紧密合作,并与其他政府机构、公民团体以及土地所有者相互联系和组织协调,在过去的 25 年里已实现 200 多个公

第4章 国家生态保护红线预防性救济的域外考察

园的修复与构建，但由于国家公园系统中超过 600 万英亩土地的私人所有，对其保护任务提出重大挑战。不同于国家公园信托基金，国家公园保护协会则采取补充的、更为激进的主张并以制定规则为导向，它最早的项目是"倡导公园管理局在冬天为生活在黄石公园内的麋鹿提供食物，以防止麋鹿在公园外寻找食物或被猎人杀死"，以"为今世后代保护并加强美国国家公园"为首要任务。此外，国家公园保护协会在许多针对国家公园管理局的诉讼中也一直是积极的原告，并且通常都是成功的。在 NPCA v. Manson 案中，内务部认为，"黄石国家公园附近的蒙大拿燃煤发电厂不会影响公园的空气质量"，而国家公园保护协会对此产生严重的质疑，根据《清洁空气法》"防止重大恶化条款"的规定，美国的空气质量已经下降 1/5，而环境保护署被要求询问国家管理局提议的燃煤电厂是否会对公园产生不利影响。由于国家管理局对维持保护区的高水平空气质量负有"积极责任"，在华盛顿巡回上诉法院上诉审理中，法院认为国家公园保护协会的质疑符合测试的所有要求，最终该电厂的运营遭遇了重大威胁。[1]

真正的转折则出现在 2000 年后，一个改善并覆盖《国家公园管理局组织法》授权模式的是《野生和风景河流法案》，它加强了对国家公园管理局机构行为内容、行为程序与法律后果的司法审查。2003 年，在 Friends of Yosemite Valley v. Norton 案中，第九巡回上诉法院负责审理美国国家公园管理局关于针对流经加利福尼亚州约塞米蒂国家公园（Yosemite National Park）的默塞德河（Merced River）综合管理计划，加州伯克利的一家名为"野生地球倡导者"的公益律师事务所为环保组织 Friends of Yosemite Valley

---

〔1〕 Denise E. Antolini, "National Park Law in the U. S.: Conservation, Conflict, and Centennial Values", *William & Mary Environmental Law and Policy Review*, Vol. 33, 3（2009）, pp. 851-921.

提起诉讼,该组织指控国家公园管理局严重违反两个环境方面的法律,即《野生和风景河流法案》与《国家环境政策法》,且没有充分保护珍贵的原生态自然景观。最终,经过一系列公民诉讼案件,2006年《国家公园管理政策》由《国家公园管理局组织法》和《一般授权法》修订后再次确认,要求以"保护公园生态资源和自然价值"以及"提供美国人民能够享受的充足的、舒适的公园环境"为宗旨,但如果"保护"和"享受"有冲突,"保护"是首要的。

(二) 国家公园的界限识别与划定

根据《新国家公园准则》规定,所筛选的潜在的国家公园应符合以下4个条件:①它是特定类型生态资源的杰出范例。②它在描述或解释国家遗产的自然或文化内涵方面具有非凡价值。③它提供最佳的娱乐、公共使用、享受或科学研究的机会。④它保留高度完整性,作为资源的真实、准确且相对未受破坏的示例。其中,公共使用和享受潜力是评估新增国家公园潜在项目的重要考量因素,而娱乐价值是依据提供娱乐活动环境的自然和文化资源价值来评估的。[1]国会具有决定是否将某个独一无二的生态资源区域添加到国家公园系统的终极定夺权。在国会决定建立新公园前,国会委员会应当就拟议增加的国家公园区域项目举行听证会,并向内政部长提出建议,同时需要国家公园管理局收集资源质量和未来发展潜力的相关信息,并确认是否符合国家现有标准。如果一个区域符合国家意义的标准,国家公园管理局则会继续收集有关其作为公园单元的适用性、可行性及管理替代方案的其他信息。如果不符合具有国家意义的标准,国家公园管理局将建议其他适当的州、地方或私人进行保护行动。同时,国家公园界限划定须遵守一系列前置程序。

---

[1] Criteria for New National Parks.

第4章 国家生态保护红线预防性救济的域外考察

第一，须进行侦察调查，以收集有关提案的基本信息并评估资源重要性。如果该地区具有作为国家公园系统单元的潜力，国会将授权国家公园管理局对管理方案进行细致谨慎研究，并决定研究的具体内容和未来导向。1998年《国家公园综合管理法案》（National Parks Omnibus Management Act）确立识别和授权新单元研究程序，借助与其他有意向的联邦、州和地方机构以及公众的协商程序，国家公园管理局将定期向国会发送国家公园"候选者"名单。其中，以"公民共建"（Civic Engagement）为基本宗旨的公众参与程序是公园界限识别过程的重要组成部分，并全面贯穿于公园立项、决策等一系列环节中。[1]之后，2006年《国家公园局管理政策》及其附件D2、第75A局长令《公民共建与公众参与》等文件，进一步明晰相关的职权与义务、评估标准与审计程序等规定。[2]此后，所有的国家公园以及与生态相关的规划均必须公开，并将"规划、环境和公众评议"（PEPC）作为与公众沟通的网络工具。[3]公众参与规划决策的具体程式是由研究小组根据提案中的生态资源类型和兴趣程度确定，至少需要在所研究区域附近举行一次公开会议，还可邀请公众通过研讨会、审查文件草稿等各种途径参与会议（见表4-6）。

---

〔1〕 国家公园管理局又在2005年建成了最主要的信息基础设施，也就是"规划、环境和公众评议"（PEPC）网。National Park Service, *General Management Planning Dynamic Sourcebook*, 2008.

〔2〕 National Park Service, "Director's Order: Civic Engagement and Public Involvement", available at http://www.nps.gov/policy/DOrders/75A.htm, last visited on 2019-12-29.

〔3〕 PEPC旨在实现管理局对所有规划项目的管理、内外交流和数据统筹，包含内网和外网2个通道。公众可访问PEPC的外网版本，该版本公布项目概况、国家环保局工作进程（如范围界定公告、公众会议和评论周期）及其文档（如管理规划、专项规划、EA、EIS等）。

表 4-6 国家公园界限识别中的公众参与

参与目标	告知公众国家公园划定规划及环境影响评价等议题;为公众提供参与公园规划和环境政策进程的途径
参与原则	时效原则、合理原则、及早沟通原则、结果明确原则
参与主体	以经验和可操作性为基本视角,划分为特定目标群体,如对公园感兴趣的议会代表、私营部门、环保组织等,还包括利益关联者[1]
参与形式	①公众与部门分享决策权:公众直接参与决策(正式谈判、合作、仲裁与调解、共同管理);②公众对决策具有潜在却未知的影响:公众与部门交换信息(听证会、公众评议、调研与兴趣小组等);③公众对决策无影响:对公众教育及信息传达(新闻、手册、报纸、杂志等)

第二,对潜在新公园单元的各种边界配置进行研究,包括管理方式选择、土地范围及规模配置、土地所有权,维护公园所需成本及其他要素。而选择公园的界线通常都需要进行理想情境、实际成本以及其他相关因素之间的综合考量。国家公园的边界包括法律边界和生物边界。法律边界是一个国家最高立法机构确定的法定保护和管理范围,具有法律实施效力。生物边界是假设的边界,对于维持现有的生态过程和国家公园内特定的物种组合是必要的。边界研究通常只有在考虑生态资源与国家公园系统间的设立目的相关性时才适用。即使生态资源与现有公园单位相邻,如果该资源与现有单位的设立目标和重要性没有直接关系,该研究也可被视为新区研究。国家公园管理局拥有广泛的权力来研究现有公园边界的潜在调整可能性并进行合理规划,而不需要国会的授权评估,最终的边界调整决定权则应归属于内务部长。公众

---

[1] 参见张振威、杨锐:"美国国家公园管理规划的公众参与制度",载《中国园林》2015 年第 2 期。

第4章 国家生态保护红线预防性救济的域外考察

也可就"与其切身环境利益密切相关的问题"或"公园运营和管理问题"建议边界修订,例如,公众可建议沿地形、自然特征或道路进行边界识别,或为了保护对公园整体性与生态稳定性至关重要的资源而进行边界调整。

早期美国国家公园曾面临"法律边界和生物边界不一致"的现实问题(见表4-7),因而大多数国家公园可能无法作为维持生物和遗传多样性的有效储存库。国家公园在历史上建立了一系列目标,包括前文提到的保护风景秀丽的荒野以及促进旅游和娱乐等公民的享受利益,而维持生物多样性被认为是次要目标。直到1934年,佛罗里达州大沼泽地国家公园的建立,其主要目的就是要保护野生动物。不幸的是,完整的生态单元并未包含在公园法律界限内,导致公园内鸟类数量随着时间的推移而大幅减少。此后,国家公园管理局越来越意识到整体性的系统保护是如此重要,例如,加利福尼亚州的红杉树国家公园,在公园正式指定后不久,由于异常高的径流导致大量旧生长的红杉树倒塌,这反过来又归因于公园界限外上游部分的伐木,就此而言,保护公园的整体性还可减少土壤侵蚀和洪水发生的可能性。因此,提高现有公园保护生物资源能力的必要途径是以"生态系统整体性"为原则实施界限识别与划定,并通过相邻近的公共和私人土地的合作管理,积极努力增强国家公园法律边界和生物边界的一致性,尽量减少潜在损失。[1]

表4-7 国家公园法律边界与生物边界的区别

	法律边界	生物边界
划定方式	通过国家立法机构来划定	多为生态学意义上的假设边界

---

[1] William D. Newmark, "Legal and Biotic Boundaries of Western North American National Parks: A Problem of Congruence", *Biological Conservation*, Vol. 33, 3 (1985), pp. 197-208.

续表

	法律边界	生物边界
调整方式	立法行动	生物多样性、生境的变化
划定意义	指导与国家公园相关立法与执法活动	国家公园整体流域或维持最低物种范围所必需的区域
范围比较	法律边界<生物边界	

(三) 国家公园界限内外的利益博弈

1. 国家公园内的特许经营制度

许多北美西部国家公园所面临问题的数量和复杂性正在增加。这些问题包括偷猎、游客安全和影响等传统问题，以及最近对气候变化的关注、外来物种的引入、公园边界的商业开发与对特许经营者的控制。美国国家公园内部允许通过特许经营、商业开发授权、租赁协议[1]三种经营形式进行不破坏公园环境和动植物资源的商业活动，它包含了国家公园体系内部的几乎所有旅游产品以及服务。与后两者相比，特许经营是社会组织或公民个人通过租约、执照、地役权或许可等多种手段在国家公园内部开展的范围较广的商业经营活动。[2]美国国家公园的特许经营制度是生态资源保护市场化融资的重要手段，被认为可以略为缓和生态资源可持续性与公众舒适需求间的冲突关系。

特许经营制度的实施受到多重严格限制。如根据美国1965年正式颁布实施的《国家公园管理局特许经营政策法案》中规定，特许经营获得的收入不能用于除了生态功能维护或强化统一协调

---

〔1〕 商业开发授权：婚礼、拍摄电影等小规模活动或项目；租赁协议：除特许经营合同与商业开发授权之外的建筑或设备的对外出租。

〔2〕 参见刘翔宇、谢屹、杨桂红："美国国家公园特许经营制度分析与启示"，载《世界林业研究》2018年第5期。

第 4 章 国家生态保护红线预防性救济的域外考察

管理外的其他非公益用途。1998 年美国国会通过《国家公园综合管理法》（National Parks Omnibus Management Act of 1998），特别规定建立特许经营管理咨询委员会（National Park Service Concessions Management Advisory Board）作为特许经营第三方监督和建议主体，要求特许经营者仅可采用标准化的特许经营格式合同严格实施与消耗性利用生态资源无关的服务（见表 4-8）。[1]

表 4-8 国家公园特许经营制度的主体职责

主体	职责范围
国家公园管理局	特许经营权的授权主体，依法对权限内的业务进行按时管理或协调
特许经营者	特许经营的授权客体。通过招标的有效竞争方式审定，须缴纳经营费使权利存续，还须按规定向地方管理局定期上报运作规划
特许经营管理咨询委员会	特许经营管理咨询委员会就与特许经营管理有关的事项向内务部长和国家公园管理局提供咨询意见。包括：确保特许经营者提供的服务和设施是必要和适当的，以合理的价格达到可接受的标准，所提供的服务对公园资源和价值的影响是最小的，并且为特许经营者提供了获利的机会；为国家公园管理局和私营部门签订合同提供建议，更及时地审查或批准特许经营者费率和向公众收费

特许经营合同的本质其实就是行政合同，它是地方国家公园管理局以合同为主要依据，对特许经营者进行针对性考核、评估和管理，并收取一定的费用以维系公园监管保护方案，[2]合同中

---

[1] World Bank Group, An Introduction to Tourism Concessioning: 14 Charuteristics of Successful Programs, pp. 1-13.

[2] 2017 年，美国国家公园与 480 多个特许经营方共签署 575 份特许经营合同，其中 60 份合同的经营收入占总经营收入的比重高达 85%，另有 420 多份合同的经营收入小于 50 万美元。

详细描述了所有签署方关于特许权的合法权利和义务。与采购合同相比，特许权合同必须以非营利为目的，且须达到"保护公园生态资源的终极目标"。[1]管理局通常会借助公开招标的市场竞争机制遴选诚信且具有法定资质的特许经营者，合同中还会规定特许经营者的服务设施、服务价格、风险管理计划、保险等细节性内容，其中，特许经营设施必须符合"可持续生态管理的通用设计标准"的要求，[2]而特许经营合同的期限一般为10年以下。[3]特许经营费的80%将被用于公共服务或以保护为目的的再投资，或按照资源管理项目计划中的资金使用优先级依次投入使用。其余的20%费用将被用到国家公园管理局商业服务类项目进行统一管理。[4]而在实践中，国家公园管理局处理合同的方式存在非常严重的问题，包括"过时"或"过期"合同的长期积压。国家公园管理局始终没有使用"基于绩效的合同"，[5]而没有激发此种竞争式态度的直接结果是"松散合同"本质——许多特许经营者甚至没有充分实施设施维护计划和基本责任分摊等简单事情。

2. 国家公园外的利益冲突

除了国家公园内部特许经营权与保护生态资源的利益冲突外，

---

[1] Ansson Jr. Richard J and Hooks Jr. Dalton L, "Protecting and Preserving Our National Parks in the Twenty First Century: Are Additional Reforms Needed above and beyond the Requirements of the 1998 National Parks Omnibus Management Act?", *Montana Law Review*, Vol. 62, 2 (2001), pp. 213-268.

[2] 参见安超："美国国家公园的特许经营制度及其对中国风景名胜区转让经营的借鉴意义"，载《中国园林》2015年第2期。

[3] 特殊情形下内务部长可授予长达20年的合同。联邦法规明确强调，地方国家公园管理局不得与被特许人签订长期合同（50年以上）。特许权合同期限内支付给美国的特许经营费或其他金钱对价的金额应在特许权合同中规定，并且在反映特许经营权的特殊意外变化时方能予以修改。

[4] 参见吴健等："美国国家公园特许经营制度对我国的启示"，载《环境保护》2018年第24期。

[5] 基于绩效的合同包含对良好业绩的激励和阻止特许公司低于业绩的威慑力。

1970年红杉树国家公园案件，体现了矛盾有可能来源于公园界限外的活动。美国的大部分土地属于私人所有。由于联邦土地主要位于西部，其他州的大部分土地都在私人控制下。比如在德克萨斯州，只有2%的土地是联邦所有。私人土地致力于多重用途，其中农业和林业占据支配和主导地位。公园内野生生物和公园界限外私人家畜间的相互作用会产生巨大矛盾。比如，农场经营者极力反对"鱼类和野生生物服务计划"（Fish and Wildlife Service Plan），即重新将狼群引入黄石公园，因为这样会导致对公园界限外家畜的捕食。不只是捕猎动物，像野牛这样的动物也会引起农场经营者的担忧。由于它们在冬天为了寻找饲料常常需要从高海拔地区转移到低地，农场经营者担心离开农场的野牛会携带病毒（如Brucella）而污染他们的牲畜。在 Fund for Animal v. Lujan 一案中，原告诉称国家公园管理局官员对未能阻止野牛离开公园的失责，导致官方官员最终不得已射杀它们，蒙大拿地区法庭驳回原告诉求。而在 Fund for Animal v. Espy 一案中，野生生物保护者们在《国家环境政策法》规定下成功获得诉前禁令，以对抗普鲁士菌病从野牛到家畜转移的研究实验计划。随着国家公园的逐步扩大发展，人们逐渐意识到在公园外活动的影响下保护公园界限内宝贵的生态资源是异常困难的，由此，正确认识并把握"界限"的地位，加强对保护区内外"不受控"的野生动物的保护和管理也是非常必要的。

三、欧洲生态网络系统

（一）泛欧生态网络的构建

1. 泛欧生态网络概述

1996年，欧洲议会通过的《泛欧生态和景观多样性战略》，即意味着西欧以及东中欧在生态网络研究的协调共赢发展战略问题上已基本达成一致,并进入了一个新阶段。[1]虽然泛欧生态网络模型的拟订和应用方式反映了某些概念和方法上的变化,并受当地区域情况的影响,但是它一般有两个共同目标,即"维护生态系统功能以及生态的稳定性,促进保护物种以及栖息地"和"促进自然资源的可持续利用,有效地减少人类活动对生态环境的破坏"。泛欧生态网络还具有以下特征:①强调在景观、生态系统或者区域的尺度上来保护生物多样性,通过提供充足的空间连通性,保证所有自然及半自然因素间结构和功能的连接,确保关键地区免受可能造成破坏的外部活动影响。②在适当情况下恢复退化的生态系统。

泛欧生态网络是欧洲生态网络体系的核心,立足于建立欧洲各国保护区连贯网络,试图与其他适宜的栖息地区域相结合,以长效化地维护欧洲的主要生态系统、栖息地和物种。泛欧生态网络是1995年后泛欧生物和景观多样性战略(Pan-European Biological and Landscape Diversity Strategy,PEBLDS)中讨论并核定的优先问题之一,其根本理念在于尽可能降低自然栖息地和有价值生态资源间的分裂保护,并且尽可能促进现有的生态政策(立法)、土地利用规划以及农村和城市发展规划间的协同效应。近年来,随着人们越来越关注气候变化和生物多样性降低等问题,欧洲各国对生态连接概念特别是生态网络的政治兴趣大大增加。在生态网络中,科学见解已逐渐转成为规划而产生的泛欧生态网络指示性地图,以此确认核心区、区域间的现有走廊及应该建立的新走廊,并建立满足关键物种连通性要求的搜索区域。

---

〔1〕 参见张云彬、吴人韦:"欧洲绿道建设的理论与实践",载《中国园林》2007年第8期。

第4章 国家生态保护红线预防性救济的域外考察

2. 爱沙尼亚生态网络

泛欧生态网络的构建始于20世纪80年代的中欧和东欧，其中爱沙尼亚（Estonia）被认为是第一个发展生态网络概念，并将该模式拟订成一项全面计划和执行方案的国家。尽管20世纪90年代初期的爱沙尼亚革命对生态环境造成严重破坏，但爱沙尼亚实施的"绿色网络"（The Green Network）计划现已基本完成。与整个欧洲相比，爱沙尼亚的生物多样性依然丰富，如其已鉴定出71种不同的森林类型和近700种草甸植物，包括全球范围内已受到威胁或濒临灭绝的物种，如狼、猞猁、水獭、海狸、黑鹳、秧鸡、斑纹鹰、鹤等。爱沙尼亚生境和物种多样性高的重要原因是其长期存在的传统土地利用形式，以及该地区特有的环境梯度，如较长且干扰程度较低的海岸线、较高的土壤分异、不同的地形和特殊的水系。爱沙尼亚首个生态网络提议可追溯到20世纪70年代。1983年，这项建议初期被界定为一项建立"生态补偿地区网络"的计划，这是一项旨在实现比生物多样性保护更广泛目标的国家计划，明确9个生态网络发展目标（见表4-9）。爱沙尼亚政府认为，生态网络是一种可以纳入区域和国家规划进程的、将土地利用与景观功能结合的环保模式。因此，爱沙尼亚生态网被设定为一种空间规划工具，目的是平衡各种土地利用方式，并综合考量地质、气候、土壤、水文和土地用途等数据促使规划落地。

表4-9 爱沙尼亚生态网络的发展目标

	内容
1	通过塑造自然区域的空间结构，满足生态、环境、经济和社会的多个目标
2	建立功能完善的保护区网络，使其成为相对完整的生态保护区域系统
3	保护有价值的自然栖息地，保护野生动物的迁徙路线以及有价值的景观

国家生态保护红线的法律保障与预防性救济

续表

	内容
4	减少人类对生物多样性的负面影响,最终实现可持续发展
5	实现生态区域的可达性,促进生物多样性的综合管理、生活娱乐
6	促进保护区以外的生物多样性保护
7	将生态空间规划作为减少不同部门之间冲突的一种手段
8	指导生态网络空间内的人类居住和土地利用
9	维护生态环境的稳定性

1991年爱沙尼亚开始进行政治体制改革并争取独立,标志着其长期、严重经济困难的开始,特别是在公共部门。此过渡阶段的结果之一是农业受到严重的经济压力,这反过来又威胁到许多通过传统农业作法管理的、宝贵的半自然生境。同时,森林生境也面临恶劣困境:爱沙尼亚将近一半森林是私人所有,但仍缺乏促进可持续森林管理模式的有效保护与发展制度。之后,通过改革爱沙尼亚的政治机构和立法,爱沙尼亚政府为生态补偿区网络建立新的执行框架,将该网络纳入新的空间规划和环境立法,如1995年《可持续发展法》(Sustainable Development Act)、1994年《保护自然物体法》(Protection of Natural Objects Act)、1995年《规划和建筑法》(Planning and Building Act)等,其中《保护自然物体法》通过制定指定保护区的总体框架、保护规则、地域分区、管理计划、采取保护措施的程序、规范受保护物种的重新引入等,为生态网络核心区的构建和维护提供了最强有力的法律支撑。[1]

---

[1] kalev Sepp et al., Lithuania, *Development of National Ecological Networks in Baltic Countries in the framework of the Pan-European Ecological Network*, IUCN: IUCN Office for Central Europe, 2002, pp. 1-183.

第4章 国家生态保护红线预防性救济的域外考察

《规划和建筑法》要求爱沙尼亚15个县为其领土编制一份生态网络地图。在此后的很长一段时间里，该网络已成为《国家环境战略》（National Environmental Strategy）、《环境行动计划》（Environmental Action Plan）和《爱沙尼亚展望2010》（Estonia—Vision 2010）等政策文件的主题，国家农业环境政策方案还进一步规定，应该在地方级行政区发展生态网络，作为支撑可持续农业作法和土地管理利用的有效方式。

自1995年后，在爱沙尼亚的积极参与下，泛欧生态网络与自然保护联盟所支持的"波罗的海三国进一步拟订并执行一体化生态网络项目"达成进一步合作，由此产生旨在进行生物多样性分级保护的"绿色网络"。"绿色网络"是根据生态保护区的规模和保护价值，确定分类筛选、分级划定生态网络国家级核心区。国家级核心区中的12个区域已被认为具有国际重要性，每个地区至少占地100平方公里；而其他级别核心区面积至少15平方公里。依照国家立法，每个县都必须通过地方听证会程序编制一份1∶50 000比例的绿色网络地图，如在爱沙尼亚Järva县，地图描绘了4个层次的核心区域，即从1至2公里到多达50公里不等，[1]该县最终在计划里所采取的措施已在2003年得到国家政府批准，且具有强制实施的法律效力。[2]此外，每个县所划定的生态网络规定"土地使用监管条件"，涉及如何减少网络内不同土地利用需求间的冲突、如何降低土地利用强度及如何在生态网络结构中解决保护界限内外人类活动与野生动物间的严重冲突等内容。

---

〔1〕 核心区外的生态走廊是根据数据来配置的，其中还包括景观中的踏脚石，具体区域划分时还考虑到1995年《保护海洋和淡水海岸、海岸和银行法》（Protection of Marine and Freshwater Coasts, Shores and Banks Act），该法规定了与地表水有关的走廊和缓冲区。

〔2〕 Graham Bennett and Kalemani Jo Mulongoy, *Review of Experience with Ecological Networks, Corridors and Buffer Zones*, Montreal: Secretariat of the CBD, 2006, pp. 50-100.

3. 摩尔多瓦生态网络

摩尔多瓦（Moldova）也是在早期实施国家生态网络的国家。摩尔多瓦在1995年认可泛欧生物和景观多样性战略，并承诺为建立泛欧生态网络作出贡献。在此之前，摩尔多瓦已进行了部分与生态网络构建方法密切相关的科学工作，如"生物群落酶"模型的开发，即是为了优化自然栖息地和农业用地基质的保护价值。在这项工作基础上，BIOTICA生态协会[1]在摩尔多瓦共和国国家生态基金的支持下，开发泛欧生态网络的摩尔多瓦区域国家生态网络模型，该模型被理解为由"通过物种和生态系统的种群、自然和历史景观、自然和文化古迹等在内的、属于景观类别但在物理和功能上相互联系的生态栖息地的总和"。在此过程中面临两个主要挑战：①必须重新评估和扩大关于物种、生境和土地利用的数据，以便能够应用生态网络模型。②必须重新制订立法框架，以支持在更广泛的地区进行保护，并与其他土地用途结合起来。在功能方面，按照泛欧生态网所采取的办法，摩尔多瓦生态网包括核心地区、生物走廊、恢复区和缓冲区。这些元素是参照摩尔多瓦12个自然区和"森林-草原生境"识别和划定的。该网络提案的独特之处是，禁止在网络周围3公里宽的区域内使用转基因生物。与爱沙尼亚生态网络相比，摩尔多瓦更注重公众参与的广泛性和相关土地的利用和管理。比如它试图扩大为了生物多样性保护、私人土地可持续利用而指定和管理土地的法规范围，并在原有法律中引入出于保护目的强制购买土地的可能性。

以此为借鉴，西欧的生态网络模式愈加复杂化和系统化。西欧生态网络的构建，不局限于保护和可持续利用优先生境的目标，

---

[1] BIOTICA生态协会成立于1993年，是致力于推进生物多样性保护和环境法律与政策的非政府组织。

而且寻求一种更复杂、更具结构性的综合性管理立法和规划措施。1992年，欧共体政府通过了为保护整个欧洲遭受威胁最严重的栖息地以及物种的立法。其中《栖息地指令》补充了1979年采用的《欧盟野鸟保护指令》，它们共同构成了受法律保护的欧盟生态保护区代表制度——Natura 2000保护区网络。Natura 2000是稀有或受威胁物种以及自然栖息地的核心育种和休息地网络。它横跨28个欧盟国家陆地和海上最有价值和受威胁物种、栖息地生态保护区，由约20 000个地点组成，覆盖约17%的欧盟领土。它不是最严格的生态保护区系统，其中大部分土地仍为私人所有。但Natura 2000生态保护网的管理特别重视与周围土地所有者以及利益相关者团体的密切合作，确保在尊重当地社会经济和文化传统的同时就保护物种和栖息地达成最有效方式。Natura 2000网络包括许多指定用于附件I草原、荒地、其他半自然栖息地或依赖它们物种的遗址。其区域内现场管理人员必须与农民建立伙伴关系，努力寻求保护土地可持续利用又不损害农民生计的最佳方法，比如在西班牙经过测试的适用于草原及其鸟类的土地利用方法，将大规模耕种农业与法国的小型围场结合起来，使物种保护与栖息地土地利用适当融合，提高生态保护的效率和稳定化水平。除此之外，Natura 2000极度重视生态保护的"连通性"价值，该价值已在《栖息地指令》第10条中得到承认："会员国应努力地在他们的土地利用规划中实施必要发展政策，特别是注重改善Natura 2000网络的生态连通性，强化管理对于野生动植物群有相当重要影响的地区……这些具有线性和连续结构特征的地域对于物种迁移，扩散和遗传交换是十分必要的。"

（二）欧洲绿道的连通性分析

1. 绿道的特殊生态功能

欧洲生态廊道，即"绿道"（Green Way），是由不同植物种类或生态物质组成的、具有连接性和物质流通性结构的廊道。绿道是生态网络核心区的补充，是支撑物种扩散和迁移的开放式生态功能空间，凸显生态网络的层次性、复合性与自然框架的等级性。相较于核心区专注于生态网络的自然生态过程和生态功能，绿道则将美学功能、社会心理功能、娱乐功能等社会功能融入其中，兼具生态、娱乐、文化历史三个类别。在形态上，绿道几乎完全属于线性结构，将各种元素和形状组成的核心区网状结构包裹其中。1936年，哥本哈根实施"绿色通道网络计划"，该城市规划以联结野生动物栖息地和迁徙走廊、加强物种多样性为基础，充分满足在生态受到严重破坏的城市中人们相聚在一起的休闲娱乐需要。绿道可帮助保护自然资源，减少环境污染，还可为自然、文化与历史遗址提供接入和联结方式。同时，绿道可提供步行、远足、慢跑、骑自行车、骑马、划船、钓鱼、狩猎和观赏自然等娱乐活动，可增强审美品质和社区意识。绿道还通过提高房地产价值、旅游业发展、就业和商业机会，带来较为可观的经济效益。[1]因此，除了通过国家公园或自然保护区进行"官方"的强制性场地保护外，政府还应积极维护并开发生态走廊、绿道等兼具审美功能、娱乐功能和教育功能的人与自然互动区。

对于生物群体而言，绿道具有多重的属性，它在景观之中主要起到了通道（Conduit）、隔离带（Barrier）、源（Source）、汇（Sink）和栖息地（Habitat）5种作用。绿道还可起到某种过滤功能，既可以允许某些特定物种或物质顺利通过，又可以对某些有

---

[1] 通过对栖息地连通性的分析，模拟生境扩散，探索野生动物活动的路径、范围及空间分布格局，有利于获取潜在生境。Juan Antonio Bueno, Vassilios Andrew Tsihrintzis and Leonardo Alvarez, "South Florida Greenways: A Conceptual Framework for the Ecological Reconnectivity of the Region", *Landscape and Urban Planning*, Vol. 33, 1-3 (1995), pp. 247-266.

第4章　国家生态保护红线预防性救济的域外考察

害物种或物质起到阻隔作用。绿道规划的最佳形状和位置在很大程度上取决于其认为起作用的物种或物种群，通过某种特定生态过程和物质流动机理，与核心区景观中一些生物群体相互影响、作用而形成有机整体，由此生态空间保护不单单被视为物种和场地保护，并且可将其视为对状态一致且稳定的物理和生物空间结构的维护。

2. 连通性是绿道规划的核心

绿道规划是通过网络内空间和功能兼容的土地利用组合实现多种效益的生态格局战略规划方法，主要由5个步骤组成：①关键物种评估；②栖息地辨识；③连通性分析；④拓扑网络生成；⑤网络分析。[1]这当中，连通性是绿道构建以及规划的核心步骤，它通过测定景观的结构参数，以此来衡量景观要素在空间方面的相互关系、测量保护区景观连续性、度量生态过程便利性或者阻碍程度。[2]景观生态学亦认为连通性是栖息地保护的不可或缺要素，栖息地生态系统被看作是相互连接的网络，栖息地的面积、形状、彼此之间的距离都反映了连通性性能。栖息地连通性降低即破碎化增强，将引起栖息地斑块岛屿化甚至可能导致种群的灭绝。为了加强重要生态空间的连通性和种群物质的连续性，需要通过建立绿道的方式把单独的生境斑块以及保护区域相互连接。[3]此外，在不同的景观类型区域，还应该针对不同的被保护物种的类别，

---

[1] M. Margaret Bryant, "Urban Landscape Conservation and the Role of Ecological Greenways at Local and Metropolitan Scales", *Landscape and Urban Planning*, Vol. 76, 1-4 (2006), pp. 23-44.

[2] 连通性研究倾向于分析同类或异类斑块间在功能和生态过程中的有机联系，这种联系可能是生物群体间的物种交换，也可能是景观元素间直接的物质、能量交换和迁移。参见赵珂、李享、袁华南："从美国'绿道'到欧洲绿道：城乡空间生态网络构建——以广州市增城区为例"，载《中国园林》2017年第8期。

[3] 参见杨娅楠等："野生动物生境景观连通性综述"，载《环境科学导刊》2015年第3期。

选择绿道在空间的排列方式，以及所建立的绿道数目、宽度、物质构成，研究绿道对于生物在景观中的迁徙、短暂停留和繁殖中起到的重要作用，以及与之相关的"暂栖地"的设立。[1]

同时，连通性分析也有利于生态网络安全格局的构建。通过确认不同生态空间中绿道的"生态连通性指数"，可直观反映景观动态变化并促进生态安全效用的发挥。[2]景观生态学中主要有垂直生态以及水平生态两类过程。前者发生在某一地域单元内，直接反映了其所依赖的地质、水文、植被和动物群落间的生态过程。后者则展示了景观单元间的物质流动，如物种的空间迁移和扩散，根据欧洲绿道规划的内容，水平生态过程并不是"千层饼"的模式，而是通过对重要景观局部、位置以及空间联系的控制，形成某种促进物质流动的战略性布局，甚至组成超越客观存在的、景观元素以外的强有力的"生态势力圈"（Ecological Influence Sphere），从而使得网络内整个生态过程的安全性得以实现有效的保护。[3]

（三）土地利用方式的转变

目前，越来越多的证据表明全球生物多样性下降的根本原因在于：与土地利用变化相关联的、过度频繁的人类行为。在发达国家，大约80%的人口现居住于城镇。同样，在发展中国家，城市和城镇的流动人口也在增加，这与城市地区的发展压力和生态影响相关。虽然许多农村地区的人口正在逐渐减少，但土地利用变化也会给这些景观带来巨大的生态压力。科学研究表明，肆无忌惮的土地利用会大大降低生物多样性，并易于导致栖息地的严

---

[1] 参见陈利顶、傅伯杰："景观连接度的生态学意义及其应用"，载《生态学杂志》1996年第4期。

[2] 参见富伟等："景观生态学中生态连接度研究进展"，载《生态学报》2009年第11期。

[3] 参见俞孔坚："生物保护的景观生态安全格局"，载《生态学报》1999年第1期。

第4章 国家生态保护红线预防性救济的域外考察

重破碎化和物种的广泛流失,因此,我们目前所看到的物种分布格局是土地利用历史发展的结果。由此,生态网络不能完全基于物种分布数据,必须基于更长期的土地规划战略。在欧洲许多地区集约化的土地上,尊重生态演变过程、物种内部自然的遗传交换已成为空间规划的主干内容,相关的土地利用空间规划成为保护最重要的生态环境、推动生态系统进化过程的主要内容。

首先,欧洲生态网络的土地利用十分重视利益相关者的实质性参与。生态网络核心区一般通过国家自然保护政策被设定为国家公园或自然保护区,将其纳入一般土地利用政策或空间规划。生态网络的实现需要国家、省、地方各级政府、受保护单位等广泛利益相关者的土地管理和利用方面的密切合作。[1]利益相关者参与的主要目标是查找生态网络规划和影响的相关信息,对未来潜在的风险进行估算,及时预防重大的生态风险。近年来,潜在的利益相关者数量有所增加,如当地民众、非政府组织和媒体已更积极地参与其中。在荷兰,生态网络是一种积极主动的战略,也是国家生态保护管理的核心。这是由于与大自然的密切互动,为该国提供了长期而独特的规划传统。当地地区经理、水务主管部门、农民、护林员、其他土地所有者和企业为了建立生态网络,正在实行3种形式的土地管理,包括具有国家或国际重要性的保护区、为自然保护目的管理的私人区域(通常是农业用地)、和自然发展区。除了政府规章和地方发展计划外,与土地所有人达成的自愿协议补贴等财政手段在确保执行方面也发挥着重要作用。一旦利益相关者确定利益冲突的主要内容,决策者就必须积极促进利益相关者之间的沟通与合作,如土地所有者和行政机关间常就

---

[1] Rob H. G. Jongman, Irene M. Bouwma and Anne M. van Doorn, *The Indicative Map of the Pan-European Ecological Network in Western Europe*, Technical Background Report, 2006, pp. 1–105.

国家生态保护红线的法律保障与预防性救济

"如何最好地保护和发展自然价值"这一问题进行交流讨论。

此外,地方一级还可以改进(或创造)区域规划。例如,在由若干利益相关者所有的草地生境中,多尺度规划是草原、森林和山地生物多样性保护的关键,土地所有者以及其他的利益关联者合作的最佳方式即是充分地利用"生物多样性评估及技术规划工具"。相似地,在欧洲边界(喀尔巴阡山脉、多瑙河、中东欧、瓦登海等)开发生态网络意味着,参与者须适应并理解不同文化与自然观念的冲突。国家和区域生态网络总是在特定的政治、社会、经济和自然条件的复杂互动中定义和构建,从而产生相互交融的文化类型。例如,在某些不发达国家,生态保护核心区的设立是为了使公众自由获取自然资源,而在其他地区,设立生态保护核心区的主要目标是将人类行为排除在生态价值较高的区域外。一些绿道或生态走廊旨在防止某些选定物种的隔离,而另外一些旨在补偿人类活动密集的偏振区域。因此,不同地区划定的生态空间边界不同,他们对自然的看法和对生态保护的理解也不同。而其中的关键在于"淡化中心主义",并关注地区、层级、组织、非政府组织、部门等不同主体间可能发生的各种互动,社会团体和土地使用者则可能成为积极的共同保护者。[1]

其次,为了确保泛欧生态网络的可持续性,各国政府需要根据土地利用趋势来确定生态网络区域,以便找到可广泛接受的解决方案。生态系统保护和恢复不能与社会中其他利益对立。可持续性的挑战表明,各国应合理利用生物物理和社会文化信息来评估各部分生态网络土地利用的机会和成本。[2]在过去十年里,生

---

[1] R. H. G. Jongman, M. külvik and I. kristiansen, "European Ecological Networks and Greenways", *Landscape and Urban Planning*, Vol. 68, 2-3 (2004), pp. 305-319.

[2] Mara Balestrieri, Amedeo Ganciu, "Greenways and Ecological Networks: Concepts, Differences, Similarities", *Agricultural Research & Technology*, Vol. 12, 2017, pp. 1-4.

第4章 国家生态保护红线预防性救济的域外考察

态网络和绿道规划的快速发展过程可看作是对土地分割、土地利用结构调整和集约化的回应。在生态保护框架内，人们普遍认识到需要将景观中的生态关系纳入空间规划。关于生态环境保护或恢复的决定，哪里有最佳位置，以及所需的自然区域的大小和形式，需要长期视角和对"趋势、威胁和机会"的分析，其中细致分析生物多样性目标和其他利益的兼容性问题至关重要。欧洲自然保护中心曾运用SWOT技术方法在当前或可预见的土地利用趋势背景下提供"生物多样性保护和再开发的威胁和机遇"的全面概述。SWOT是一种评估技术，通常用于分析商业活动中企业在市场环境中的相对位置。在泛欧生态网络的构建中，SWOT的作用是提供简短、紧凑和透明的土地利用类型描述，有助于评估各种相关政策的可能性。例如，可以通过运用SWOT技术分析法，以生态系统的稳定性和生物多样性作为基本准则，在理想方向上调整农业或其他发展（如城市化）规划、为基础设施建设设计替代轨迹、开发与特定生态系统相容的娱乐性土地用途规划等，确保在较长时间内生态网络空间的农业与保护价值不降低。[1]

再其次，泛欧生态网络改变了保护区公共土地管理模式，将"自上而下"强制性的公共土地管理转化为"上下互动"的"政府-私人"双边合作管理。欧洲部分国家新自然保护立法的优先目的之一是在私人所有权和生态保护间寻求平衡。根据规定，当环保机构无法管理其拥有或负责的特殊利益区域土地时，可安排土地由另一个环保机构或私人管理。并且，政府可赋予自然保护组织或私人与"拥有或负责土地的环保机构"签订合作协议的权利，以管理生态网络所覆盖的所有土地。在瑞典自然保护协议签订的

---

[1] I. M. Bouwma, R. H. G. Jongman and R. O. Butovsky, *Indicative Map of the Pan-European Ecological Network for Central and Eastern Europe*, European Centre for Nature Conservation, 2002, pp. 1-166.

过程中，县级行政委员首先要同土地的所有者进行协商，就自然保护区的决策提出建议，列出生态保护目标、规定和管理计划，之后县行政委员会将聘请一名独立的调查员，负责计算将土地转为储备所产生的市场价值折旧，与此同时，县行政委员会向其他主管部门和组织分发储备建议以征求意见，并决定是否建立基于私人土地所有权的保护区。

最后，县行政委员会将代表国家与土地所有者签订自然保护合同，在调查员的协助下绘制保护区边界。[1]他们可在授权合作协议内规定：①通过授权合同规定土地利用的强制性限制，此类规定可能对所有继承权主体具有约束力。②向符合这些限制的土地所有权人或使用人提供税收优惠，比如可将特许权适用于财产税和遗产税。在后一种情况下，应根据政府制定的管理计划，对承诺保护和管理有关土地的继承人给予同样的特许权；如未能遵守本计划中的条件，遗产税将立即到期。③为国家提供必要的法律权力，以便在特殊利益土地的完整性构成威胁的情况下立即实施控制，禁止所有可能有害的活动，在必要时征用有关土地。[2]此外，为了保护和改善现有生态网络的发展状态，欧洲各国政府已采取各种激励政策，如有的地方立法中鼓励政府向私人自然保护组织发放补贴、贷款或实施税收减免，使私人特别保护区得到及时有效的保护。在欧盟共同农业政策（Common Agricultural Policy，CAP）下的农业环境计划（Agri-Environment Scheme，AES）中，每年向农民和土地管理者支付大约4亿英镑（或6.28亿美元），覆盖英格兰66%的农业用地（Natural England 2009）。其计划为土地所有者自愿履行农田环境服务的行为（如维护农田本地物种，管理树篱

---

〔1〕 About The Swedish Environmental Protection Agency.

〔2〕 The Emerald Network: A Network of Areas of Special Conservation Interest for Europe, 2014, pp. 1-5.

和水系统等）提供补偿性支付，具体补偿金额则取决于生态环境的类型和状态。此外，芬兰的自然价值交易计划（Natural Values Trading Program）、德国和葡萄牙的财政转移工具（Fiscal Transfer Tools）、奥地利的自然森林保护计划（Natural Forests Reserve Program）、瑞典的自然保护协议（Nature Conservation Agreements）等均是生态网络中私人土地激励政策实施的代表。[1]

四、非洲生物多样性保护系统

（一）"去中心化"的社区生态资源管理

1. "贫困人口法律赋权"与权力下放

非洲丰富的野生动植物与当地多数公民的严重贫困并存，将非洲生态环境问题与社会、经济、政治问题联系在一起。长期以来，农民土地权利不足往往导致根深蒂固的贫困，并且是农村发展和环境保护的重大障碍。[2]联合国开发计划署发起的"贫困人口法律赋权委员会"（Commission on the Legal Empowerment of the Poor），[3]将法律赋权定义为"贫困人口受到保护并能够在面对公共和私营部门要求时以法律为武器促进其权利的过程"，它承认了穷人通常具有有限和不安全财产权利，通过赋予穷人可持续的所有权或使用权，使个人和社区变得更加自主。即使拥有部分财产权，作为

---

[1] Sristi Kamal, Malgorzata Grodzińska-Jurczak and Gregory Brown, "Conservation on Private Land: a Review of Global Strategies with a Proposed Classification System", *Journal of Environmental Planning and Management*, Vol. 58, 4 (2015), pp. 576-597.

[2] 土地资源匮乏、土地资源生态安全遭到威胁、农民的土地权利被剥夺是公认的持续贫困因素。J. M. Barendrecht, *Making the Law Work for Everyone*, Commission on the Legal Empowerment of the Poor, 2008, pp. 77-79.

[3] 贫困人口法律赋权委员会是一个独立的国际组织，由联合国开发计划署（开发计划署）主持，并于2005年成立，是关注排斥、贫穷和法律之间联系的第一个全球倡议。它的2008年报告《让法律为每个人服务》提到，全世界有多达40亿人被剥夺了改善生活和摆脱贫困的机会，因为他们被排除在法治之外。

产权的持有者，个人和团体也会变得更加活跃。

非洲纳米比亚即通过赋予贫困人口生态资源管理权力，使他们在治理问题上有更强的发言权，能够更好地保护已获得的利益和可期待的自然资产。[1]20世纪90年代初，非洲纳米比亚独立后政府采取包容性政策和立法，将权力分散并下放至当地公民尤其是贫困人口的管理中。纳米比亚在1996年《自然保护修正案》（Natural Conservation Amendment Act，NCAA）中规定，"政府赋予农村社区'通过在公共土地上进行狩猎和旅游'获得收入的权利，使贫困人口承担保护野生动植物资源的责任并从中受益"，并且，"只要居住在公共土地上的黑人农民建立公共区域保护，他们便享有与从事商业的白人农民同样的管理野生动物的权利"，这意味着纳米比亚公共土地保护区管理权设定必须经过双方协商、具有明确定义的保护区边界以及被授权的保护区管理者资格。[2]

同时，纳米比亚以社区为基础的自然资源管理（Community-Based Natural Resource Management，CBNRM）计划开始依法实施，该计划是过去10年"穷人法律赋权"最成功的实例之一，旨在回应严重的环境与政策问题：一方面，公共土地上的野生动物以及植物数量正大范围减少。在20世纪70年代和20世纪80年代初期，内战、干旱和保护野生动物的动力不足对当地生态资源致命的伤害。"在肆虐的偷猎过程中，通过贩卖象牙、号角、羽毛和动物皮肤生成的物品，野生动物种群减少了90%。"另一方面，纳米比亚农村的贫困水平很高，CBNRM被视为推动农村经济发展的一

---

[1] 法律赋权基本方法包括改善诉诸司法和更健全的法治；加强对财产和权属权利的保护，保护工人的劳工权利；允许贫困人口以更高的安全性追求创业机会的商业权利。

[2] 在纳米比亚，当地农民必须建立一个代表性的管理委员会，管理委员会负责创建并维护会员名单，制定狩猎管理计划，建立争议解决机制，安排和召开年度会议，并定期向保护区成员报告相关内容。符合这些要求的团体可以向环境和旅游部申请将他们的地区宣布为具有私人性质的"公共土地保护区"。

第4章 国家生态保护红线预防性救济的域外考察

种方式,为当地群体提供机会,使其能够从与野生动物、生态旅游相关的创业机会中受益。自此,纳米比亚为了管理公共土地上的野生生物资源,已建立 70 多个保护区,现农村社区承担了近 1500 万公顷土地上野生动植物可持续管理的责任,相当于该国面积的 18% 左右。这种将保护和管理权下放给当地社区的模式在经济上和环境上都是可持续的,它成功地增加了纳米比亚农村人口的收入和人力资本,使纳米比亚野生动物物种得以大规模恢复。并且,它还通过提供行政决策、多方发言和公众参与的机会以加强地方治理结构。

此外,"CBNRM 计划"将当地特色传统文化与所下放的财产法律权利、自然资源权利相结合。如纳米比亚的"CBNRM 计划"创建了一个体制框架,为当地人民提供激励机制,以平衡野生动植物的有效管理和当地人民生活水平的稳定提升。2006 年,世界旅行和旅游理事会的报告中就曾经指出,旅游产业占到了纳米比亚国内生产总值的 3.7%,占总就业人数的 4.7%。为了迎合游客,保护区与当地居民签订合作协议,为这些游客提供服务,例如,合资旅馆,露营地和狩猎特许权。当前这些协议已创造 800 个全职和 5000 多个兼职就业机会,确保当地居民具有稳定的收入来源。

在乌干达,1995 年新宪法明确规定环境问题是乌干达国家和人民的重要事项之一,并承认权力下放是长期内战和社会动荡后国家建设的主要努力之一,具有理事会和委员会的等级制度的地方议会(Local Council, LC)是当地人与政府互动的重要论坛。乌干达《国家环境管理授权法》(National Environment Management Authority)第 15 条规定,"成立区域环境委员会(the District Environment Committee, DEC)以督促重要环境议题纳入各区国家环境政策定期活动"。乌干达大部分地区常驻一名地区环境官员

(District Environmental Officer, DEO), 专门负责环境问题的总体规划和管理。他们的任务包括为公民灌输环境意识、将环境活动纳入学校主要活动、监测可能的环境经济活动。[1]

2."去中心化"的社区生态资源管理现状

"去中心化"的社区生态资源管理，意味着贫困人口的生态正义得以基本保障。在过去 20 年，全球各国出于各种原因分散并下放行政权力，即权力的"去中心化"（Decentralization）：加强公众参与，降低政府管理成本，增强行政问责制，从分散的知识和当地实验中受益，以便更有效率地管理生态资源。[2]在生态资源保护与管理中，各国政府已适当下放对各种资源的控制权，包括森林、渔业、野生动植物和草原等。在当地人享有土地、野生动物等自然资源财产权的情况下，直接参与相关自然资源决策。当他们利用合法权利直接从自然资源中获益时，当地群众尤其是贫困人口便可成为资源的有效管理者。"去中心化"的社区生态资源管理还应伴随足够的支持（财政或其他资源）以执行授权任务。为了使被边缘化的公民更有意义地行使公民身份，关键在于聚合不同群体利益偏好的"协商民主"的广泛实施。并且，"去中心化"的社区生态资源管理还面临着法律不确定性相关问题，特别是与土地使用权、野生动物的冲突及管理相关领域。[3]

首先，土地使用权不安全的原因是，尽管保护区对土地有明显的控制权，但是国家而不是社区拥有纳米比亚的公共土地。并

---

[1] Fumihiko Saito, *Local Council Commons Management in Uganda: A Theoretical Reassessment*, Cancer Epidenidogy, Biomarkers & Prevention, 2007, p. 15.

[2] 权力下放可通过多种方式实施：通过从国家政府办公室到下级政治当局（区域/地方）的责任分散；通过授权给半国营机构或其他半自治实体；通过向非政府组织和其他私营部门行为者转移权力；或者将权力和资源下放给地方政府。

[3] Karol C. Boudreaux, *Community Conservation in Namibia: Devolution as a Tool for the Legal Empowerment of the Poor*, George Mason University: Working Paper, 2010, pp. 2-6.

第4章 国家生态保护红线预防性救济的域外考察

且集体土地使用权存在较低的排他性，国家所有权与个人责任间的显著分歧导致不确定性增加。纳米比亚《社区土地改革法》（Namibia's Communal Land Reform Act，CLRA）第3章第17节规定，"根据纳米比亚依然有效的习惯法规则，如果他们不违反宪法或法定规则，传统当局或酋长有权分配土地使用"。酋长和传统当局保留为住宅用途和放牧权分配土地的权利，获取这些权利还须国家权力机关"公共土地委员会"（Communal Land Boards，CLB）的批准，公共土地委员会还有权决定公共土地上商业企业的租赁申请。然而这种情况会引发混乱，并可能导致冲突。[1]

其次，受威胁野生动物的社区保护方式与权力机关管制手段之间存在矛盾。社区保护区居民有权管理其境内的普通野生动物，却不包括受威胁和濒临灭绝的种群。他们有权设置自己使用的某些狩猎配额，而不是用于所有狩猎过程。而环境和旅游部（the Ministry of Environment and Tourism，MET）保留对受威胁和濒临灭绝的种群的主要控制权，但它所设定的是这些动物的狩猎配额，不是以保护为主要目的的狩猎内容与狩猎形式。例如，在给定时期内可能被猎杀的珍稀猎豹数量是由环境和旅游部官员设定，而不是由私人保护区当地居民设定。

最后，保护区运营长期依赖非政府组织的资金与技术支持，难以自给自足。在纳米比亚，自1993年以来，世界自然基金会——"有限环境中的生活（LIFE）"计划提供培训、技术支持、捐款，向CBNRM利益相关者传播信息。纳米比亚自然基金会是"CBNRM计划"的另一个重要合作伙伴，提供纳米比亚生态保护区相关的监测和评估服务。同样，罗辛基金会（Rossing Foundation）是纳米

---

[1] 如果传统当局授权某人"在保护委员会指定为野生动物观赏区域的地区"行使放牧权，则不确认哪种使用权会胜出。根据法律规定，CLB可以做出选择，衡量其中一种使用权的合理性，但评估此类用途的标准尚未明确。

比亚自然基金会的合作伙伴，也为保护区和 CBNRM 其他合作伙伴提供培训和材料。虽然这些捐助者的支持已持续多年，但它不可能永远延续下去，保护区的维持与发展亟须社区管理者的自立自强。

（二）国家生物多样性保护"优先性评估"

2004 年，南非国家生物多样性机构（South African National Biodiversity Institute，SANBI）进行了南非首次"国家空间生物多样性评估"（National Spatial Biodiversity Assessment，NSBA），NSBA 是合作治理的高效工具，通过提供明确的目标、鲜明的指标和优先事项，帮助协调一系列部门和机构的工作。[1] NSBA 有 4 个组成部分：陆地、淡水、河口和海洋环境，旨在资源有限的情况下，将保护优先领域纳入国家和省级政府的生态空间保护实践。"国家空间生物多样性评估"通过获取有关生物多样性特征（如物种、栖息地和生态过程）、保护区及土地资源利用模式等信息，将特定的地理状况变化及其映射信息考虑在内，为未来更精细的评估和保护行动制作一个广泛的优先区域（Priority Area）地图。其中，"系统的生物多样性规划"（Systematic Biodiversity Planning）是优先区域评估最基础和最常用的方法。它包括 3 个选择物种的主要原则：代表性、持久性和目标性。[2] 南非政府认为，当地生物多样性丧失的最大原因是自然栖息地以及生态系统的丧失或退化、外来物种入侵和自然资源的过度开采。在历史上，南非保护工作通常集中在单个物种上，并且是那些吸引人群的有魅力物种，比如

---

[1] Amanda Driver et al., *National Spatial Biodiversity Assessment* 2004: *Priorities for Biodiversity Conservation in South Africa*, National Biodiversity Institute, 2005, pp. 5-10.

[2] 代表性原则：具有代表性的生物多样性格局样本的保护必要性。持久性原则：允许生物多样性随着时间推移而持续存在的生态和进化过程的保护必要性。目标性原则：设置量化的生物多样性目标的必要性，以确定应该保护每个生物多样性特征的数量。

第 4 章 国家生态保护红线预防性救济的域外考察

大型哺乳动物，但只关注单个物种的保护行动实施效果差。[1]所以，南非国家生物多样性的保护"优先性评估"主要是基于 3 个角度的考量。

第一，扩大南非正式保护区网络，将紧急行动与优先性评估重点放在受威胁的生态系统上，防止生态系统服务功能的进一步丧失。2004 年《生物多样性法案》（The Biodiversity Act）和《保护区法案》（The Protected Areas Act）是南非国家环境立法的重要组成部分。其中，《生物多样性法案》明确规定了具有行政属性的技术型机构——南非国家生物多样性机构（South African National Biodiversity Institute，SANBI），该法案赋予 SANBI 诸多权力：①实时监测并按时汇报该国生物多样性状况，制定国家生态保护政策、规划和方案的权力。②制定综合生态利用方案的权力，支持包括药用物种和园艺植物在内的受威胁物种的可持续利用。③实施国家保护区拓展战略的权力，并有权依据《生物多样性法案》或土地所有者与保护当局之间的其他非正式协议扩大保护区。同时，SANBI 须履行相应义务：①为空间优先排序提供地理物种、生态和社会经济特征等信息的义务。[2]②每 7 年修订并更新国家生物多样性评估结果（包括评估生态系统受威胁状况，重要植被类型现存栖息地与保护目标间的差距等）义务。[3]此外，南非《保护

---

[1] 虽然，在生物多样性规划中使用关于物种和生态系统的所有适当空间数据是重要的，但保护最多生物多样性的最有效方法，往往是将保护行动集中于受威胁的生态系统，而不是单个受威胁物种，特别是在南非这样拥有数千种濒危物种的国家。

[2] 例如，提供生态基础设施信息、基于生态系统或气候变化适应力重要区信息、对生态系统服务需求较高区域的信息等。

[3] "国家空间生物多样性评估"将植被类型划分为"极度濒危-濒危-脆弱"三级，《生物多样性法案》第 4 章 52①条规定部长对优先保护的"极度濒危-濒危-脆弱"生态系统划定范围具有完全决定权。《生物多样性法案》52①（a）部长可通过宪报公告，公布受威胁和需要保护的生态系统国家清单；（b）一个省的环境事务监督机构可以通过宪报公告，公布该省受威胁和需要保护的省级生态系统清单。

区法案》为保护区进行精简划分，既有极其严苛的保护，也有灵活的生物多样性管理。该法规定任何土地，包括私人或公共土地，均有权宣布为正式保护区，并允许土地所有人或任何适当人员组织共同管理该片保护区。这意味着，正式的保护区地位以及《费率法》（Rates Act）中有关保护区费率的排除，不仅限于国有土地，而且政府机构不是唯一能够管理保护区的组织。

第二，南非政府试图寻得契机将生物多样性，与优先地理区域的经济发展联系起来。这涉及政府与生产部门、私人和公共土地所有者（如农业、基础设施建设、房地产开发，林业和采矿）以及土地和资源的其他使用者合作，制定并实施针对具体部门的明确指导方针，以尽可能减少受威胁的自然栖息地面积和物种数量。南非政府确定了9个陆地生物多样性重点地区[1]，这些地区拥有南非最重要的生态基础设施和高密度生物物种，并为保护机构、工业部门和地方社区建立"多部门普惠式市场化合作"提供机会。其中一些方案已开始执行，例如，为人民和环境采取的开普行动（Cape Action for People and the Environment，C. A. R E.）、卡鲁生态系统方案（Karoo Ecosystem Programme，KEP）、亚热带丛林生态系统方案（Subtropical Thicket Ecosystem Programme，STEP）、马洛蒂-德拉肯斯堡越境项目（the Maloti-Drakensberg Transfrontier Project，MDTP）等。如在开普植物区域，葡萄酒行业通过葡萄酒倡议将生物多样性纳入其葡萄酒综合生产指南中，该倡议由行业领导并与保护型非政府组织合作。

第三，"优先性评估"应以生态系统相关的动态科学性指标为基准。"国家空间生物多样性评估"中提供了一系列有价值的指

---

[1] 包括：North-eastern Escarpment, Bushveld-Bankenveld, Moist Grasslands, Central Grassland, South-eastern Escarpment, Maputaland-Pondoland, Albany Thicket and Wild Coast, Cape Floristic Region, Succulent Karoo。

第 4 章　国家生态保护红线预防性救济的域外考察

标,如不断发展和变化的"生态系统状况指标"和"生态系统保护水平指标",此类指标可根据南非《国家环境管理法》(National Environmental Management Act,1998 年第 107 号)的要求,纳入环境状况报告、环境管理计划(Environmental Management Plans,EMP)和环境实施计划(Environmental Implementation Plans,ELP)等,并且《国家环境管理法》还规定所有优先保护区都必须有"经批准的管理计划"和"可量化的绩效目标",以客观衡量保护区管理目标的适当性以及管理水平的高低。[1]由此,南非生物多样性空间保护优先区域(Priority Area)的选择与划定运用科学的"生态指标因素"分析以确定生态系统和物种水平、保护过程的优先事项,通过生态数据的综合分析、重要生态进化过程的专家绘图,将各类保护区进行初步评分和标准化,最终集成至单个 GIS(Geographic Information System)优先级值层中。南非的 9 个优先区域共计 5497 万公顷,它们是根据生物群落边界、地形和气候因素的优先级值层客观划分的,占南非自然保护地的 43.36%。

（三）核心保护区外的"保护性租赁"

1. 保护性租赁内涵

保护性租赁(Conservation Leases)是生态系统服务与保护地役权(Conservation Easements)的进一步发展,是合法的私人土地保护组织或政府(市、县、州或联邦)拥有的权利。[2]随着生态保护的急迫性加强,地役权已在最初强调有利、相邻的私益性基础上增加了公益性,[3]在土地利用和生态保护方面起到了积极作

---

[1] G. I. Cowan, Nobusika Mpongoma and P Britton eds, *Management Effectiveness of South Africa's Protected Areas*, South Africa: Department of Environmental Affairs, 2010, pp. 7-9.

[2] Merenlender A. M et al., "Land Trusts and Conservation Easements: Who Is Conserving What for Whom?", *Conservation Biology*, Vol. 18, 1 (2004) pp. 65-76.

[3] 传统地役权是指为了利用自己土地的便利,利用他人土地或对他人的利用行为予以限制的权利。

用。对于特定土地区域，保护地役权通过限制土地所有者行使权利的范围，以达到某些生态保护目的。保护地役权最早于1956年在美国马萨诸塞州实施，通过经济激励合同方式，限制土地的利用方式和强度，确保生物多样性和土地整体的稳定性。[1]

与之相适应，保护性租赁则是保护地役权的一种特殊表现形式，是私人土地所有者通过与政府或社会组织签订租赁协议实现土地管理方式的生态性转变。具体地说，保护性租赁具有以下两个特征：①保护性租赁本质上是兼具公益性和经济性的公共地役权，是基于合意的契约式经济激励手段。②保护性租赁属于约定地役权，具有一定性、反类型化和非封闭性特征，[2]可根据当事人间的自由意志，以协商土地租赁目的、租赁期限与租赁方式等。

2. 保护性租赁实践

随着土地利用方式和利用目的在世界范围内产生重大变化，资源竞争加剧、生态保护空间丧失并严重威胁人类未来。[3]在过去10年中，肯尼亚Athi-Kaputiei平原的部分地区，土地价值每年升值超过11%，与国库券的平均10年回报率相当。Athi-Kaputie平原计划中的高土地价值和不断上涨的土地价格反映了野生动物的生存空间日益狭小。由此，"保护区外的野生动物保护"成为一种新型的土地利用形式。

自2000年4月，肯尼亚开始实施保护区外的保护工具——"野

---

[1] 参见高燕、邓毅："土地产权束概念下国家公园土地权属约束的破解之道"，载《环境保护》2019年第Z1期。

[2] 以地役权的发生根据为标准，可以将其分为约定地役权与法定地役权。例如，《意大利民法典》"地役权"章第3节所规定的"任意地役权"，即为约定地役权，而该章其他小节规定的强制地役权、依时效和依家父指定取得的地役权属法定地役权。

[3] Matiko D,"Wildlife Conservation Leases are Considerable Conservation Options outside Protected Areas: The Kitengela-Nairobi National Park Wildlife Conservation Lease Program", *Journal of Ecosystem & Ecography*, Vol.4, 2 (2014) p.52.

第4章 国家生态保护红线预防性救济的域外考察

生动物保护性租赁"（The Wildlife Conservation Lease，WCL）计划，该计划占地2500平方公里，非政府组织通过租赁私人土地的方式，确保野生动物能够在内罗毕国家公园和肯尼亚Athi-Kaputie平原间自由移动，其主要目标是通过全面保留邻近私有土地上季节性扩散区和迁徙走廊，确保内罗毕国家公园的长期生态可行性，以及提高当地土地所有者家庭的经济安全和生活质量。该计划由当地注册的非政府组织（NGO）野生动物基金会（The Wildlife Foundation，TWF）负责实施。2008年，全球环境基金（Global Environment Facility，GEF）借助世界银行授予野生动物基金会中型项目（Medium-Sized Project，MSP）级别的资助，试图扩大对"保护区外私人土地上的野生动物"的保护范围，并改变私人土地所有者对保护区内"家畜掠食者"的态度，以便接受迁徙的野生动物可以继续在他们的土地上移动。

WCL计划主要是通过财政奖励等激励手段来实现的，参加该计划的土地所有者将得到"家畜因外来野生动物的侵袭而死亡"的相应补偿，同时还可以获得固定的年度付款，无论他们是否失去家畜。在WCL计划中，野生动物基金会须与私人土地所有者签订合同，合同中他们须允许野生动物在其土地上自由移动并满足以下条件：①为了野生动物和可持续放牧的利益管理土地。②私人土地在租约期间不得安装任何围栏。③不得以任何方式耕种，开采或采石。④保护土地不受建筑物或任何其他结构的限制。⑤保护本土植物和树木。作为回报，每个家庭将每年被支付每英亩土地4美元的"土地使用费"。目前，世界银行全球环境基金的拨款目标是400个家庭和60 000英亩的土地，迄今已达到该目标的95%左右（见表4-10）。

表 4-10　WCL 项目的成果汇总

WCL 项目内容	预期成果	底线	项目结束（2012）
野生动植物使用合同承诺面积（TWF 与私人土地所有者签署的 WCL）扩大，并引入多年租约加强承诺	自愿参加的野生动物保护区面积增加到 60 000 英亩，至少 20% 的 WCL 为多年租约合同	10 000 英亩（2008 年）	61 067 英亩（2012 年）
参与/受益家庭数量增加到 400 个	148（2008）		417（2012）
支持能够维护野生生物和栖息地的关键土地政策；减少项目区内的人/野生动物冲突；在项目期间和之后增加 WCL 的资金数量和可靠性	土地利用总体规划（Land Use Master Plan，LUMP）作为项目区的关键规划框架实施		LUMP 被 Kajiado 郡议会采纳

在肯尼亚马赛马拉（Maasai Mara）地区，保护性租赁是在公共土地转变为个人所有土地的"产权改革"背景下实施的，即首先是对当地居民（尤其是贫困人口）私人土地所有权分配结果加以确认，而后在私人土地所有权框架内以租赁合同的方式对土地进行二次分配。[1]保护性租赁合同，不仅发生在私人土地所有者与投资者之间，也会直接或间接地塑造与其相关的社会关系。[2]通过正规化贫困人口的土地所有权和其他类型产权，可增加他们

---

[1] 参见付颖哲："论土地所有权的社会功能"，载《西部法学评论》2016 年第 2 期。
[2] 保护性租赁下的合同限制与土地所有权是捆绑的，具体涉及限制"采矿、兴建建筑、捕捉野生动物、砍伐森林取材"等。参见何思源等："基于细化保护需求的保护地空间管制技术研究——以中国国家公园体制建设为目标"，载《环境保护》2017 年第 Z1 期。

第4章　国家生态保护红线预防性救济的域外考察

的投资机会，例如，租赁耕地，出售土地和获取野生动物的回报，或提供更好的信贷和金融市场准入，释放其持有资产的资本潜力，最终改善贫困人口生活质量。在2004年的研究中发现，马赛马拉同一地区的家庭年平均收入约为2625美元，这当中单纯的保护性收入仅有600美元左右。而通过保护性租赁可获得的收入远超过其从旅游和单纯保护中获得的收入。[1]

此外，肯尼亚2010年颁布的新宪法已将治理权移交给次国家级-县级行政单位，这为当地土地所有者参与管理生态资源提供了更多机会，如政府还可通过向城市居民支付土地租赁费进一步寻求增加内罗毕国家公园的收入分享机会。土地部（The Ministry of Lands）、当地牧区土地所有者和Kajiado县议会制定的土地利用总体规划（Land Use Master Plan，LUMP）允许在开放的牧场设置最小的60英亩土地，以供野生动物活动。此外，政府还开发了一系列整体的合作保护干预措施，包括牲畜补偿计划、生态旅游社区保护和加强反偷猎工作等。

五、本章小结

域外多数国家和地区与我国自然资源的国有（或集体）属性具有本质不同，是基于"国家所有"和"私人所有"并存的资源保护和管理制度，但可以为我国最严格的生态空间保护制度构建提供启迪。本书主要介绍美国、欧洲与非洲地区的资源保护和管理制度。

第一，美国国家公园系统。中国的"单一制"和美国的"联邦制"是截然不同的国家结构形式。而随着美国国内市场的日益

---

[1] Claire Bedelian, *Conservation and Ecotourism on Privatised Land in the Mara, Kenya: The Case of Conservancy land leases*, The Land Deal Politics Initiative, 2012, p. 5.

国家生态保护红线的法律保障与预防性救济

成熟与其国际地位、综合国力的稳定显著提升，美国较为固化的二元联邦模式形态趋于平缓，复杂多变的国际环境和越来越合为一体的市场经济均督促美国进行单一且集权的路径抉择。事实上，行政国家现象的集中出现和美国总统权力的愈发强大，均可以作为美国政府日益集权化重大转向的典型例证。从更广阔的视角看，单一制和联邦制也在"不知觉"中打破原先泾渭分明的结构形式界限，正呈现出明显的融合趋势，美国"合作联邦主义"甚至在不断超越二元联邦主义并占据主导地位。因此，当联邦制借鉴单一制的优点时，中国作为典型的"单一制"国家，也完全可以在考虑国情的情形下有限制地、有选择地参考联邦制的某些制度特色。具体地说：①在监管方面，1916年美国国会通过的《国家公园管理局组织法》作为国家公园系统统一管理和运作的根本依据，具有软而无声的双重授权，"生态保护"和"公民享受"是美国国家公园系统的双重任务，这使得国家公园管理局在做出具体行政决策时拥有广泛的自由裁量权，而与之抗衡的中坚力量则是以保护为导向的公民团体。经过一系列环保组织主导的公民诉讼，《野生和风景河流法案》（Wild & Scenic Rivers Act）改善并覆盖"组织法"授权模式，增强了对国家公园管理局机构行政行为以及后果的司法审查力度。②在国家公园的界限识别与划定方面，国家公园一般经过一系列侦察调查、边界配置研究、公众参与等严格程序，通过国会最终审核而决定是否添加到国家公园系统。在国会决定建立新公园前，国会委员会通常就拟议增加的国家公园区域项目举行听证会，并向内政部长提出建议，以此判定是否符合国家既定标准。③在国家公园界限内外的利益博弈方面，美国国家公园内部允许通过特许经营、商业开发授权、租赁协议三种经营形式进行不破坏公园环境和动植物资源的商业活动，其中，特许经营制度是生态资源保护市场化融资的重要手段，并受到多重

第 4 章　国家生态保护红线预防性救济的域外考察

严格限制，比如特许经营管理咨询委员会作为特许经营第三方监督和建议主体，要求特许经营者严格实施与消耗性利用生态资源无关的服务，且仅可采用标准化的特许经营格式合同。此外，1970 年红杉树国家公园案件体现了矛盾有可能来源于公园界限外的活动，公园内野生生物和公园界限外私人家畜间的相互作用会产生巨大矛盾，因此正确认识并把握"界限"的地位，加强对于保护区内外"不受控制"的野生动物的保护和管理也是十分有必要的。

第二，欧洲生态网络系统。欧洲的生态网络系统主要包括两个，即"泛欧生态网络"以及"欧洲绿道"。①就泛欧生态网络的构建而言，它是欧洲生态网络体系的核心，立足于建立欧洲各国间保护区连贯网络，并试图与其他适宜的栖息地区域相结合，最终长效化地维护欧洲的主要生态系统、栖息地和物种。其中爱沙尼亚被认为是第一个发展生态网络概念，并将该模式拟订成一项全面计划和执行方案的国家。此外，摩尔多瓦也是在早期实施国家生态网络的国家，与爱沙尼亚生态网络相比，摩尔多瓦更注重公众参与的广泛性和土地利用方式变化，比如它试图在原有法律中引入出于保护目的强制购买土地的可能性。以此为借鉴，西欧的生态网络模式愈加复杂化和系统化。西欧生态网络的构建不仅集中于保护和可持续利用优先生境的目标，而且寻求一种更广泛、更复杂、更具结构性的综合性管理立法和规划措施。②就欧洲生态网络的结构而言，欧洲生态廊道即"绿道"是生态网络核心区的重要补充，用以保护开放式生态空间，凸显生态网络的层次性、复合性和自然框架的等级性。相较于核心区专注于生态网络的自然生态过程和生态功能，绿道则将美学功能、社会心理功能、娱乐功能等社会功能纳入其中。③就欧洲生态网络的土地利用方式转变而言，生态网络不能完全基于物种分布数据，必须基于更长期的土地规划战略。政府非常重视利益相关者的实质性参与，并会根据土地利用趋势背景来确定生态网络区，将"自上而下"的强制性公共土地行政管理转化为"上下互动"的"政府-私人"双边合作管理。

第三，非洲生物多样性保护系统。①就管理方式而言，非洲纳米比亚通过赋予贫困人口生态资源管理权力，使他们在治理问题上有更强的发言权，能够更好地保护自己的利益和资产。20世纪90年代初，非洲纳米比亚独立后政府采取包容性政策和立法，将权力分散并下放至当地公民尤其是贫困人口的管理中。但"去中心化"的社区生态资源管理还面临着法律不确定性相关问题，特别是与土地使用权、野生动物的冲突及管理相关领域。②就优先保护区的识别而言，2004年南非国家生物多样性机构展开了第一次的"国家空间生物多样性评估"，通过提供明确的目标、优先事项和指标，旨在资源有限的情况下，确定将保护优先领域纳入国家和省级政府的生态空间保护实践。它主要从三个方面进行考量，即扩大南非正式保护区网络，将紧急行动重点放在受威胁的生态系统上。南非政府与生产部门、私人以及土地和资源的其他使用者合作，寻求机会将生物多样性与优先地理区域的经济发展联系起来。"优先性评估"应以生态系统相关的动态科学性指标为基准。③就野生动物的保护来看，核心保护区的内外应该就保护管理方式进行相互协调和衔接。自2000年4月，肯尼亚开始实施保护区外的保护工具——"野生动物保护性租赁"计划，非政府组织通过租赁私人土地的方式确保野生动物能够在内罗毕国家公园和肯尼亚Athi-Kaputie平原间自由移动。保护性租赁是保护地役权的一种特殊表现形式，是私人土地所有者通过与政府或社会组织签订租赁协议实现土地管理方式的生态性转变。相似地，在肯尼亚马赛马拉地区，保护性租赁是在公共土地转变为个人所有土

第4章　国家生态保护红线预防性救济的域外考察

地的"产权改革"背景下实施的，通过正规化贫困人口的土地所有权和其他类型产权，可增加他们的投资机会，例如，租赁耕地，出售土地和获取野生动物的回报，或提供更好的信贷和金融市场准入，释放其持有资产的资本潜力，最终改善贫困人口的生活质量。

第三编

"红线"预防性救济的法律制度构思

第 5 章
国家生态保护红线的预防性法律保障制度基础体系

一、国家生态保护红线的立法框架

(一) 红线的再界定: 以协调主体利益关系为中心

通过第 4 章的域外探究,我们不难发现,无论是较为发达的美国、欧洲地区,还是经济发展较落后的非洲地区,其生态空间管理和自然资源保护均离不开民众,尤其是熟悉地方文化风俗的当地居民积极参与。例如,美国经过一系列环保组织主导的公民诉讼后,《野生和风景河流法案》改善并覆盖《国家公园管理局组织法》授权模式,增强了对国家公园管理局行政行为以及后果的司法审查力度,这为我国生态保护红线相关的环境行政公益诉讼制度与司法审查制度构建予以启示。就欧洲生态网络的土地利用方式转变而言,政府非常重视利益相关者的实质性参与,并会根据土地利用趋势背景来确定生态网络区，将"自上而下"的强制性公共土地行政管理转化为"上下互动"的"政府-私人"双边合作管理，这为我国以各类土地利用规划为基础框架、基于保护地役权制度建立的红线合同关系提供了借鉴。

从一般层面上来说，本书将"红线"作为一个描述性的通用概念使用，指的是政府在环境治理中实施的最严格的强制性环境规制手段。从历史发展角度看，无论是在理论上还是在社会公共事务运作过程中，"红线"都是一个具有特定含义的现代话语。它代表了一个强制性规范框架，框架内各主体通过采取联合行动使不同利益得以协调。而从更深层次意义上来说，本书所欲构建的"多元共治型"红线是适应现代化环境治理的综合性、基础性规制方式，它是对域外保护地制度的理论深化和中国特色的实践展开，它的规制对象既包括公众，又涵盖政府自身。在这个意义上，理想的"多元共治型"红线的运作过程是以协调主体利益关系为核心，体现为对公权力运作方式和运行效果的斧正，并具有以下几个方面的意义。

第一，"多元共治型"红线之根本目的在于，通过交换信息、相互理解和及时沟通，衡量并协调不对等主体间利益关系，以有效缓和政府环境规划权与公民环境权的冲突。"多元共治型"红线意味着有多个决策中心，不再是上下等级式的垂直结构；意味着参与者可通过展开不同层面的契约型或合作型事务，能动地创立治理规则。[1]如通过对行政机关预设义务、加重行政机关或人员的责任承担、加强行政合同等协商性行政手段运用，调和行政机关与公众的不平等权力关系，在此过程中公众更具自治性和社会

---

〔1〕 参见吴瑞财："多中心治理视野下的社区治理模式初探"，载《内蒙古社会科学（汉文版）》2010年第1期。

第 5 章　国家生态保护红线的预防性法律保障制度基础体系

性，最终达致公共利益与个体利益的适切。若以传统行政国家的思维模式，国家生态保护红线主要规制对象理应为社会一般公众，国家生态保护红线设置的目的，是防止公众肆无忌惮的开发建设活动，这会影响红线区的生态系统稳定或对其内生态资源造成无法修复的损害。而在"多元共治型"红线模式下，国家生态保护红线可作为约束权力者的"环境规划裁量基准"，并借助红线规划的司法审查、规划环境影响评价或环境行政公益诉讼等制度形式，不断压制、消化政府的自由裁量行为（见图 5-1）。如各地红线规定中，或多或少明确地方政府"违规划线"和"违规审批"应承担的政治和法律责任。由此，"多元共治型"红线强化了生态空间管控中的政府义务，改变过去以政府为核心的"自上而下"规制模式，将社会公众纳入其中，使其以积极能动和相对平等的姿态参与到红线治理中。

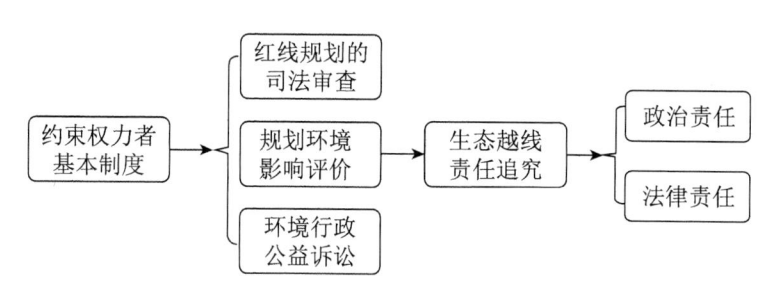

图 5-1　生态保护红线的权力约束基本制度

第二，"多元共治型"红线的作用范围主要集中于地市级单元社区。实施弹性且多样化、以社区为单元的自主性治理，克服"搭便车"行为和机会主义诱惑，这在很大程度上将增强政策的公信力和公民参与的动力。"多元共治型"红线是相对于仅以政府为中心的社会秩序和治理结构，它颠覆了传统秩序行政下由行政机构单方面决策、实施与管理的境遇。如埃莉诺·奥斯特罗姆教授在多中心治理理论中，预先假想凭借公共物品的制度供给、可信承诺、相互监督等措施化解市场失灵和政府失灵带来的困难。在处理好这三个问题后，社区居民才有可能通过自筹资金，或自主合约形式解决公共物品的供给问题。[1]因此，在当前制度设置有限、制度实施成本较低的情况下，将"多元共治型"红线实施权下放至小范围的地市级社区较为适宜，使社区内部不断增强抵御生态风险的能力，公民和社会组织亦将真正有效地自主参与、自我服务。

（二）立法框架：以明确红线法律地位为前提

根据上述分析，不难发现，国家生态保护红线立法一直停留在"形式上的法"层面，立法层级低，多以"地方利益主导"的地方性法规和规范性文件为主。立法质量与精细化程度不足，法律规定存在重复或冲突、原则性规定较多。[2]法律制度的科学性、体系性、可操作性弱，政府义务分配与责任承担不明晰。而一部统一、稳定的国家生态保护红线立法能够从根本上彻底解决我国生态空间保护领域所面临的制度规范困境，及现实不适应性瓶颈。国家生态保护红线，作为环境法制度体系的基本组成部分，应在中央立法中明确，并通过地方立法加以具体化，限制（或禁止）可能有损特殊重要生态空间的、不利于离散保护和整体涵养功能的国土空间开发利用行为。[3]因此，在国家生态保护红线的立法问题上，我们既要坚持国家法律规则的统一性、普遍性，又要维持红线实施的"地方性"，重视生态环境民间规则的地域性与自发

---

[1] 参见［美］埃莉诺·奥斯特罗姆：《公共资源的未来：超越市场失灵和政府管制》，郭冠清译，中国人民大学出版社2015年版，第34—44页。

[2] 参见周珂："我国环境立法价值与功能之方法论研究——兼论彭真环境立法方法论"，载《政法论丛》2019年第5期。

[3] 参见刘超："生态空间管制的环境法律表达"，载《法学杂志》2014年第5期。

第5章 国家生态保护红线的预防性法律保障制度基础体系

性。[1]在此之上,通过对协商式环境民主规范体系中程序理性的强化,明确政府对红线的划定和实施义务,脱离公权力主体的权力滥用桎梏,改变环境私主体权利难以保障的弱势地位,构建符合中国国情的、可实施性较强的、中央级别的生态保护红线立法框架。由此,本书建议以《环境保护法》为上位法,制定全国范围内公开施行并可作为地方红线立法基准的生态保护红线管理办法,围绕生态保护红线基本原则、基本规划方法、基本实施规则等内容进行总体立法设计。[2]具体地说:

第一,应首先明确生态保护红线在国土空间规划体系和生态空间立法中绝对的核心地位。2018年4月,国务院机构改革后,分别设立"自然资源部"和"生态环境部"[3],将"生态"和"环境"相分离,自然资源部负责建立国土空间规划体系,自上而下逐级统筹划定落实三条控制线,明确了生态保护红线在国土空间规划体系中的核心和首要地位。在国土空间规划中,应按照"先生态、后农业、再城镇"的原则,首先,根据不同红线区的特色属性,制定极具区域特质的生态空间保护标准和管控措施,同时赋予管控级别不同的红线区域相对应的开发建设活动准入资格,确保Ⅰ类红线区内没有基本农田和新增城镇建设用地。其次,须将农田线和城镇线界定清晰,将散落于各处的基本农田归置于城镇

---

[1] 比如世代生活在红线区内的世居民族形成了与周围自然环境相融合的生产生活方式,政府的区域规划必然影响世居民族的环境权利实现。为此,苏力教授曾指出:国家法与民间法的妥协与合作对于缓解各方利益主体的冲突是至关重要的。参见余俊、廖柏明:"生态保护区内世居民族发展问题的法律对策分析——以珠江水源林区域为视角",载《生态经济》2014年第7期。

[2] 参见曹明德、王琪:"论生态保护红线及其立法思考",载《清华法治论衡》2016年。

[3] 国务院机构改革前,生态保护红线、永久基本农田、城镇开发边界三条控制线分别由国家不同部委主导划定,存在划定过程统筹协同不够、划定结果交叉重叠、实施管理困难等问题。

开发边界外部。最后，在生态线、农田线和城镇线不重叠覆盖的基础上，尽量确保此三类空间相辅相成、协调运作。

第二，应明确生态保护红线的本质属性和立法目的。从属性上看，国家生态保护红线是以生态空间治理手段的强制性、治理主体多元性、治理体系的复合性和开放性为基本特征的"多元共治型"红线。它借助公权力机关和民间组织的合作、强制性法律规范和任意性法律规范的合作、公法手段和私法手段的合作，彻底改变过去环境规划权难以被约束、环境规制对象仅为私主体的窘境，对公权力形成强而有力的督促、监控和制衡机制。[1]如应明确环境行政部门审批权、许可权的权力界限及相应的责任承担方式，并结合权责一致原则，从根本上改变传统环境规制的实施流程和运作程序。就立法目的而言，[2]国家生态保护红线，是基于不确定生态环境风险的预防性生态空间保护制度，并以构建结构完整、功能稳定的生态安全格局为终极目标，它能够通过客观明确的规划标准规制公权力恣意下的环境规划行为或越线破坏行为，对生态系统"由结构性破坏向功能性紊乱之趋势"产生实质阻碍作用。因此，应明确立法目的为"促进经济建设和环境保护协调发展，维护生态系统的稳定和国家生态安全"。

第三，应明确生态保护红线的划定标准和划定基础范围。如

---

[1] 这也就要求传统环境行政规制手段的及时转型，以更加有效的工具消除建立在第一代环境问题基础上环境行政规制手段的缺陷，借由"以市场为基础"的管理工具替代"命令-控制"型手段要求，在国内和生态系统层面上综合解决环境治理问题。参见孟春阳、王世进："生态多元共治模式的法治依赖及其法律表达"，载《重庆大学学报（社会科学版）》2019年第6期。

[2] 立法目的的研究对于法学研究和法律实践意义重大。本书所提出的生态保护红线立法目的，即指立法权力主体在生态文明等理念的指导下，从可供选择的自由、公正、平等、安全等法律价值名目体系中，为规范性、权威性法律规范所选择并设定的价值目标。参见竺效："论生态文明建设与《环境保护法》之立法目的完善"，载《法学论坛》2013年第2期。

第5章 国家生态保护红线的预防性法律保障制度基础体系

前文所述，由于当前我国禁止开发区等最重要、最珍贵的国家生态空间存在范围不清、界定困难的情况，[1]有的红线区范围甚至极度小于最基本的生态空间保护底线范畴。为了使地方红线区类别基本一致，我国地方政府现阶段可以"自然保护地立法中明确规定的核心区域为划线基础、辅之以科学评估方法"，使各地红线"初步落地"（见表5-1）。当前我国自然保护地体系的整体性、系统性建设为陆地红线划定提供了有益借鉴，特别是自然保护地的核心区应全部纳入生态保护红线范畴，实施最严格的管控措施。而核心区域外的红线划定应对生态系统阈值和其他可测量属性进行国土空间分布层面的差异化、整体化考量，如运用生态学方法预测、量化其未来可能产生的生态价值，并采取可获得的技术手段确定合理科学、连贯的红线区面积，在此基础上，严格明确相关产业的准入机制并实施精细化监管。

表5-1　生态保护红线的划定范围构想

	保护区域名称	主要规范性文件	红线区域
1	世界文化自然遗产	《保护世界文化和自然遗产公约》	所有
2	国家公园	《建立国家公园体制总体方案》	核心区
3	自然保护区	《自然保护区条例》	核心区
4	风景名胜区	《风景名胜区条例》	核心景区
5	森林公园	《森林法》《森林公园管理办法》《国家级森林公园管理办法》	核心景区

---

[1] 根据前文所述，《生态保护红线划定技术指南》《全国主体功能区规划》《全国生态功能区划》及《全国生态脆弱区保护规划纲要》中对上述区域的划定标准不尽完善，国家相关部门也未发布边界清晰的分布图。

续表

	保护区域名称	主要规范性文件	红线区域
6	地质遗址保护区（地质公园）	《地质遗迹保护管理规定》	一级保护区
7	水利风景区	《水利风景区管理办法》	核心景区
8	湿地区域	《湿地保护管理规定》	国家、省级重要湿地
9	饮用水水源保护区	《水污染防治法》《饮用水水源保护区污染防治管理规定》	一级保护区
10	公益林地	《森林法》《国家级公益林管理办法》	一级国家级公益林

第四，应明确生态保护红线的基础性实施原则。根据生态保护红线在国家环境体系中的核心地位和其作为环境规制手段的特殊性，应确定其基本原则为生态空间保护优先原则，分级保护、科学布局原则，信息公开、公众参与原则，权责明确、损害担责原则等。应针对不同红线区的不同生态阈值、生态敏感性、生态保护对象主要类型等因素进行多层次、综合性考量，实施分级管控，对于禁止一切开发建设项目的Ⅰ类红线区，[1]可通过调整产业结构、发展低耗能或环保产业以弥补经济发展机会损失。其中应特别注意的是，红线划区对象范围往往是相对封闭的生态空间，与当地居民关系密切。利益相关人员广泛的公众参与决定了红线区各项法规能否正式确认和有效施行。以公众参与为基本原则，

---

[1] 其中具有极重要生物多样性保护、水土保持、水源涵养等，生态系统服务功能区域及生态环境极敏感、脆弱区域，如"自然保护区的核心区和缓冲区、饮用水水源一级保护区、野生近缘种分布区"等区域，应当划为Ⅰ类生态保护红线区，禁止一切开发建设活动。未纳入Ⅰ类部分的生态保护红线区，为Ⅱ类生态保护红线区，禁止工业、矿产资源开发、商品房建设、规模化养殖及其他破坏生态和污染环境的建设项目。

第5章　国家生态保护红线的预防性法律保障制度基础体系

即通过签订相关协议、生态补偿等方式，鼓励当地居民积极参与到红线区管理活动中，并获得相应补偿，将"命令-控制"型封闭管理转变为积极的"多元共治"，进而大幅度"缓和"甚至"消解"红线区居民经济利益发展与生态空间保护的深层次冲突。同时，鉴于国家生态保护红线的"控权本质"和"禁权功能"，权责明确、损害担责原则不只适用私主体，还应针对公权力主体产生一定法律效力。[1]

第五，应明确生态补偿、生态移民等与红线整体性实施密切相关的法律保障制度。从环境规制改革与创新的视角来看，国家生态保护红线作为极具革命性与生命力的生态空间管制制度，彻底颠覆了传统公权力自上而下的、强权至上的运作模式，为公权力深度自我反省和自我审视提供了多重维度。而当前的红线运作缺乏系统的配套保障制度，生态补偿等关涉红线区主体切身利益的各类制度均不到位。实际上，围绕生态保护红线制度的很多问题，并不仅仅是红线规划（包括划定、调整审批程序）等环境规制方式本身引起的，而是多重因素共同作用的结果。红线关联性保障制度建设，涉及很多领域，包括国务院机构改革、国土空间规划、生态空间管制、风险规制、生态安全监测、野生动物保护等。其中，尤为重要的是公权力运行与相关利益群体的衔接部分，强调公众的实质性参与制度构建。公众借由各种可获得的制度形式，表达某种利益诉求或寻求一定的合理期待，并与行政机关就红线区管理的内容和方式不断沟通、斡旋，实现生态空间管控中最广泛意义上的多主体良性协商互动。[2]

---

[1]　参见秦天宝、张庆川："'美丽中国'语境下生态保护红线的法律保障"，载《贵州法学》2014年第9期。

[2]　参见王学辉、王亚栋："行政法治中实质性公众参与的界定与构建"，载《法治研究》2019年第2期。

二、国家生态保护红线的立法重点

（一）主体要素：以设置独立红线管理机构为导向

当前国家生态保护红线的划定主体复杂、划定机构职责重叠不清，基于红线落地的可行性和实施的强制性，各级人民政府应设立由各环境行政部门负责人组成的独立红线管理机构——"生态保护红线联席会议"或"生态保护红线委员会"，相关事项直接向该级别政府首脑报告并接受监督，由此形成各生态环境相关部门的合作和协同监管模式。高吉喜曾提出，跨部门的、专门性的生态保护红线划定领导小组和工作组有利于各环境行政部门主观能动性的发挥和整体性保护水平的提升。[1]具体地说：

第一，在横向上，应设立独立且自主性较强的红线管理机构。"专门机构负责制"是域外较为常见的生态环境监管方式。如根据第4章所述，美国《国家公园管理局组织法》规定国家公园管理局专门负责国家公园的划定和监管，国家公园管理局总部负责美国7个区域公园体系的收集信息、资源保护、政策制定、战略规划、科研教育、公众参与等项目开展及特许经营管理工作。[2]德国的"规划确定程序"亦规定"涉及多部门利益的行政规划，应通过听证等方式，将多个行政机关的事权集中到统一的规划确定机关"，达到规划目标和规划手段的一致化。[3]

目前，沈阳市已采纳此种做法，根据《沈阳市生态保护红线管理办法》第5条规定，通过环境保护、发展改革、土地规划等多部

---

[1] 参见高吉喜："探索我国生态保护红线划定与监管"，载《生物多样性》2015年第6期。

[2] 此外，英国《国家公园与乡土利用法》中规定自然保护地由自然保护委员会专职负责，新西兰《国家公园法》中规定自然保护地由自然保护局负责监督管理。

[3] 参见郭庆珠："城市地下空间规划中的生态导向及其立法保障——以行政规划权的'生态界限'为核心"，载《理论导刊》2014年第9期。

第5章 国家生态保护红线的预防性法律保障制度基础体系

门联席会议的形式，建立生态保护红线划定、调整、管理、监督等重大事项的工作协调机制。[1]若启动"专门机构负责制"，应根据地方条件，主要考虑以下要素：①该独立的"生态保护红线联席会议"或"生态保护红线委员会"应具有合法的资质、明晰的职能权限和明确的责任归属，如该机构应有权划定、调整红线区，批准红线区管理计划，承认红线区利益群体可作为管理主体，有权与公众协调相关协议内容等。②鉴于红线区的设立和管理涉及不特定多数人环境利益，国家级红线区委员会和地方级红线委员会应分而治之，并由本区域的地方政府领导组成，即国家级红线区应由各环境行政部门负责人共同组成最高级别的红线管理委员会，直接向自然资源部负责；地方级红线区管理委员会应由地方政府领导组成。③部分红线区（如长江流域、渤海湾等）分散于多个不同行政区域，针对此种管控难度较大的红线区可设置跨区域的统一监管机构，应彻底打破刻板僵化的行政区域限制，整合全部红线区信息、资源和监管力量，统筹红线区规划并实施相关保障制度。

第二，在纵向上，应构建央地双向制约的权力配置机制。红线运作中的上下协同治理，依赖于"中央和地方环境规划权的合理配置"。当红线区内环境容量和自然资源消耗量达到上限后，一方面，上级部门应自我限制规划权，下级部门亦应与之相配合，作出顺应上级部门自我约束的行为。另一方面，由于中央政府的规划权和审批权消耗的是地方有限的环境容量与自然资源，在大环保机制下赋权至地方政府，以约束中央政府的规划权和相应的审批权也是必要的。由此，在纵向上红线管控机制应既具有上级约束下级行为，又具有下级反向制约上级、防止上级任意规划审

---

[1]《沈阳市生态保护红线管理办法》第5条规定，"市人民政府建立生态保护红线管理工作协调机制，组织由环境保护、发展改革、土地规划、财政、林业、水利、农业、城建、行政执法等部门参加的联席会议，研究决定生态保护红线划定、调整等重大事项。"

批消耗下级政府自然资源和环境容量的情况,从而彻底改变"上级点菜、下级买单"的恶性循环模式。

(二)责任功能:以落实政治责任和法律责任为目标

国家生态保护红线,将行政机关及其工作人员纳入规制范畴,彻底改变了过去以私主体为主要规制对象的管控模式,对政府在生态空间保护中出现的规划不当、实施不力等问题,施以相应的及时救济措施,并划归相应的政治责任和法律责任,事实上,这也是国家民主政治的应有之义。[1]具体地说:

第一,在法律责任方面,生态保护红线法律责任同时具有公法责任和私法责任双重性质。法律责任的实质是法律义务的一种具象映射,是法律义务的一种特殊存在形式,相应地,红线法律责任即以"不得违背红线区生态保护目标进行肆意规划,或实施破坏性的开发建设、资源利用活动"这一法定义务为前提。王灿发教授认为应对生态红线区域内造成生态破坏的责任人追究民事、行政和刑事的责任,即越线行为人应承担公法或私法责任。[2]本书认同此种观点。就公法责任层面来说,生态保护红线设置的根本目的在于维护生态安全和生态系统稳定、防治生态风险等一系列环境公共利益,国家以强制力保障公权力在行使过程中不受亵渎和侵犯,以达致维护公共利益和公共秩序的目的。同时,监督红线区内公权力(特别是环境规划权)是否能够正当行使至关重要。[3]相关

---

〔1〕 张贤明认为,民主政治是责任政治,涵盖政治责任和法律责任两个面向。参见张贤明:"政治责任与法律责任的比较分析",载《政治学研究》2000年第1期。

〔2〕 现代法学一般认为,凡涉及公共权力、公共关系、公共利益的法即为公法,如宪法、刑法、行政法,而凡属个人利益、个人权力、平权关系的法即为私法,如民法、商法。相应地,法律责任也分为公法责任和私法责任。参见王灿发、江钦辉:"论生态红线的法律制度保障",载《环境保护》2014年第Z1期。

〔3〕 参见张秉民、陈明祥:"论我国公法责任制度的缺陷与完善",载《法学》2006年第2期。

第5章 国家生态保护红线的预防性法律保障制度基础体系

行政人员违法行为按照其表现形式，可分为"作为式违法行为"和"不作为式违法行为"。[1]环境行政机关主管人员"未依据法定标准划定、调整审批生态保护红线"，或"急于组织红线内大规模生态项目建设、生态移民"等方式实施违法行为的，应以该行为是否构成犯罪为界限，依次划归刑事责任或行政责任（见表5-2）。而在"造成了重大环境污染事故，致使公私财产遭受重大损失或者人身伤亡的严重后果"等极端恶劣情况下，私主体亦须承担刑事责任。如"王某等污染环境、诈骗案——在风景区内倾倒填埋垃圾构成污染环境罪"[2]中，被告在未获有关部门批准或行政许可的情境下，为赚取填埋费而将垃圾非法倾倒、填埋至不具备垃圾处置功能的红线区内（西山岛宕口），致使公私财产损失高达人民币828万余元，构成"污染环境罪"。而就私法层面来说，如前文所述，通常可借助"环境公益诉讼"或"生态环境损害赔偿诉讼"途径，责令违法主体承担停止侵害、修复红线区环境损失等民事责任。

表5-2 行政主体与私人主体的红线责任内容

	行政主体	私人主体
不作为	未依法划定、调整审批红线；未按照规定树立红线保护标志；	无
	未按照规定履行红线监管职权；未对违法建设依法查处或处置不力等	

---

[1]"作为式违法行为"是指行为人以积极的身体行动做法律所禁止的行为，例如，行政主体不按照规定审批红线区建设项目；而"不作为式违法行为"是指行为人在能够履行自己应尽义务的情况下不履行该义务，例如，行政主体对生态红线区未设立明显标志的。当前行政主体生态保护红线违法行为一般具有"作为"或"不作为"两种形式，而私人主体破坏红线一般表现为积极的越线行为。

[2] 江苏省苏州市中级人民法院（2017）苏05刑级933号。

续表

	行政主体	私人主体
作为	审查、处理不符合开发建设管理目录的建设项目；未按规定组织红线区生态项目建设、生态移民；破坏红线基本要求、不顾环境承载力决策等	擅自破坏或移动红线标志；焚烧落叶、私搭乱建，私自挖沟、筑坝、开采地下水；擅自取土、开矿；破坏林木、草原，捕杀、野生保护动物；非法排放污水、污染物、有毒有害物质，或倾倒固体废弃物；超过污染物排放标准排放污染物等

第二，在政治责任方面，国家生态保护红线责任制度是中国特色"生态问责制"重要的外在表现形式。生态问责制本质是政治责任追究制度体系，具有问责性质的公益性、问责功能的两重性、问责主体的多元性等特征。国家可依靠法治化、有序化的手段确定问责边界和问责程序，以此对"各级政府部门及其工作人员"在生态环境保护和治理中所承担的责任和义务予以确认。[1]党的十八大以来，习近平总书记明确强调党政领导干部的"终身追究责任"对绿色发展和生态文明的基石作用。[2]当前以生态保护红线责任制度为核心的中国特色的生态行政问责制具有一定进步性，是"多元共治型"环境治理模式与更为严格的政府生态责任的融合。[3]生态行政问责制强调引导性、前瞻性，强调生态环境不可逆损害发生前的"事前问责"，以取代盲目决策、发生严重损害后的"事中和事后"责任追究。《党政领导干部生态环境损害责任追究办法（试

---

[1] 参见司林波、徐芳芳："德国生态问责制述评及借鉴"，载《长白学刊》2016年第5期。

[2] 参见胡洪彬："生态问责制的'中国道路'：过去、现在与未来"，载《青海社会科学》2016年第6期。

[3] 参见黄爱宝："论中国特色的生态行政问责制"，载《探索》2013年第4期。

第5章 国家生态保护红线的预防性法律保障制度基础体系

行）》第5条[1]亦明确了"地方党委和政府主要领导成员"等领导干部在红线规划与管理中，违反生态保护底线要求的，亦应承担强制性的、严苛的政治责任。政治责任和法律责任相互关联，却又无法相互替代，二者在属性、适用程序、适用规则等方面具有显著区别。单纯的法律责任不足以完全弥补生态环境损失，而政治责任在某种程度上能够弥补传统法律体系的生态层面缺失，促使其成为一个更完善的循环闭合社会系统。一方面，政治责任的适用具有优先性，它是检验行政机关及其工作人员"政治信任度"的重要指标，其相对规范的形式为对国家权力机关的问责、质询和罢免机制[2]。另一方面，政治责任是对法律责任的明确和深化，不仅是对行政高官的权力运用内容和手段的及时"监控"，还是判断其是否正当履行"政策性法律行为程序"的基本评价。根据《党政领导干部生态环境损害责任追究办法（试行）》，生态保护红线政治责任是在"权力行使上划定根本性红线"，政治责任主体既要为自己盲目规划、超越红线规定的行为担负政治责任，还要为下属违规审批等无视生态底线的行为担负连带责任。[3]

根据上述分析，地方生态保护红线须对红线责任制度予以明确，并以现有法律规定（如《生态环境损害赔偿司法解释》）为基础确定逾越和无视"红线"之政治责任和法律责任。就政治责任而言，生态保护红线的考核结果应直接关系到领导干部能否继续任职或顺利升迁，若发现考核结果因决策失误等原因不达标，

---

[1]《党政领导干部生态环境损害责任追究办法（试行）》第5条第1款第3项规定，"违反主体功能区定位或者突破资源环境生态红线、城镇开发边界，不顾资源环境承载能力盲目决策造成严重后果的"，应当追究相关地方党委和政府主要领导成员责任。

[2] 参见刘长兴："环境保护的国家义务与政府责任"，载《法治论坛》2018年第4期。

[3] 参见曹明德："生态红线责任制度探析——以政治责任和法律责任为视角"，载《新疆师范大学学报（哲学社会科学版）》2014年第6期。

则施行红线考核一票否决制,以此彻底更正政府官员"以经济为中心"的单一片面的政绩观。就法律责任而言,应加大对相关行政人员违法红线规划、怠于履行红线职权或无视红线目标等行为的处罚力度。古罗马伟大思想家西塞罗认为,"一种负责任的政治生活"需要将责任主体、责任内容和归责方式作精细化处理。随着现代性不断演进与生态环境面临的不确定风险与日俱增,生态环境保护需要一统化、标准化的社会共同行动。因此,红线责任主体、责任内容的明确化和精细化,以及权责统一的问责制度体系构建至关重要。

三、国家生态保护红线法律保障制度建构路径

(一) 构建以生态保护红线为核心的生态空间管控体系

1. 生态空间管控体系内涵

生态空间管控体系的建立,预示着我国环境法规制对象正由"单体环境要素"向"多元复合型整体生态空间"转变。《中共中央关于全面深化改革若干重大问题的决定》第一次在中央层面使用"生态空间"概念,并进行生态空间的类型划定、确权登记和用途管制等制度设计。《自然生态空间用途管制办法(试行)》提出"分级化的管控模式"和"指标化的管控方式"。[1]我国立法虽没有对"生态空间"赋以明确定义,相关文件却明确生态空间作为"为维持自身生存与繁衍的环境总和",对整体国土空间发挥的铺垫性、基石性作用。[2]一般认为,生态空间管控是基于国家生态功能和

---

〔1〕《自然生态空间用途管制办法(试行)》指出,从自然生态空间用途管制的定位上,应将管控措施覆盖到全部自然生态空间;在管控模式上,应采用分级管理的模式;在管控依据上,通过协调各空间规划,构建空间规划体系;在管控方式上,不仅注重指标的控制,还注重空间的落地。

〔2〕《全国主体功能区规划》中详细列举生态空间的构成,包括绿色生态空间及其他生态空间。绿色生态空间包括天然草地、林地、湿地、水库水面、河流水面、湖泊水面,其他生态空间包括荒草地、沙地、盐碱地、高原荒漠等。

第5章 国家生态保护红线的预防性法律保障制度基础体系

国土空间规划，基于生态分区的不同功能，从战略和全局的角度对国土空间实施分级和分类管理，进而实现国土空间的统筹优化。[1]通常而言，过去的生态空间管控是以禁止、命令、许可等传统行政干预措施为手段的"危险（损害）排除范式"，它的合理性依据是"谁破坏，谁恢复"原则。而生态空间管制作为新近的具有整体性质的环境治理基础内容，应以"生态空间占用"是否合理为依据判定人类行为是否违法，即对自然资产占用数量或自然资源利用程度进行明确量化，超过一定数量指标则归入规制范围。[2]

自20世纪80年代后，我国生态空间管控历经"以环境要素为主的探索阶段—以功能区划为主的发展阶段—以生态保护红线为核心的完善阶段"三大历程。当前，我国生态空间管控是以国土空间规划"三区三线"（城镇空间、农业空间、生态空间为"三区"，分别对应城镇开发边界、永久基本农田保护红线、生态保护红线三条控制线）为蓝本，以此为基础实施的"以生态保护红线为核心、以生态功能区规划、生态格局规划为补充"的生态空间管控体系（见图5-2）。其中，生态功能区规划[3]中除国家重点生态功能区名录和国家禁止开发区名录已由《全国主体功能区规划》以单个列举的方式详细列明外，其他生态空间均须在地方立法中进一步细化其具体界限。同时，不同于生态功能区规划，"生态格局规划"在中央级规范性文件中并无显示，而它在国外却承担着举足轻重的角色，是以摒除重要干扰和恢复基础生态结构为目标

---

[1] 参见吴贤静："生态空间地方立法完善路径"，载《地方立法研究》2018年第1期，第91—101页。

[2] 参见刘超："生态空间管制的环境法律表达"，载《法学杂志》2014年第5期。

[3] 生态功能区规划包括优化开发区规划、重点开发区规划、限制开发区规划和禁止开发区规划。

的国土空间设计，比如前述欧洲"绿道"规划即是通过网络内空间和功能兼容的土地利用组合实现兼具"娱乐、经济、环境保护"多种效益的生态格局规划方法。近年来，我国各地方政府已陆续通过生态格局规划，如《武汉生态框架控制规划》《杭州生态带概念规划》等。

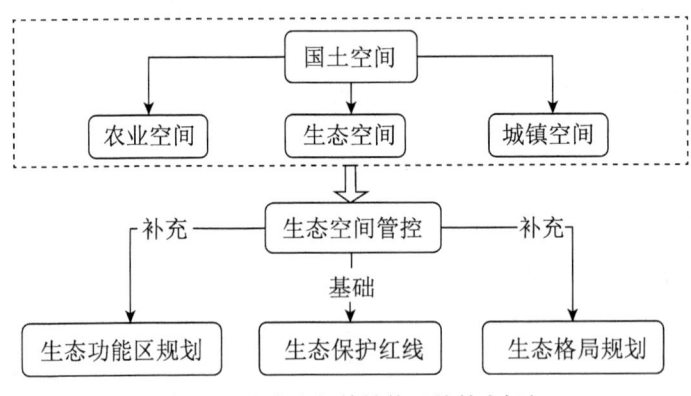

图 5-2　生态空间管控体系的基本框架

2. 以生态保护红线为核心的生态空间管控体系之构建

以红线区为核心范畴的生态空间管控区域确定可分为 3 个阶段：①对自然条件和生态现状进行深入解析并找到核心要素。②对有关空间进行生态科学性和技术性评价，并对管控区情况进行初始模拟和预测。③依据生态保护优位、协调性、可行性、相对稳定性等原则调整修改空间边界。其中，协调性体现在红线规划与多种空间规划和立法的相互统一。可行性指边界应统筹考量区域物质经济状况和资源发展潜能，预留潜在的城镇空间与农业空间。以此为基础，结合"三线"边界的地理数据分析，形成基础的"1+N"式生态空间分区。其中，红线区是绝不可超越的、最严格的"刚性空间"。而红线区以外的生态空间是"弹性空间"，

第5章 国家生态保护红线的预防性法律保障制度基础体系

在一定条件下可转化为城镇空间、农业空间,实现生态空间"刚性与弹性"结合。[1]

而就目前的实践来看,由于生态保护红线的制度运作刚刚起步,加之生态功能区规划、生态格局规划以指标性、任务型内容为主,空间管制落地性不足,难以发挥生态空间管控体系在农业、城镇和生态规划中的前置性、基础性、引导性作用。[2] 具体地说,一方面,生态空间管控技术方法亟待完善,旧有的生态空间管控的专业性和技术性较差,环境基础数据坐标系不一、空间精度差、相互衔接共享难度大,难以破解生态空间"一张图"难题。另一方面,由于现行各类专项规划区划、政策和制度制定出发点不同,在缺乏基础性、纲领性、引导性的生态空间管控体系的情况下,空间管控措施和各主体制定的不同的空间规划难以形成闭合的、有效衔接体系。因此,在国家和省级层面,应将最严格的生态空间管控制度——"生态保护红线"作为基础标准,将生态空间管控体系对接国土空间规划体系。在市(县)级层面,应积极将生态空间管控要求融入市县空间规划"多规合一",加之集成遥感技术等各种技术类测量方法,强化地方环保部门对管控信息确认和数据搜集能力。[3] 具体地说:

第一,我国应扩大规划环境影响评价范畴,以事前预测并尽

---

[1] 一般而言,管控区域作为维持"经济-社会-生态"三维目标的基准线,具有相对稳定性。但由于生态阈值、社会生产力等变化,边界范围可经多方协调认同后重新评估,并审慎调整。参见李云、程欢、于海波:"基于'分区管制'的自然生态空间用途管制研究",载《资源信息与工程》2019年第1期。

[2] 如成都市近年来编制《成都市绿地系统规划(2013—2020)》等相关的空间规划,尽管明确"一环两山,五楔多廊"的基本生态格局,但楔形绿地等设想在规划中没有明确刚性的控制边界和规制措施。参见杜震、张刚、沈莉芳:"成都市生态空间管控研究",载《城市规划》2013年第8期。

[3] 参见蒋洪强等:"我国生态环境空间管控制度研究与实践进展",载《环境保护》2019年第13期。

早预防可能发生的不利生态环境影响。根据现行的《环境影响评价法》第7条和《规划环境影响评价条例》第2条规定，规划环境影响评价的对象范围较窄，仅涵盖"国务院有关部门、设区的市级以上地方人民政府及其有关部门"编写并发布的土地利用综合利用规划和专项规划，而根据《全国主体功能区规划》，优化开发区等各类主体功能区，原则上以县级行政区为基本单元，由此导致的矛盾和漏洞是，在当前的规划环境影响评价制度下，《象山县生态环境功能区规划》等县级地方政府所制定的生态功能区划不需纳入环境影响评价范畴，而以县级红线区为基础构成的生态空间规划可能对周边生态系统、环境和人群健康等产生实质影响。由此，为了生态环境的可持续保护，应加强对上述三类生态空间规划实施后资源环境承载力、相应的生态环境影响及各类规划间协调性和衔接度的审查力度。

第二，生态空间管控体系运作过程应重视实质性公众参与。美国著名政治学家罗伯特·达尔在描述立项民主时强调公众有效参与的标准，即每个公民是否有平等的机会参与集体决策过程，并充分表达其关于结果的心理偏向。生态空间管控体系中应以生态保护红线制度为切入点，尽可能通过以下几个方面实现"话语－权力"垄断性结构的转变：①完善信息公开制度。根据前文所述，各级专门的生态保护红线管理机构，应及时受理并反馈公众所提出的各种意见和建议，并预先全面公开状况说明、会议记录等与公众利益切身相关的重要信息，使公众能够合理预期红线规划对他们产生的有利或不利影响；及时发布生态空间规划和空间管制信息监测结果并建立相应数据库。[1]②强化生态保护红线等规划

---

[1] 参见吴贤静："生态红线地方立法完善路径"，载《地方立法研究》2018年第1期。

第5章　国家生态保护红线的预防性法律保障制度基础体系

的听证制度。具体实践中应逐步扩大听证内容范围，并明确听证目的、讨论焦点和利益矛盾点，有效避免盲目、无目的或随意性听证。确保重要的生态空间规划相关利害关系人尽可能成为听证会参与人员，并能够充分表达意见。此外，听证笔录是听证制度能否发挥实质性作用的关键，应保证其真实性和完整性，并建立相应的听证意见"听取与选择的表决制"。[1]

(二) 强化红线规划司法审查制度

1. 司法审查概况

不同国家的司法审查制度，具有不同的审查对象和施行程序，对公权力的监督能力也大相径庭。一般来说，司法审查是由国家司法机关作为审查主体，并对行政机关制定的法规、规章，或具体行政行为是否合法（合宪）行使作出认定。[2]在传统行政模式下，行政权来源于民意机构的立法授权，且该权力的行使须遵循正当程序、需要受到及时监督、并受到司法审查的制约，以防止行政权力的异化。而随着各国应对未知风险的能力日益增强，司法审查的主要目的也不再是防止公权力对私人自治领域未经授权的侵犯，而是确保所有可能受到影响的（公共）利益在行政机关行使法定职权的过程中被公平地代表，实现此目标的重要方式是拓宽公民的起诉资格或司法审查范围。

通常情形下，行政诉讼是司法审查制度运行的最重要路径之一。如德国《联邦自然保护法》赋予环境公益组织对未来可能发生或正在发生的、联邦或州政府可能有损环境的行政许可或政策提起诉讼的权利，此时法院可借助诉讼途径审查此类具体或抽象

---

[1] 参见宋方青："地方立法中公众参与的困境与出路"，载《法学》2009年第12期。

[2] 参见李黎、黄寅："中国司法审查制度的构建和公民宪法基本权利保障探讨"，载《西南民族大学学报（人文社科版）》2006年第10期。

行政行为的合法性。相似地，日本在填海造地诉讼中对原行政决定较多采用"撤销"和"无效确认"方式，以预防并及时控制不必要损害结果的发生。[1]实际上，司法审查制度，真正的起源地是美国。19世纪至20世纪，美国司法审查的范围和频次均呈大幅扩张态势，除行政机关在法律框架限度内行使裁量权的情形外，一切行政行为均应接受司法审查以及时抑制行政权的肆意。同时，司法审查作为具有普遍性、公开性的公共监督机制，美国公民可就联邦政府对国家环境政策的履职情况提出异议抑或诉讼。[2]自1984年"谢弗林诉自然资源保护委员会案"（Chevron v. NRDC）后，联邦最高法院不断超越审查边界、抑制环保署裁量权行使灵活性并持续修正谢弗林规则，提出就事论事的"司法最低限度主义"（Judicial Minimalism），以便为此后法官自由裁量权的行使留有较大空间。

2. 环境规划司法审查制度现状

国家生态保护红线属于特殊的环境行政规划，将直接约束甚至限制红线区相关人员的切身权益。而当前我国立法对能否进行红线规划司法审查没有明确规定。红线规划关乎生态空间的预防性保护，是红线实施有效性的前置要件。根据2017年《行政诉讼法》第12条和第53条的规定，我国司法审查的对象范围较为狭窄，仅可对行政机关的具体行政行为（不包括抽象行政行为）进行司法审查，或对"国务院部门和地方人民政府及其部门制定的规范性文件"在提起行政诉讼时进行附带性审查，而没有明确可

---

[1] 法院认为"如果能更早地以行政机关为被告，在损害结果发生前取得'行政中止'制止填海造地行为，可及时控制甚至完全阻止不必要的损害。"参见［日］大塚直："环境诉讼与禁令的法理——围绕禁令的环境共同利用权说、集团利益诉讼论、环境秩序说"，刘明全译，载《苏州大学学报（法学版）》2014年第2期。

[2] 参见唐瑭："生态文明视阈下政府环境责任主体的细分与重构"，载《江西社会科学》2018年第7期。

第5章 国家生态保护红线的预防性法律保障制度基础体系

否对直接关涉多数公民切身利益的红线规划进行合法性或合理性审查。

就德国、日本的司法实践来看,行政规划能否进行司法审查的争议点在于"它能否产生实质的法律效果",即它既然设定了一个蓝图或可期待的目标,那么它在客观上是否有现实作用或主客观因素的统一性?质疑者认为,行政规划所设定的权利义务能否实现是未知的,其必须经过一系列复杂连续的后续行政行为,并不产生影响或限制现实的行为效果。而肯定者则认为,若行政规划具有强制性,则其必将产生相对人义务的根本性改变或现实权益的实质性恶化,此种限制功能是约束性规划整体目标的一部分,并为规划的后续作用力作铺垫。本书认为,红线规划理应纳入司法审查的对象。从美国国家环境政策实现的过程看,美国已通过广泛开展规划环评司法审查的方式,确认并细化联邦政府"显性的履职方式"。如在1972年自然资源保护委员会诉莫顿案(Natural Resources Defense Council v. Morton)中,法院已对"土地租借权出售"[1]能源计划环境影响报告书中所有可供选择的替代方案运用"合理性原则"进行司法审查。

3. 加强红线规划"程序性"司法审查

根据《规划环境影响评价条例》,生态保护红线规划属于"非指导性专项规划",规划结果可对不特定多数人的集体土地产权或环境权予以限制。因之,红线规划可为我国司法审查制度所涵括。本书认为,国家生态保护红线作为我国基础性环境行政规划,将资源利用可能产生的损害风险进一步转化为实在的法律调整对象,促使国家资源与环境管理行为的可诉性大大增强,并且,红线规划在具体内容上又兼具科学性和专业性判断,此种特性意味着,若

---

[1] "土地租借权出售"是尼克松总统所批准的能源计划组成部分。

没有明确法律规定的束缚，行政机关可在红线规划编制程序中适当"自由发挥"，即"规划裁量"。[1]

与一般的行政裁量权相比，以生态保护红线为核心的环境行政规划裁量施展空间更大。原因主要有三点：①红线规划具有明显的未来不确定性。由于生态空间损害具有损害机理的复杂性和结果显现的滞后性等特征，规划内容不可能涵括一切未知事项；②生态保护红线规划本身不具有明确的法律要件涵摄和法律效果规定。其一般采纳以"目的-手段"为核心的目的程式，裁量基准较为单一，指引和导向性较强，而约束力却较弱。传统的法律结构则一般采纳"要件-效果"的条件程式，涵括假定、处理和制裁三部分，裁量空间较小，约束力较强。③红线规划不可能将所有相关利益"一揽子化"，实际运作中利益衡量任务仅可依靠行政机关裁量权完成。

由于政府对红线规划裁量余地较广，我国法院对红线规划的司法审查应着眼于"合理性审查+程序合法"的范畴。一般来说，实体控制过程中常出现司法权对行政权的"无理僭越"，而程序控制则是多数国家通常采用的、对行政权实施事前监测和督查的基础手段。[2]如德国行政法院对规划内容之审查本质上是"利益衡量之合理性审查"，即仅在形式上进行利益分配的有限审查。其原因在于，德国行政法院应充分尊重行政机关对规划利益的自由决断权，并仅对规划制定的程序过程采取更为严苛的"合法性"审

---

[1] 规划裁量概念最早来源于德国《建筑法典》中所赋予行政机关的"计划高权"，而后在德国联邦行政法院的一项判决中发展出"计划裁量"概念，此概念所关注的主要是行政机关在拟定行政规划时具有较大自由空间。参见孟鸿志："行政规划裁量与法律规制模式的选择"，载《法学论坛》2009年第5期。

[2] 参见卢锟："论规划环境影响评价的司法审查"，载《重庆大学学报（社会科学版）》2018年第4期。

第5章 国家生态保护红线的预防性法律保障制度基础体系

查标准,以实现某种程度上的程序正义。[1]与之类似,美国1946年《联邦行政程序法》中,通过及时通知利益相关人、举行听证会、告知当事人权利等正当程序性规范督促行政机关合理行使权力,只要行政机关做到"程序无瑕疵",无论事实裁定抑或行政决定,司法机关在审查时一般都会予以尊重。此外,英国城市行政规划管理中司法审查的重心也往往在于审核规划行为是否"程序越权",如英国《城乡规划法》中程序规则主要有"全过程意见咨询"和"全面禁止转委任"。[2]依照我国司法实践,在规划制定过程中,对于要求一定权益的相关参与者,应至少就规划程序不完善、欠缺实质要件,规划程序违背合理利益分配等方面,请求法院给予司法救济或司法审查的权利。如"关于大广公路蒙冀界至承德段工程环境影响报告书的批复案"中即认可了基本程序问题司法救济的可能性。

由于生态保护红线规划涉及不确定风险的预防和生态学等专业技术层面问题,在红线风险决策视阈中,法院应将其自主判断的重点放在公众参与形式、不同程序的选择等行政程序问题。[3]法院不得介入红线划定标准或界限等实质问题决定,只能在程序面

---

[1] 在德国,法院可对规划利益衡量进行"有限审查",并把规划衡量瑕疵视为"法律上之瑕疵"。从德国司法实践中认定的规划衡量瑕疵样态如调查疏漏等来看,它们也属"适当性瑕疵",解决的主要是"妥当性"问题,而不是"合法性"问题。参见郭庆珠:"行政规划的司法审查研究——与王青斌博士商榷",载《东方法学》2012年第2期。

[2] 意见征询规则:授权法规定行政机关在制定行政法规时应当向其他机关、团体、个人征询意见;禁止转委任规则:行政机关有责任行使某种权力的时候,不能未经合法授权委托其他人行使。参见王郁:"城市规划管理的司法监督——基于美英日三国的制度比较",载《国际城市规划》2009年第4期。

[3] 参见陈海嵩:"环境风险预防的国家任务及其司法控制",载《暨南学报(哲学社会科学版)》2018年第3期。

上强化司法审查的督促和监督作用。[1]由此，法院既可尊重环境行政机关对红线规划数据信息获取的及时性和专业性，也可为环境行政机关规划裁量权的自由行使设定框架和底线，进而在根本上保证其行使正当性。

(三) 完善红线决策专家参与制度

1. 红线决策中专家参与制度现状

"专家参与"是公众参与的基本构成形式，有利于公众参与的科学化和理性化，增强公众参与结果的适用性。从公众环境权角度来说，任何一种公众参与形式的实施，其最终目的均是借助一定途径对涉及公民切身利益的决策产生影响，进而维护环境公益。而对红线区内资源利用行为或开发建设行为的强权禁止，必然会影响红线区居民的生产生活和相关环境权益，由此，涵括专家在内的理性公众参与是红线实施有效性的必要保障。

单纯的公众参与是缺乏理性的。一方面，公众参与形式的选择受到其自身参与时间和能力的限制，客观上束缚了公众参与程序的规模、范围、深度及频率。比如，参与者在没有获得充分且客观信息的情境下，盲目或无目的地参与讨论，以至于产生感性或轻率的个人意见。另一方面，政府往往是权力较大的一方，并常在与公民的互动和博弈中占据主导地位。政府有时会将公众参与过程选择性地纳入其听证会报告等重要文件中，试图磨灭公众不同于政府的利益倾向，遏制公众真实表达的声音。[2]

由此，红线决策中的专家参与是不可或缺的，并且是公众有效参与和理性交流的必要保障。专家的专业性（专业能力）和中

---

[1] 参见叶俊荣：《环境行政的正当法律程序》，翰芦图书出版有限公司2001年版，第29页。

[2] 参见孙柏瑛："公民参与形式的类型及其适用性分析"，载《中国人民大学学报》2005年第5期。

立性（利益无涉）等基础要素关乎当地居民对专家系统的信任。而在当前的红线实践中，专家参与的问题仍不少：①专家参与的领域不平衡。如在关键性的决策论证阶段，"某个特定领域的专家"或"与公权力机关意见相左的专家"数量较少，难以真正驳斥行政机关的非真实或非客观见解，以至于"兼听则明"的公正目标难以实现。②对专家参与缺乏有效制约和监督。某些特殊利益群体由专家"代言"，却没有其他利益群体的专家来制衡，专家正式的言论和阐述意见难以全面公开，公众无法及时获取。③专家越位屡见不鲜。例如，某地需要划定生态保护红线，专家的职能是论证该地是否符合红线要件，即该区域是否是生态环境极其敏感脆弱区，或该区域是否应全面施行最严格管控措施，而部分地方专家常越俎代庖地作出能否划定红线的结论，或超出其专业特长对公共决策价值判断作出定论。实际上，现如今各种生态保护制度（如生态环境损害赔偿诉讼中的"专家陪审员"制度）[1]多倾向于重视专家的作用，但专家的客观知识常常转化为某种"形式符号"或"象征"，加之行政机关或其他利益群体的权力介入，专家的价值中立性和言论真实性已大打折扣。

2. 红线决策专家参与制度的完善

红线问题极具技术性和复杂性，明确专家的客观中立地位，建立并保障公众对专家的信任至关重要。[2]公众参与程序中最为核心的部分为专家和公众间"跨越专业门槛的风险交流"。如美国1972年通过的《联邦咨询委员会法》对咨询委员会专家的价值中

---

[1] 当前生态环境损害赔偿诉讼中的"专家陪审员"制度在地方实践中已初具规模，如《湖北省生态环境损害赔偿制度改革实施方案》中规定环境资源专家应尽可能作为人民陪审员参与案件全程审理。

[2] 参见金自宁："跨越专业门槛的风险交流与公众参与透视深圳西部通道环评事件"，载《中外法学》2014年第1期。

立性和相关信息开放性均作出明确规定，它要求咨询专家的组成须兼具"技术知识的全面性"和"多方利益观点的整合性"，促使与利益相关的"外行"公众作为监督方参与其中。[1]过去行政决策中专家常处于行政组织内，他们受过系统的专业知识训练，这种知识本身是"目标-工具理性"取向的，与价值选择和利益衡量关系并不紧密。而在红线决策过程中，扩大公众参与和提升专家理性特别需要分清"什么是目标价值"和"什么是客观事实"，应充分意识到，广泛增进公众参与是增强价值理性和目标再确认的过程，而专家参与则关涉科学技术方法的理性化。[2]

因此，在红线规划决策至红线实施的全过程中，专家应起到"知识传播、沟通纽带"的作用，专家意见和建议还可为相对自由的行政决策权辅以"程序控制"功能。专家在政策制定中具备知识储备优势，故而在红线决策制定中，可通过引进专家论证、广泛征求和吸收专家意见等途径，实现多元主体利益共享和权力制约的分权决策结构。同时，我国可基于相对稳定的、非随意性的"专家库"系统，通过专家选择机制、专家回避机制或同行制约机制等措施保障红线决策专家参与。国家林业和草原局已在2019年5月成立"国家自然保护地专家委员会和国家级自然公园评审委员会"，承担基础性的技术支持和专家咨询服务。[3]部分省市行政决

---

[1] 参见李亚、李习彬："从专家公众参与缺陷看公共决策失灵"，载 http://www.chinareform.org.cn/gov/system/Practice/201307/t20130729_172720.htm，最后访问日期：2019年7月18日。

[2] 参见王锡锌、章永乐："专家、大众与知识的运用——行政规则制定过程的一个分析框架"，载《中国社会科学》2003年第3期。

[3] 主要对自然保护地发展战略、总体发展规划方案等有关政策与重大问题提供专家咨询和建议，参与国家公园、国家级自然公园等国家自然保护地设立、晋升、范围调整、撤销等评审工作。"国家林草局成立国家自然保护地专家委员会和国家级自然公园评审委员会"，载中国政府网http://www.gov.cn/xinwen/2019-05/14/content_5391349.htm，最后访问日期：2019年12月6日。

第5章 国家生态保护红线的预防性法律保障制度基础体系

策规范中已出台生态保护领域专家库入选标准。[1]

（四）基于保护地役权制度建立红线合同关系

1. 从"地役权"到"保护地役权"

随着生态风险的日益扩张，"以土地实体为中心、着眼于提升土地利用率"而展开的传统地役权难以适应可持续发展需求。保护地役权（Conservation Easement）是对传统地役权的超越，是以实现最广泛意义的环境公共利益为目标的、基于土地利用而产生的生态环境保护制度。以往自然保护地内集体土地和当地居民间利益矛盾的解决常诉诸于土地征收、土地租赁等"费时费力"方式，且忽视了当地居民与土地传统文化间复杂的人地共生关系。而保护地役权意味着我国原有的土地权属制度可不变动，意味着政府或公益组织（保护地役权人）等主体可通过与土地权利人（供役地人）签订自主性保护协议的方式，从根本上提高供役地人的保护积极性和保护水平。

为维护特定土地范围内的生态环境稳定性与永续性，发源于美国的保护地役权以非占有方式在不动产上施加限制或积极义务，具有地役权独立性、契约自由、以生态保护等公益目的而限制当事人行为等内容，为传统地役权制度的变迁注入新鲜血液，同时也为生态保护红线中公权力和私人复杂环境利益关系纠葛提供必要的解决方向。1981年，美国"统一法律全国委员会"通过世界首部独立的、非占有性质的保护地役权法律——美国《统一保护地役权法案》（Uniform Conservation Easement Act），保护地役权人不需要实际所有或利用某块土地。而我国《民法典》第372条

---

[1] 如《湖南省人民政府重大行政决策专家咨询论证办法》第10条、《广东省重大行政决策专家咨询论证办法（试行）》第9条等，对专家政治素养、专业知识、道德水平提出了要求。参见魏建新："理性的权力与权力的理性：专家参与行政决策研究"，载《中共福建省委党校学报》2015年第5期。

(原《物权法》第156条）尚未规定保护地役权制度，旧有的传统地役权内容（如通行、排水、眺望等）和行使手段难以在实践中"产生回响"，究其根源，在于传统地役权的"目的与用途的非公益性"和"主体的有限性"难以适应现代化不动产管理制度和生态规划制度的发展（见表5-3）。

表5-3　传统地役权与保护地役权的区别

	传统地役权	保护地役权
目的和用途	确认供役地不动产物质利益优化方向	明确突出自然文化、公共利益等精神充实和满足
役权双方主体	双方须是相邻土地所有人	没有土地相邻、拥有土地等硬性要求。通常政府和公益组织是权利人
役权双方权利义务	供役地权利人可享有权利或赋予义务	一般是供役地权利人应积极进行保护活动或承担开发利用等行为限制，保护地役权人为其提供相应补偿

2. 我国保护地役权的发展方向

《民法典》"地役权"一章仅承认附属地役权，而不认可地役权的独立性，需役地权利的获得须以"限制供役地所有权"为根本前提。[1]未来我国保护地役权的发展和进化应打破此限制。

第一，应确认保护地役权具有独立性，并涵盖生态空间保护、文化和精神等多重价值意义。国内许多学者均认可地役权涵括的

---

[1] 有学者指出，我国集体林划为生态公益林后，林业主管部门与集体经济组织签订的森林管护协议、生态补偿协议、退耕还林协议等都是实质性地役权，这种观点是不准确的。因为在这些关系中，只存在承受负担的供役地，不存在需役地，林业主管部门并不享有某一不动产权利。可见，我国保护地役权的设立首先面临着是否允许"无需役地"的独立地役权制度困境。

第5章　国家生态保护红线的预防性法律保障制度基础体系

独立价值。正如崔建远教授和王利明教授所阐述的，物权的实质意义在于"直接支配物并排除他人干涉"，可将不附带任何需役地的保护地役权纳入我国物权法体系，以实现不动产经济效用的公共性转化。[1]德国法和《意大利民法典》均提出，需役地试图获得的利益，包括精神、舒适度、美观利益和其他用途。[2]本书认为，保护地役权应具有公私两面性，相较于传统地役权，它理应具有美好而舒适的环境条件等环境公共利益意蕴。

第二，应确认保护地役权全面贯彻"意思自治"原则。"意思自治"是地役权的核心与灵魂所在，保护地役权则是在土地权利之上、对传统地役权意思自治内容和范围的扩展。由传统地役权到保护地役权的转变，从表面上看是对当事人意思自治的额外限制，而实际上却反映出意思自治判断基准的重大改变，即由原先的私人利益公平观转变至自然生态系统整体公平观。[3]美国、日本、荷兰等国家均在地役权立法或实践中贯彻了"意思自治"原则。《日本民法典》第280条和荷兰《民法典》第73条均规定了地役权可在公序良俗和公益目标的限度内，依据当事人意志自主自由设定。美国农业部通过的《草原保护方案》（Grassland Reserve Program）[4]指出，

---

〔1〕 地役权应主要是满足权利人的主观利益，是权利人为某一特定目的对他人土地或地上物利用的权利。参见马新彦："美国不动产法上的地役权研究"，载梁慧星主编：《迎接WTO——梁慧星先生主编之域外法律制度研究》（第二辑），国家行政学院出版社2000年版，第153页；参见王利明：《物权法研究》（修订版）（下卷），中国人民大学出版社2007年版，第242页。

〔2〕 《意大利民法典》第1028条认为，需役地本身具有较多的方便条件、良好的环境及工业用途皆为便利。

〔3〕 参见吕忠梅："论合同制度的生态化拓展"，载《河南师范大学学报（哲学社会科学版）》2004年第5期。

〔4〕 草原保护区计划（GRP）是美国农业部自然资源保护局（NRCS）和农场服务局（FSA）共同管理的自愿计划。该计划的目的是协助私人土地所有者和经营者保护放牧用途和相关草地价值。

草原生态环境的维护重点通过两种私法手段——草原保护地役权和租赁合同来实施。其中，"草原保护地役权"要求美国政府限制相关土地用途，当事人仅可在法定限度内永久保留草原或实施与草原地役权相关的权利。[1]

3. 以保护地役权为基础的红线合同之构成

在生态保护红线的管理之中，我国环境行政机关或环保组织可在遵守相关强制性规范的基础上，通过与红线区集体土地所有权人或使用权人设定自愿性契约（即以保护地役权为基础的红线合同）的方式，限制土地资源利用权，并支付合理对价，以使当地居民积极主动地保护最重要的自然资源和生态空间。与生态补偿不同的是，保护地役权合同可根据当地实际的自然人文环境，设定远高于政策或法律标准的"特别保护标准"。根据红线区管控要求，红线区内开发建设或自然资源利用等活动必须进行一定限制，如不得修建工厂、不得开矿、不得排放污染物、不得从事可能会对生态环境产生影响的商业活动。而保护地役权红线合同还可"特殊情况特殊对待"，额外设置对红线区内生态资源的特别养护义务、税收减免等，改善生态空间保护"一刀切"的境况。当前，我国已有环保组织（保护地役权人）与国有土地所有权人（供役地人）签订保护地役权合同的实践，如2012年1月，四川桃花源生态保护基金会与国有土地所有权人平武县政府签署合作协议，[2]体现了生态空间保护从单方行政向契约行政、从强制性

---

[1] 若将保护地役权作为一种新的法律工具运用到我国环保实践，就必须对我国法律秩序自身特点进行综合考量，包括我国独具特色的自然资源产权结构等诸多因素。

[2] 合作协议中约定，在不改变林地和林木所有权、不改变林地用途和生态公益属性的前提下，基金会获得了老河沟林地的长期管理权和使用权，并承担管护责任，支付管护费用。

第5章 国家生态保护红线的预防性法律保障制度基础体系

环境规制向多元共治的巨大变化。[1]

具体地说，基于保护地役权的红线合同关系应包含：①主体设置。合同一方主体为政府或公益性环保组织，另一方主体为红线区国有土地所有权人或集体土地使用权人。从美国等域外经验来看，保护地役权人为拥有不动产利益的政府部门，或以保护为中心的非营利法人或团体。[2]而结合我国本土实际，民间环保组织若为主要保护地役权人，则仍存在资金不足、公信力低、执行力差等方面的担忧。②合同内容。明确红线合同内容的前提是须首先分清"财产权的社会义务"和"役权所限制的财产权自由"的区别和界限，事实上，保护地役权会剥夺公民应得的财产权自由，因此，保护地役权人应以合同形式向供役地人支付合理对价。换句话说，红线区居民本应享有集体土地产权并获得一定自然资源的权利，却因额外的公共利益红线被剥夺，由此他们理应基于额外的保护义务获得补偿。③合同的存续期间。当事人可合意选择采用"永久"或"有限"期间，并须考虑基于不可抗力的发生、环保组织权利终止、红线界限大幅变动等原因而产生的合同履行客观情况变化。[3]⑤合同的履行与强制执行。当供役地人由于个人原因或第三人原因未能按约履行红线义务，导致红线区发生严重的环境质量下降或其他生态损害的，地役权人可提起诉讼或请

---

[1] 一般来说，红线区划定区域都是那些社会经济发展水平较低、自然环境状况破坏较小，或可提供舒适性环境资源服务的发展中地区。在未划定为红线区之前，环境区是公共资源，当地居民可以自由进出，获取环境资源和产品。而该区域一旦被设定为红线区，当地居民利用环境资源的传统权利将受到极大限制。

[2] 比如美国1981年的《统一保护役权法案》中明确规定两种类型主体：一类是依州法或联邦法，有权拥有不动产利益的政府部门；另一类是以保护为宗旨的公益法人、公益团体或公益信托。

[3] 美国《统一保护役权法案》将永久期间作为预设原则，即当事人可约定存续期间；但如果未有约定，则可推定为永久期间，联邦税法也只针对永久存续的保护役权才给予供役人税收减免优惠。

求法院下达禁止令，要求对方给予赔偿，[1]法院经审查确实造成大规模环境污染或严重影响公共利益的，还可将受国务院委托行使全民所有自然资源资产所有权的部门等行政机关列为强制执行主体。

(五) 生态补偿制度的市场化与益贫式发展实质对接

1. 我国生态补偿概况

我国所界定的"生态补偿"（Eco-Compensation）比域外通常采用的"生态系统服务付费"（Payments for Ecosystem Services，PES）定义[2]更广泛。生态补偿是由中央或地方政府等生态受益者向合法利益遭受重大损失的组织或个人，借助市场机制、财政转移支付等不同形式进行一定物质补偿的法律制度。生态补偿和生态环境损害赔偿所具有的本质不同，生态补偿是针对开发利用自然资源等合法行为进行的经济补偿，可衡平协调不同利益群体的环境权益。[3]而生态环境损害赔偿是由违法行为导致的"负外部行为"——由于行为人实施非法排污、任意破坏生态环境或肆意攫取自然资源等行为，造成或可能造成生态环境损害后果的，该行为人应对生态环境本身所负有的赔偿责任。此外，"生态补偿"亦不同于前述"保护地役权"（见表5-4），保护地役权更具针对性和激励性，权利人可在地役权合同中对不动产所有人的

---

[1] 美国《统一保护役权法案》规定第三人执行权制度，授予第三人执行之权利，同时也对第三人资格作出限制；州的司法部长也可能会被解释为具有诉请执行资格，部分州法还赋予一定范围内的相邻关系人，甚至是任何公民，均具有执行之权利。

[2] 国外生态系统服务付费包括一系列内部化发展成本和确保生态服务受益方支付费用并享用生态服务的市场机制。参与生态系统服务付费的动机表现在两方面：①改变土地利用并确保提供生态服务的主体能够因此获得公平对价；②从生态服务受益的主体应当为生态服务支付公平对价。参见秦玉才、汪劲主编：《中国生态补偿立法：路在前方》，北京大学出版社2013年版，第11页。

[3] 参见杜群："生态保护及其利益补偿的法理判断——基于生态系统服务价值的法理解析"，载《法学》2006年第10期。

第5章 国家生态保护红线的预防性法律保障制度基础体系

"额外"保护义务进行规定,避免生态补偿"一刀切"。[1]

表5-4 保护地役权与生态补偿的区别

	差异表现	保护地役权	生态补偿
1	性质	权利人可通过合同对不动产(土地)所有人施加"额外"保护义务	政府基于对权利人的行为限制而履行的"基础性"补偿义务
2	执行主体	政府或公益性机构	以行政命令下的财政转移支付为主,加之市场交易和横向补偿
3	与保护目标的关系	细化保护对象和补偿对象识别,具有明确限制措施和补偿标准	当前主要采取"一刀切"的补偿方式,补偿对象和补偿标准较为泛化
4	是否附属于不动产	是	否
5	激励功能	较强	较弱

当前我国生态补偿法律规定分散于《环境保护法》(2014年)和《中华人民共和国矿产资源法》(以下简称《矿产资源法》)、《森林法》《自然保护区条例》《退耕还林条例》等规范性文件中,但目前仍缺乏统一性、综合性的生态补偿立法,相关规定较为笼统,补偿方式、补偿标准、构成要件均不明,可操作性差,强制性较弱。[2]细节性规定仍集中于中央和地方的生态补偿政策性文

---

[1] 一般来说,生态补偿"一刀切"现象显著。在2016年海南省琼中县"公益林"生态补偿试点中,对林农个人一视同仁,"以每亩20元标准发放,累计发放涉及公益林的农户2310户、人口11 550人,发放补偿面积为31 468.6亩,发放补偿金额为62.94万元"。
[2] 如《环境保护法》(2014年修订)第31条第1款和第2款规定,国家建立、健全生态保护补偿制度。国家加大对生态保护地区的财政转移支付力度。有关地方人民政府应当落实生态保护补偿资金,确保其用于生态保护补偿。《矿产资源法》第5条第2款规定,开采矿产资源,必须按照国家有关规定缴纳资源税和资源补偿费。

件中，如《中共中央关于制定国民经济和社会发展第十一个五年规划的建议》《国务院关于生态补偿机制建设工作情况的报告》均提出生态补偿是使最重要的生态空间保护外部经济内部化的公共制度安排。[1]党的十九大报告则明确提出建立市场化、多元化、具有基础扶贫功能的生态补偿机制，包括"纵向财政转移支付和地方配套资金"的直接补偿[2]和"造血式"的间接补偿。当前红线区生态补偿应大力提倡"造血式"的间接补偿，即可通过生态修复工程、扶贫项目、Ⅱ类红线区生态旅游项目的开发，或为其适应生态需求的生产方式提供必要启动资金等，以"授之以渔"的方式鼓励当地农户开拓可持续的经营与生存技能领域。

当前，我国生态补偿多排斥市场作用，而选择自上而下"命令–控制"型手段，其过度刚性可能产生与意志相悖的分配结果，同时其利用市场分配供求关系以实现利益衡平、促使市场主体自由选择权充分发挥等补偿优势难以全面发挥。例如，一些重点生态功能区生态旅游扶贫项目中，常以政府为管理主体、以政治意愿和少量补贴为生态补偿经济来源。实际上，当前红线区生态补偿的补偿标准普遍较低，补偿力度明显不足。例如，在海南省琼中县公益林生态补偿试点中，"林缘社区"琼中县兼具红线区和贫困县双重属性，由于当地信息匮乏、交通不便、村民受教育程度较低，琼中县已然形成典型的"靠山吃山"森林依赖型生计体系，而政府每年给予该县的生态补偿资金往往难以弥补过去村民长期

---

[1] 根据2016年国务院《关于健全生态保护补偿机制的意见》，生态补偿的国家框架主要涉及森林、草原、湿地、荒漠、海洋、水流、耕地七大领域和禁止开发区域、重点生态功能区两个重点领域。

[2] 在进行直接补偿，特别是地方配套补偿时，适当考虑区内人口规模、面积、提供的生态功能等差异，以生态红线区所在的基层行政区为单位测算、落实补偿资金。

第 5 章 国家生态保护红线的预防性法律保障制度基础体系

依赖采集林木和林副产品所获的收益，他们的自然资源利用权被剥夺而失去最主要的经济来源，以至于村民违背红线规定肆意砍伐而蚕食保护区土地现象常年发生。

2. 红线区生态补偿制度的市场化

当政府陷于资金供给有限的窘境下，以市场化和社会化手段为切入点强化红线区生态治理能力、调和生态利益和公民环境权间的紧张关系成为必由之路。域外生态系统服务付费也从政府干预的"政府购买模式为主"转向"以市场为导向",[1]强调以自我组织和弹性为特征、减贫和生态保护为中心的新自由主义理念，以实现帕累托最优。如哥斯达黎加一项重要的森林生态补偿计划即产生于一家私营水电公司 EG（Energia Globa）与私有土地主之间，该公司按每公顷土地 18 美元对私有土地主进行补偿，而私人土地所有者仅可将土地用于可持续林业发展等生态用途。[2]

在我国红线区生态补偿市场化的过程中，补偿主体和受偿主体均应具有相对自由平等的法律地位，双方可经过在市场交易中平等协商的方式，完成补偿全过程。相较于以政府为核心主体的公共补偿方式，平等自愿的等价性、补偿资金的自由支配性、主体的多元性等市场要素促使补偿制度体系更包容、更高效，使得资源环境要素的稀缺程度得以通过价格而真实体现，并为当地贫困人口的生态保育行为提供强大的激励作用，进而使他们持续提供生态服务。具体地说：①红线区生态补偿市场主体具有多元化表征。应赋予红线区内较强保护经验的林场、种植养殖专业户等组织或个人生态补偿市场主体地位，鼓励他们向市场提供品质优

---

[1] 域外生态系统服务付费主要分为政府购买模式、市场模式和生态产品认证计划三种类型。

[2] 参见徐丽媛："生态补偿中政府与市场有效融合的理论与法制架构"，载《江西财经大学学报》2018 年第 4 期。

良的生态服务产品。并且,可以鼓励民间环保组织加入此行列,供给或购买可交易的红线区生态系统服务项目。②红线区生态补偿方式具有多样化表征。当前的红线区生态补偿方式较为古板单一,仍以现金补偿为主,缺少相关的激励式补偿方式。我国可逐渐普及适用对口支援、水权及碳汇交易等补偿手段,实现生态补偿方式的多方位拓展。③生态补偿价格应科学客观,正确反映市场供求关系,如可运用直接市场评价法、揭示偏好评估法等科学的技术方法,细致评估并严密测算生态补偿基准价格,使该价格客观合理反映生态资源服务价值、及时适应市场供求规律以填补生态服务供给主体的损失。[1]

3. 生态补偿市场化与益贫式发展的对接

区域生态补偿同该区域的环境经济发展一体化、生态精准扶贫等工作关系密切。[2]红线区市场化生态补偿与"益贫式"发展的对接是实现红线制度高效化实施的保障,市场化生态补偿制度的实施有利于改善我国土地权属制度和征地补偿带来的贫困问题。当前,我国最重要、最珍贵的生态空间大多地处物质经济条件极差的地区,具有一般性贫困和生态性贫困整合的特点。贫困和生态环境退化有时会相互影响、相互作用,生态环境退化不仅会加剧地区贫困,还会使该地区陷入生计困难恶性循环的"贫困陷阱"。因此,应通过"益贫式"制度设计对农民生存状态深度维护,并统筹考量生态保护和减轻困苦间的关系,鼓励红线区贫困人口参与生态补偿项目,使他们拥有依据自身贡献值而得到生态

---

〔1〕 参见席鹭军:"生态补偿机制要突出市场化特征",载《中国环境报》,2018年1月15日,第03版。

〔2〕 2016年4月出台的《国务院办公厅关于健全生态保护补偿机制的意见》提出结合生态保护补偿推进精准脱贫的生态扶贫思路,在生存条件差、生态系统重要、需要保护修复的地区,结合生态环境保护和治理,探索生态脱贫新路子。参见刘慧:"实施精准扶贫与区域协调发展",载《中国科学院院刊》2016年第3期。

第5章 国家生态保护红线的预防性法律保障制度基础体系

补偿收益的权利。[1]

在法律制度完善层面，生态补偿标准的确认和运用方式是益贫式红线制度运作的重点和难点。理性科学、能够充分弥补红线区居民利益损失的补偿标准是红线区生态补偿顺利实施的基础保障。现有补偿标准主要包括客观标准（依据生态系统价值设定）和主观标准（各主体协商确定）。[2]我国则以广泛实施性和方便适用性为重点，直接采纳"机会成本和直接损失"作为补偿标准，从微观层面来看，此种补偿方式和数额测算过于简化，缺少环境要素的个体特征和权属依赖。国际森林趋势组织[3]曾在其研究报告中提到，补偿的侧重点应在于土地资源所有者或使用者在一定时间内为保护事业付出的直接和间接损失、森林管理机构为保护事业付出的直接和间接损失等。而我国当前尚未形成科学理想的补偿标准体系，补偿标准过于简化。由此，我国在红线区生态补偿制度构建中应尽可能细化补偿标准，并以红线区居民或其他利害关系人先前获得的基本生态利益和基础生活质量为参考，如可将红线区"自然资源年输出价值"和"生态环境维持成本"作为补偿额度计算基准，合并测算生态系统服务功能价值输出价值量、年支付额度调节系数等因素，将不同类别、不同地域红线区的生态补偿标准精细化、实效化。

此外，"生态移民"可同生态补偿相结合，作为红线划定后"益贫式"发展的选择之一。《退耕还林条例》第54条提到，极重

---

[1] 参见李亮、高利红："论我国重点生态功能区生态补偿与精准扶贫的法律对接"，载《河南师范大学学报（哲学社会科学版）》2017年第5期。

[2] 参见刘健、尤婷："生态保护补偿的性质澄清与规范重构"，载《湘潭大学学报（哲学社会科学版）》2019年第5期。

[3] 国际森林趋势组织是1999年由一些保护组织、林产品企业、研究机构、多国发展银行、私人投资基金和基金会的领导人倡导设立的非营利组织。

要生态林区人口在有组织地迁移出来后,应获得一定数额的补偿以维持基本生活水平。[1]作为一种影响公民权益的行政行为,生态移民目前没有形成极具权威型、可实施性、稳定性的法律制度,难以解决生态移民后居民户籍关系处置、房屋权利归属等潜在问题,并且,如果政府依据生态移民规定强制征收该地区集体土地,还可能引发当地居民抗拒搬迁,或对补偿金额不满意等深层次矛盾纠纷。因此,在当前制度极度不完善的情况下,生态移民实施应以自愿为原则,严格限制政府强制性生态移民行为。而当生态移民搬迁完成后,当地政府应通过对原居民的优先"再聘用"、大力支持红线区生态项目等多元化补偿方式,促使原居民从完全依赖红线区生态资源的消耗型、破坏型生产生活方式转向积极的、共赢的、可持续的生产生活方式。[2]

四、本章小结

本章主要从"本体论"和"方法论"两个层面对"多元共治型"国家生态保护红线法律保障制度进行阐释。在"本体论"层面,本章详细阐明国家生态保护红线的立法框架和立法重点。理想的"多元共治型"红线应以协调主体间利益关系为中心,体现为对公权力运作方式和运行效果的斧正,其作用范围主要集中于地市级单元社区,有利于加强地方政府公共政策(尤其是政府行政规划)的执行力。与"统治型"和"管理型"红线的规制对象不同,"多元共治型"红线不再是上下等级式的垂直结构,而赋予参与者能动地创建治理规则的权利,还可通过对行政机关预设义

---

[1] 《退耕还林条例》第54条:"国家鼓励在退耕还林过程中实行生态移民,并对生态移民农户的生产、生活设施给予适当补助。"

[2] 参见彭娇婷:"生态红线区综合性补偿机制探索",载《山东林业科技》2016年第6期。

第5章 国家生态保护红线的预防性法律保障制度基础体系

务、加重行政机关或人员的责任、加强行政合同等协商性行政规制手段运用等方式,达致公共利益与个体利益的相互协调。

在国家生态保护红线的立法框架层面,应以明确生态保护红线法律地位为前提要件。近40年来,我国生态环境法治一直局限于"形式上的法",立法质量和精细化程度不足,原则性规定较多、法律规定存在重复或冲突、操作性较差。在国家生态保护红线的立法问题上,我们既要坚持国家法律规则的统一性、普遍性,又要维持红线实施的地方性,重视生态环境民间规则的地域性和自发性。当前我国应以《环境保护法》为上位法,重点制定可作为地方红线立法基准的生态保护红线管理办法,围绕生态保护红线基本原则、基本规划方法、基本实施规则等内容,设计出完整统一、可实施性强的生态保护红线基础性、综合性、框架性法规。

在国家生态保护红线的立法重点层面,主要体现在主体要素与责任功能两方面。①在主体要素方面,应以设置独立的红线管理机构为方向。在横向上,应成立由各环保主管部门组成的独立红线管理机构——"生态保护红线联席会议"或"生态保护红线委员会"。在纵向上,应构建央地双向制约的权力配置机制,在纵向上红线管控机制应既具有上级约束下级行为,又具有下级反向制约上级、防止上级任意规划审批消耗下级政府自然资源和环境容量的情况,从而改变"上级点菜、下级买单"的模式。②在责任功能方面,应以落实政治责任与法律责任为目标。在法律责任方面,生态保护红线法律责任同时具有公法责任和私法责任双重性质,其中,应加大对相关行政人员违法红线规划、怠于履行红线职权或无视红线目标的越权等行为的处罚力度。在政治责任方面,国家生态保护红线责任制度是中国特色"生态问责制"重要的外在表现形式,生态保护红线的考核结果应直接关系到领导干部能否继续任职或顺利升迁,若发现考核结果因决策失误等原因不达标，则施行红线考核一票否决制，以此彻底更正政府官员"以经济为中心"的单一片面的政绩观。

在"方法论"层面，本书设想应从以下五个方面构建国家生态保护红线法律保障制度。

第一，应构建以生态保护红线为核心的生态空间管控体系。就目前的实践来看，由于生态保护红线的制度运作刚刚起步，加之生态功能区规划、生态格局规划以指标性、任务型内容为主，空间管制落地性不足，难以发挥生态空间管控体系在农业、城镇和生态规划中的前置性、基础性、引导性作用。因此，在国家和省级层面，应将最严格的生态空间管控制度——"生态保护红线"作为基础标准，将生态空间管控体系对接国土空间规划体系。在市（县）级层面，应积极将生态空间管控要求融入市县空间规划"多规合一"，强化地方环保部门对管控信息确认和数据搜集能力。并且，我国应扩大规划环境影响评价范畴，应对上述三类生态空间规划——生态保护红线规划、生态功能区规划和生态格局规划均进行环境影响评价，对规划实施后的资源环境承载力、相应的生态环境影响及各类规划间的协调性、衔接度予以确认，进而促进生态空间管控体系建设的积极有效性。此外，应通过完善信息公开制度、强化红线规划的听证制度等方式加强生态空间管控体系运作过程的实质性公众参与，实现"话语-权力"垄断性结构的转变。

第二，应强化红线规划司法审查制度。在传统秩序行政下，行政权来源于民意机构的立法授权且其行使须遵循正当程序，并受到司法审查的制约。而随着风险社会的来临，司法审查是确保所有可能受到影响的（公共）利益在行政机关行使法定职权的过程中被公平地代表，实现此目标的重要方式即拓宽公民的起诉资格与司法审查范围。而当前我国司法审查的对象范围较窄，仅可对行政机关的具体行政行为（不包括抽象行政行为）进行司法审

第5章 国家生态保护红线的预防性法律保障制度基础体系

查,或对"国务院部门和地方人民政府及其部门制定的规范性文件"在提起行政诉讼时进行附带性审查,而没有明确可否对红线规划进行审查。本书认为,由于我国政府对红线规划裁量余地较广,我国法院对红线规划的司法审查应着眼于"合理性审查+程序合法"的范畴,即法院不得介入红线规划等实质问题决定,只能在程序面上强化司法审查的监督和督促作用。由此,法院既可尊重环境行政机关对红线划定和调整信息获取的及时性和专业性,也可为环境行政机关规划裁量权的自由行使设定框架和底线,从根本上保证其行使正当性。

第三,应完善红线决策专家参与制度。单纯的公众参与是缺乏理性的。一方面,公众参与形式的选择受到自身参与时间和能力的限制,客观上束缚了公众参与程序的规模、范围及频率。另一方面,政府往往是权力较大的一方,并常在与公民的互动和博弈中占据主导地位。由此,红线决策中的专家参与是不可或缺的,是公众有效参与和理性交流的必要保障。专家的专业性(专业能力)和中立性(利益无涉)等基础要素关乎当地居民对专家系统的信任。而当前,专家参与仍存在专家参与的领域不平衡、对专家参与缺乏有效制约和监督、专家越位屡见不鲜等问题。故而在红线决策制定中,可通过引进专家论证、广泛征求和吸收专家意见等途径,实现多元主体利益共享和权力制约的分权决策结构。同时,我国可基于相对稳定的、非随意性的"专家库"系统,通过专家选择机制、专家回避机制或同行制约机制等措施保障红线决策专家参与。

第四,应基于保护地役权制度建立红线合同关系。为维护特定土地范围内的生态环境稳定性与永续性,发源于美国的"保护地役权"是以非占有方式在不动产上施加限制或积极义务,具有地役权独立性、契约自由以生态保护等公益目的而限制当事人行为等内容，为传统地役权制度的变迁注入新鲜血液，同时也为生态保护红线中公权力和私人复杂环境利益关系纠葛提供必要的解决方向。当前我国保护地役权应打破传统地役权附属性的限制，确认保护地役权具有独立性，贯彻意思自治原则，并涵盖公共利益保护、文化和精神等多重价值意义。在生态保护红线的管理之中，我国环境行政机关或环保组织可在遵守相关强制性规范的基础上，通过与红线区集体土地所有权人或使用权人设定自愿性契约（即以保护地役权为基础的红线合同）的方式，限制当地居民的集体土地产权，并支付合理对价，促使他们积极主动的保护最重要的自然资源和生态空间。不同于生态补偿，保护地役权合同可根据当地实际的自然人文环境，设定远高于政策或法律标准的"特别保护标准"，如可额外设置对红线区内生态资源的特别养护义务、税收减免等，改善生态空间保护"一刀切"的境况。

第五，应加强生态补偿制度的市场化与益贫式发展的实质对接。当前我国生态补偿法律规定分散于《环境保护法》（2014年修订）和《矿产资源法》《森林法》《自然保护区条例》《退耕还林条例》等规范性文件中，但目前仍缺乏统一性、综合性的生态补偿立法。同时，我国生态补偿多排斥市场作用，而多选择自上而下"命令-控制"型手段，其过度刚性可能产生与意志相悖的分配结果。因此，在未来的制度构建中，我国生态补偿主体和受偿主体均应具有相对独立和自由平等的法律地位，双方可经过在市场交易中平等协商的方式，完成补偿全过程。并且，应尽可能细化补偿标准，并以红线区居民或其他利害关系人先前获得的基本生态利益和基础生活质量为参考，通过"益贫式"制度设计对农民步履维艰的生存状态予以深度维护，鼓励红线区贫困人口参与多样化的生态项目，或结合生态移民制度等，使他们拥有依据自身贡献值而得到生态补偿收益的权利。

第6章
"红线"的预防性救济要义：以预防性环境行政公益诉讼为核心

一、国家生态保护红线的预防性司法救济具体内容

(一) 预防性司法救济的两个面向

从红线的设立目标和管控方式来看，国家生态保护红线亦理应具有预防生态损害的功能。在环境公共事务管理问题中，行政权往往具有优先效力，我国环保法的立法与实施方式长期以来也均由行政机关主导。而当前我国生态环境问题愈发严重，加之生态环境损害具有复合性及损害价值的难以估算性，排污收费、排污许可等强制性环境法律制度频出应用失衡和规制失衡的问题，由此传统秩序行政所主张的"经验法则"已无法应对瞬息变幻的潜在环境风险，亘立在行政机关面前的是一条"未知之幕"，如果不及时采取预防性规制措施又可能导致不可逆危害的发生。此时，

国家生态保护红线的法律保障与预防性救济

若政府难以履行其国家环保任务，并异变为环境损害的间接制造者和扩大者时，此时灵活适用司法路径督促政府为或不为、实现不可逆环境损害的预防性救济则成为必由之路。

一方面，国家生态保护红线的预防性司法救济体现在环境民事公益诉讼中。根据前文所述，随着美国大规模生态破坏问题的日益严重，当地公民逐渐担负起维护环境公共利益的重要职能，美国国家公园管理局的事前规划决策也常卷入公民诉讼。事实上，许多学者也已在理论层面肯定了环境公益诉讼某种程度上具有的"积极主动"特质，并可面向未来进行前瞻性保护。[1]而在我国实践中，虽然原《中华人民共和国侵权责任法》第15条和最高人民法院《关于审理环境民事公益诉讼案件适用法律若干问题的解释》第18条均对"停止侵权、排除妨碍、消除危险"等预防性责任承担方式作出规定，但我国的环境公益诉讼实践具有明显的事后救济特征，[2]判决内容多为负担环境修复费用等事后的物质性、金钱性赔偿。[3]与之相比，特殊的环境民事公益诉讼——"生态环境损害赔偿诉讼"却为红线区生态空间积极的预防性维护提供契机。[4]根据

---

[1] 如肖建国教授认为，环境公益诉讼的主要表现之一为预防环境公益（持续）遭受损害或产生不可阻却的损失。参见肖建国、黄忠顺："环境公益诉讼基本问题研究"，载《法律适用》2014年第4期。

[2] 原《中华人民共和国侵权责任法》第15条规定了8种侵权责任的承担方式，最高人民法院《关于审理环境民事公益诉讼案件适用法律若干问题的解释》第18条规定了6种环境损害的责任承担方式。

[3] 参见唐瑭："风险社会下环境公益诉讼的价值阐释及实现路径——基于预防性司法救济的视角"，载《上海交通大学学报（哲学社会科学版）》2019年第3期。

[4] 一般认为，生态环境损害赔偿诉讼是政府基于"自然资源国家所有与公共信托环境权益"的二维权利基础构造，对环境公共利益进行维护的特殊环境公益民事诉讼形式。参见王小钢："生态环境损害赔偿诉讼的公共信托理论阐释——自然资源国家所有和公共信托环境权益的二维构造"，载《法学论坛》2018年第6期。

第6章 "红线"的预防性救济要义：以预防性环境行政公益诉讼为核心

《生态环境损害赔偿司法解释》第1条规定，[1]其预防性意味着，在红线区发生难以修复或危害范围较广的严重损害结果前，积极对可能产生的不利损害后果进行事前阻却。如在"中华环保联合会诉宜兴市江山生物制剂有限公司水污染责任纠纷环境公益诉讼案"中，法院判决被告对太湖生态保护红线一级管控区内的违法排污行为承担"停止侵害、消除危险"等预防性民事责任，及时有效避免了损害结果的无限扩大。此外，域外环境公益诉讼中多采用"环境诉讼禁令"的形式以事前遏制危害。禁令具有"紧急情况时的临时性救济"之特点。环境诉讼禁令的实质即"环境司法提前介入程序"，通过向法院提出申请的方式，被侵害人可通过对不利后果扩散前的民事救济途径，事先避免个人财产或其他权利遭受到难以弥补的损害。在美国环境司法实践中，环境诉讼禁令兼具"临时保全手段"和"及时救济措施"的双重属性，环境案件中采取禁令结案的案件数量远超未使用禁令的案件数量。[2]未来我国法院可适当扩大禁令的适用范围，将其适用于严格的生态保护红线区和核心自然保护地，从根本上改变持续恶化的生态损害的事后救济窘境。

另一方面，国家生态保护红线的预防性司法救济还体现在环境行政公益诉讼领域。检察机关提起环境行政公益诉讼是我国特

---

[1] 《生态环境损害赔偿司法解释》规定：在国家和省级主体功能区规划中划定的重点生态功能区、禁止开发区发生环境污染、生态破坏事件的，赔偿权利人（省级、市地级人民政府及其指定的相关部门、机构，或者受国务院委托使全民所有自然资源资产所有权的部门）在磋商未达成一致或无法进行磋商时，可作为原告提起生态环境损害赔偿诉讼。

[2] 日本民法虽未明文规定禁令制度，但为实现"防止公害于未然"环境保护诉讼目标并应对日趋严重的环境公害案件，禁令请求已普遍成为环境污染受害者的重要诉求，法院对此进行实质审查并作出司法裁决，具有代表性的判例包括大阪空港公害诉讼与国道43号线公害诉讼、横田基地噪音禁令诉讼等。

有的、具有较强监督性质的制度形式。环境行政公益诉讼兼具"事前预防"和"事后救济"的双重属性,检察机关可在不利生态环境损害结果发生前督促环境行政机关履行法定义务。2015年最高人民检察院发布的《检察机关提起公益诉讼改革试点方案》等规范性文件[1]均涵括检察机关提起环境行政公益诉讼的诉讼范围、诉讼主体和对象、诉讼方式等内容,并特别明确生态损害扩大前的预防性前置程序——"诉前检察建议程序"。诉前检察建议实质是司法审查的特别表现形式,能够以一种审慎克制的方式提前督促环境行政执法内部救济的实现,还可及时纠正行政机关处理、改进自身的违法或不当行为,具有预防生态损害、强化诉前协商程序、节约诉讼资源的直接效用。[2]据权威数据显示,2018年全国检察机关共立案办理自然资源和生态环境类案件59 312件,其中办理诉前程序的案件有53 521件,经诉前程序行政机关整改率达97%。如"湖北省黄石市磁湖风景区生态环境保护公益诉讼案"中,检察机关通过诉前检察建议的方式,有效解决红线区内多个行政机关因职能交叉、权限不清而产生的执法难题。在"贵州省金沙县人民检察院诉毕节市七星关区大银镇人民政府不履行行政职权行政纠纷案"中,法院经审判"确认被告行政机关在红线区内无约束倾倒垃圾的行为严重违反法律",并责令其在不利损害后果发生前主动认错,并实施全面充分的弥补方案。

由此,检察机关事前督促行政机关履行职责不仅是对行政权的"一般监督"、对公安、监狱等部门的"司法监督"或"行政执法和刑事司法的衔接",还具公共意义和能动性的法律监督方式。

---

[1] 还包括2017年《行政诉讼法》第25条、2018年《最高人民法院、最高人民检察院关于检察公益诉讼案件适用法律若干问题的解释》第21条。

[2] 诉前检察建议是针对妨碍检察目的之实现的违法或不当行为,通过具有相对灵活性的书面形式向特定被建议对象提出纠正、处理或改进意见的非强制性检察程序。

第6章 "红线"的预防性救济要义：以预防性环境行政公益诉讼为核心

而目前我国环境行政公益诉讼的实施中仍存在检察机关诉讼身份不合理、受案范围不明晰、诉前程序不规范、具体权能设定不确定、判决执行效果不理想等难题。[1]本书认为，未来可将检察机关提起环境行政公益诉讼受案范围——"违法行使职权或不履行法定职责的行为"予以明确化、具体化，包括行政人员对"具有重大的环境健康风险可能性"等不确定而产生极严重后果事件的怠于履职行为，在红线领域，如发现行政人员违法审批调整红线范围、违法许可红线内建设项目以及怠于履行红线区规划权等可能危害公共利益的规划类违法行为的，检察机关应在权力限度内及时适用诉前检察建议程序，积极主动行使其"事前监督"之责。

（二）预防性环境行政公益诉讼的概念与特征

在司法实践中，近年来检察机关和社会组织提起的预防性公益诉讼案件数量逐步递增，并逐步由预防性环境民事公益诉讼向预防性环境行政公益诉讼过渡。环境行政公益诉讼的"预防属性"能够赋予检察权介入行政权更多的正当性要义。为了确保司法机关介入环境公共事务的有效性，实现对环境公共利益的持续普遍和有效维护，需要明确行政机关在环境公共事务上的主导权，当前，有的省份已经通过地方性立法支持检察机关提起预防性行政公益诉讼。如《浙江省人民代表大会常务委员会关于加强检察公益诉讼工作的决定》规定，发现国家利益和社会公共利益存在被严重侵害风险隐患的，可以向行政机关发送检察建议，督促其采取措施消除隐患，行政机关不依法履行职责的，检察机关应当依法提起行政公益诉讼。结合预防性行政诉讼的定义与预防性环境公益诉讼的作用，预防性环境行政公益诉讼是指法定的机关或组

---

[1] 参见王一或："检察机关提起环境行政公益诉讼现状检视与制度完善"，载《中国政法大学学报》2019年第5期。

织认为行政机关的行政行为或事实行为具有损害环境公共利益的重大风险，向人民法院提起诉讼，要求确认法律关系、行政行为无效、事实行为违法，撤销或者部分撤销行政行为，或者判令禁止或停止行政行为或事实行为实施的诉讼制度。预防性环境行政公益诉讼具有以下几个特征。

第一，从被诉行为来看，被诉的行政行为或事实行为不仅是尚未作出的行政行为或事实行为，还可能是已经作出的行政行为或事实行为。预防性环境行政公益诉讼的目的是预防环境公共利益受损的重大风险，而无论行为是否作出，都可能造成重大风险。其中，具有损害环境公共利益的重大风险认定应采取"强风险"标准。从风险的强弱角度而言，为避免低标准带来的不确定性过高以致发生诉讼泛滥、司法效益过低等问题，预防性环境行政公益诉讼针对的应是可能造成不可逆转、不可修复、不可弥补的严重环境损害，即"强风险"标准，而体现弱风险防范原则。[1]由于环境风险的不确定性、复杂性、广泛性、多因性等特征，通过对行政机关行为风险的预防，可适当突破行政法上的"穷尽行政救济"或者"行政救济前置"原则，对正在侵害或者即将侵害环境利益的行为，准许提起诉讼可以实现"对环境损害风险或威胁的预防"。[2]

第二，在我国的预防性环境行政公益诉讼中，检察机关的风险治理具有更多的灵活性与能动性。相对于补救性环境行政公益诉讼，预防性环境行政公益诉讼具有独特的优势，检察机关虽然作为原告，但它只是代表国家在履行自己的职责，是以行政公益

---

[1] 参见吴良志："论预防性环境行政公益诉讼的制度确立与规则建构"，载《汉江学术》2021年第1期。

[2] 参见宋福敏、管金平："论预防性检察环境行政公益诉讼的制度确立与具体推进"，载《齐鲁学刊》2022年第1期。

第6章 "红线"的预防性救济要义：以预防性环境行政公益诉讼为核心

诉讼起诉人的角色出现的，其目的是监督行政机关依法行政，维护国家利益和社会公共利益，而不是为了某个人的利益，也不是为了检察机关单位的利益。一方面，可以调整并优化检察机关的监督和诉讼职能，另一方面，可以规范行政行为以及提升行政职能。从受案范围来看，"公法诉讼"性质的预防性环境公益诉讼能够涵盖环境风险所涉诸行为，包括环境资源利用行为与环境风险行政规制行为。

如在2016年中国第一起环境行政公益诉讼案件，检察机关针对环保局多次违法颁发试生产许可证使污染企业合法化的行为而提起诉讼，针对的就是行政过程救济阶段的预防功能。[1]

第三，从诉讼全过程来看，诉前程序具有毋庸置疑的预防要义。环境行政公益诉讼不仅有普通诉讼所具有的诉讼程序，还有其独特的"过程性防控"且必须前置实施的诉前程序。2018年3月2日起施行的《最高人民法院、最高人民检察院关于检察公益诉讼案件适用法律若干问题的解释》则对《行政诉讼法》中诉前程序的规定进行了细化，并将诉前程序中行政机关的回复时间由试点期间的一个月延长至两个月，还规定了紧急情况下行政机关15天回复的要求，以保证特殊情况下对公共利益的及时救济。诉前程序不仅仅体现了对行政机关的一种尊重，而且促使行政机关尽力在提起行政公益诉讼之前纠正违法行为或依法履行其职责。检察机关通过提出检察建议督促行政机关依法履行职责，增强了行政机关依法行政的主动性和积极性。从域外国家的经验看，一些较早实施了环境公益诉讼的国家，尽管环境综合治理主要靠行政执法，但为了处理好环境行政执法与环境公益诉讼的关系，设置

---

〔1〕 参见李华琪："论中国预防性环境公益诉讼的逻辑进路与制度展开"，载《中国人口·资源与环境》2022年第2期。

前置程序或者在起诉前设置某些限制条件是这些国家通常的做法。例如，德国《联邦自然保护法》为环境团体提起环境公益诉讼设置了一个前置程序，即环境团体在向法院起诉前应首先向环境行政部门提出履行义务的请求；美国公民诉讼在政府部门不作为时提供一种替代执行法律的机制，并设置60日通知的诉讼提示义务，通过这种诉前程序确保行政执法权的优先性。[1]

（三）预防性环境行政公益诉讼的隐忧与局限

目前，国家生态保护红线所保护的最珍贵的生态空间的预防性司法救济应当以环境行政公益诉讼为重点。相较于预防性环境民事公益诉讼，预防性环境行政公益诉讼具有独特优势。在环境行政公益诉讼中，司法机关需要对行政机关行政行为的合法性进行审查，仅在行政处罚显失公正等有限的场合下才对行政行为的合理性进行审查，也就是说，法院通常不需要具体介入环境行政管理事务，可以避免自身陷入相关利益冲突，避免自身代替相关行政机关进行利益衡量，以有效发挥其在法律监督和法律适用方面的优势和专长。[2]预防性环境行政公益诉讼强调"对环境损害风险或威胁的预防"和"对行政机关行为风险的预防"，是指检察机关认为行政机关的行政行为或事实行为具有造成难以修复的严重环境损害的可能性，以诉前检察建议为必经前置程序，在提起诉讼前督促行政机关积极履行职责、尽快消除公共利益受损状态的预防性诉讼制度。由于预防性行政公益诉讼存在风险的不确定性与事实状态的不稳定性等因素，对原告的诉讼能力有较高的要求，具备敏锐识别风险和及时收集证据权力的检察机关是预防性

---

[1] 参见高文英："环境行政公益诉讼诉前程序研究——以检察机关的调查取证为视角"，载《中国人民公安大学学报（社会科学版）》2020年第6期。

[2] 参见王明远："论我国环境公益诉讼的发展方向：基于行政权与司法权关系理论的分析"，载《中国法学》2016年第1期。

第6章 "红线"的预防性救济要义：以预防性环境行政公益诉讼为核心

环境行政公益诉讼的应然主体。随着我国环境行政公益诉讼制度的"地方先行先试"的深入开展以及 2018 年《最高人民法院、最高人民检察院关于检察公益诉讼案件适用法律若干问题的解释》等规范性文件的发布，我国已逐步将检察机关提起的环境行政公益诉讼作为公益诉讼司法实践的基本发展方向，督促行政机关积极作为，尽可能事前阻止环境损害结果的发生，并形成极具中国色彩的"风险规制型"公益司法保护道路。例如，在"湖北省赤壁市人民检察院诉赤壁市水利局怠于履行饮用水安全监管职责案"中，赤壁市人民检察院举证证明"将对当地居民正常用水造成不确定安全风险"，在造成公共利益严重损害前督促行政机关积极能动作为，从而全面提升治理能力和治理效果。但不可忽视的是，如何确认实质性损害发生前检察机关介入行政监管行为的限度，即风险治理中检察权对行政权的干预问题，则是预防性环境行政公益诉讼中研究的重点和难点。在传统国家治理系统中，行政权一般被当作公共利益的首要代表，"保护公益、实现国家政策"是其主要任务；检察权作为一项具有独立价值的法律监督权力，应尽可能摆脱外部行政权力干预，尊重行政机关在法律范围内的首次判断权和自由裁量权。然而，为了应对未知挑战，预防性环境行政公益诉讼中检察权在运作体系中呈现出"行政化"倾向：一方面，从内部体制来看，检察机关"生于司法，却无往不在行政之中"，检察机关上下级之间是领导与被领导关系，检察机关内设机构、检察人员等没有真正独立的办案权；另一方面，从外部关系来看，尽管检察机关有权介入行政机关的判断裁量权和选择裁量权，但介入的界限和范围并不明朗，易引起检察权对行政权的"僭越"和检察权功能定位上的混乱，长久来说，必将对公益诉讼预防性程序的实施产生不利影响。因此，如果我们试图摒弃以实用主义和功利主义视角处理环境保护与相关政治需求问题，而以权力归位、各司其职的法治化方式，通过明晰新时代检察权的性质和运行范围来解决行政性和社会化监管失灵现象，将命题回归到检察权司法化的基本理论和行政诉讼法治实践中去探究我国预防性环境行政公益诉讼的未来发展路径，进而全面保障环境法治的正当性和健康发展，维护根本性环境利益。然而，当前环境行政公益诉讼对生态空间的预防性保护是存在一定隐忧与局限的。

第一，主体障碍：检察机关诉讼身份模糊。2015年12月最高检察院公布《人民检察院提起公益诉讼试点工作实施办法》（以下简称《检察院实施办法》）第50条赋予检察机关类似于刑事诉讼中的二审抗诉权，这并不像行政诉讼普通原告那样提起上诉，而原告检察机关是否具有"诉讼当事人和法律监督者的双重身份"令人费解。类似地，2018年3月2日出台的《最高人民法院、最高人民检察院关于检察公益诉讼案件适用法律若干问题的解释》中将检察机关的起诉身份定义为"公益诉讼起诉人"，但并未具体列明检察机关与其他公益诉讼原告间具体权利之不同之处，未确认检察机关在环境行政公益诉讼中的举证责任和证明标准的特殊性。检察机关诉讼身份模糊不清导致检察权运行方式的"行政化"，并易受到检察机关内部行政性工作方式的消极影响。目前，从诉前检察建议至起诉与否的决定过程，检察公益诉讼几乎表现为检察机关全权掌控的单向性程序结构，并带有"见效快、失效也快"的运动式治理的弊病。根据《检察院实施办法》第53条规定，地方各级人民检察院能否针对特定案件提起诉讼，需要通过层层上报获得最高人民检察院审批。而实践中，检察机关系统内部须进行大量政治动员以外力推动公益诉讼的实施，将公益诉讼视为新的业务增长点而忽视检察权本身应具有的谦抑性。例如，江西省人民检察院每月须对各地公益诉讼的办案情况进行全面分析和进展通报，对办案实施效果不明显的区域，由省检察院检察

第6章 "红线"的预防性救济要义：以预防性环境行政公益诉讼为核心

长约谈市检察院检察长。长此以往，行政机关法定办案程序与监管步骤将被打乱，并产生行政公益诉讼组织方向高度勾连的不利结果，最终导致环境行政机关面对生态环境损害风险时的消极态度、应付主义和形式主义。

第二，程序障碍：诉前程序与诉讼程序间未形成良性互动的衔接关系。根据行政公益诉讼诉前程序强制性前置的制度设计，诉前程序是检察机关发挥其监督职能、督促行政机关履行特定法定职责的具体表现；诉讼程序是诉前程序履行不能的制度保障，二者衔接的关键在于检察院在诉前程序中对行政机关是否履行法定职责的审查与判定。而在实践中某些检察机关尚未对行政机关的履职情况进行实质性审查即作出"予以起诉"的决定，对行政机关处理复杂案件的基础执法职能和自制性造成冲击，究其根源，在于部分检察机关忽视了诉前程序的独特价值，将其作为诉讼前的过渡性程序，使得诉前程序失去了独立性而沦为诉讼程序的"附属品"。通过对行政公益诉讼判决书的梳理可以发现，法院经审查后认定的"不履行法定职责"主要包括履职程序违法或存在瑕疵、履职内容不合法、公共利益受损害状态未消除三种类型。其中，检察机关对公共利益受损状态的判定较为困难。根据最高人民检察院的指导性案例，"不履行法定职责"涵括"过程主义"和"结果主义"两种标准，前者指行政机关在连续监管行为中任何一个环节的失职而导致的公共利益所面临的受损可能性，均会构成"不履行法定职责"；后者则根据"公共利益的受侵害状态是否已完全消除"来判断行政机关是否充分完全履职。司法实践中，检察机关在诉前程序中对行政行为的审查通常兼采"过程主义"和"结果主义"双重标准，并且往往以结果未能充分阻止公共利益受到的侵害而提起环境行政公益诉讼，却忽视了部分行政机关未履职存在"客观不能"的原因。例如，在"兰州市七里河区检察院诉兰州市七里河区环境保护局怠于履行职责行政公益诉讼案"中，尽管环保局在收到检察建议后已责令垃圾填埋场停止违法行为，但在此后的 6 个月内，环境公共利益仍处于持续受侵害的态势，七里河区检察院最终决定启动诉讼程序；在"清远市清城区人民检察院诉清远市国土资源局清城分局不履行法定职责案"中，被告行政机关辩称已经有效制止了源润公司的违法行为，但由于源润公司的起诉期限仍未届满，遂尚不能申请法院强制执行以及时维护公益。尽管当前部分地方检察机关以充分审查行政主体履职行为和履职效果为基础，增加对"客观不能"因素的考察和探究，但至今仍未形成统一的判断标准。在标准不一的情况下，检察机关无法完全尊重行政机关的监管工具选择权对行政机关程序判断裁量权的行使造成"部分侵蚀"，从而加重行政机关履职负担，严重打击行政机关履职积极性。

第三，权能障碍：检察机关取证权的薄弱。检察机关取证权应当作为行政公益诉讼中检察机关的基本权利，这可从检察机关主导公益诉讼、启动案件、提出检察建议以及行政公益诉讼标的复杂性等角度考量。但是，在传统制度格局下，检察机关享有取证权的立法和理论基础十分薄弱。其一，在立法层面，依据《最高人民法院、最高人民检察院关于检察公益诉讼案件适用法律若干问题的解释》第 22 条规定，检察机关在行政公益诉讼的庭审阶段是有举证责任的，然而《行政诉讼法》却没有要求检察机关提供证据，因此检察机关在行政公益诉讼中是否享有与刑事诉讼相同或类似的调查取证权是饱受争议的。尽管《最高人民法院、最高人民检察院关于检察公益诉讼案件适用法律若干问题的解释》第 6 条规定检察机关"可以"调查收集证据材料且其他组织、公民"应当"配合，但此种授权性质存在模糊且矛盾的规定，影响检察机关调查取证权在实践中的运用。其二，在理论基础层面，

第6章 "红线"的预防性救济要义：以预防性环境行政公益诉讼为核心

目前学界诸多探讨将问题集中于检察机关如何与作为被告的行政主体分担证据证明的问题，而对检察机关取证权的理论基础及与之相关的举证责任的分配问题研究尚不明朗。有的学者认为，"检察机关不是一般行政诉讼中行政行为相对人，难以获取并掌握行政机关是否履职及其履职方式的全部情况，因此环境行政公益诉讼也应延续行政诉讼法确认的"举证责任倒置"，由行政机关对具体行政行为负有举证责任。而这样的推论易破坏检察机关取证权的理论构造，忽略环境公益问题的特殊性和迫切性。

二、检察权适度司法化理论在预防性环境行政公益诉讼中的作用

根据前述，检察机关目前主要采用以政治动员为主的"行政化"手段推动环境行政公益诉讼的全面开展，试图借助检察系统内部有限权力资源对行政机关施以强有力的外部压力，这就导致检察权的谦抑性品格缺失及其干预行政事务的失当现象，而这在无形中使检察监督与诉前程序成为形式主义的代名词。为了有效化解此类困境，相关制度设计应基于检察权基本属性及其司法运作规律，督促检察权适度司法化，推动检察权司法性工作方式的发展并以其取代行政性工作方式，限制检察一体化，保障检察权独立公正行使，防止检察权的滥用和过度干预行政。使非参与性、非对抗性的检察权运行模式转变为多元主体参与和沟通的理性裁断模式。检察权适度司法化的本质是一种有限的、程序的司法化，一方面，它体现出检察权权力运行方式的变化，是检察权独立行使、民主参与、体现公信的程序过程；另一方面，它反映出检察权运行的理性化价值转向，使诉讼策略回归至客观的法秩序作业。

（一）检察权适度司法化的前提要件

检察权司法化是指检察权权力运行的司法化，其本质是一种

程序的司法化。它既反映检察权权力运行方式的变化,又反映检察权运行价值取向的变化。检察权适度司法化是相对于检察权运行的过度行政化而言的,是指"推动司法性工作方式发展并以其取代行政性工作方式"。[1]根据当前国家治理现代化和法律监督体系化的要求,检察权应依据其司法属性和司法规律运行权力,从行政式运行模式向司法式运行模式转变,即从检察权行使的非参与性、非对抗性、非公开性的单方专断模式转变为具有参与性、对抗性、公开性的理性化司法裁断模式。[2]从价值选择看,检察权运行的司法化是检察权独立行使、民主参与、实现公正、提高效率、体现公信的程序过程;从现实根据看,检察权的司法化是为了使诉讼策略回归至客观的法秩序作业。当前,检察机关以政治动员的方式与行政化的手段推动行政公益诉讼的实施,希冀通过系统内的资源集中输出有力的"外部激励",迫使行政机关有效率地解决公益问题,而这往往隔绝了诉讼与监督之间深刻的渊源关系;从刑事诉讼看,《人民检察院刑事诉讼规则》第 4 条规定检察权的微观运行须遵守"三级审批"的办案机制,反映了可能导致的"办者不定、定者不办"的消极司法结果。因此,检察权的适度司法化是因应检察权属性的必然要求,也是提升司法作业科学性和结果可接受性的重要保障。同时应当注意到,检察权司法化是中国法律语境下的话题,其产生于实践,带有浓厚的本土化色彩。在我国,检察权司法化的基础是检察权的司法属性,具体体现为检察机关在法律监督基础上承担的刑事司法审查和预防性救济职能。在环境行政公益诉讼诉前程序中,检察机关对是否立

---

〔1〕 参见龙宗智:"检察机关办案方式的适度司法化改革",载《法学研究》2013 年第 1 期。

〔2〕 参见骆绪刚:《检察权运行司法化研究》,中国法制出版社 2017 年版,第 100 页。

第 6 章 "红线"的预防性救济要义：以预防性环境行政公益诉讼为核心

案、是否向法院提起行政公益诉讼，以及行政机关是否已经纠正了行政违法或不作为情形等要进行审查，其相当于"法官之前的法官"，承担着审查与救济职能，对国家利益和社会公共利益进行救济和保护等，都体现了其司法性特点。[1]

检察权适度司法化是以其法律监督本质为基本前提的。检察权是现代国家治理体系中的一种重要权力，其设立、发展和演变的过程，其实就是现代国家治理结构、方式不断调整和演变的过程。检察官制度自创设以来就游离于警察、法官两种国家权力之中，这既是创设这种权力的国家目的使然，同时也导致这种国家治理创新的成果在理论上充满争议。检察权的性质是检察理论研究的核心问题之一，比较有代表性的主要有行政权说、司法权说、双重属性说和法律监督权说。本书认为，我国检察权的基本属性是"法律监督权"，在学术界，检察系统的代表性学者皆持此说法。[2]尽管检察权本身带有行政权或司法权的某些运行特征，但它明显的程序性特征使得它不同于二者，并成为一种独立的权力。检察权通过其法律监督职能在二级权力运行结构里对行政权、审判权形成制衡；检察权作为一个包含公诉权、职务犯罪侦查权、批捕权、诉讼监督权、执行监督权等权能的权力系统，是各项具体权能的有机结合。在现代检察制度起源地的法国，检察体制具有"国家权力之双重控制"的功能，"作为法律之守护人，检察官

---

[1] 域外的司法审查和救济职能一般由法院行使，而如果我国引入法院司法审查，客观上会形成"法院既是强制处分决定者又是案件审理者"的问题。由此，无论是在行政公益诉讼或在刑事诉讼中，检察权的司法化应"因地制宜"，应以其属性为基础整体、系统地发挥作用。参见王春业："论行政公益诉讼诉前程序的改革——以适度司法化为导向"，载《当代法学》2020 年第 1 期。

[2] 参见王桂五主编：《中华人民共和国检察制度研究》，中国检察出版社 2008 年版，第 165—167 页；孙谦：《中国特色社会主义检察制度》，中国检察出版社 2009 年版，第 37 页；石少侠：《检察权要论》，中国检察出版社 2006 年版，第 60 页。

既要保护被告免于法官之擅断，亦要保护其免于警察之恣意".[1]我国检察权的法律监督权本质与中华法系演变历史中特有的政治法律制度——御史制度密切相关。秦统一六国后，在中央设"三公"，由丞相掌行政，太尉掌军事，御史大夫掌监察兼领副丞相，此为监督权的发轫。至东汉末年，御史台不再隶属政府机构，开始由皇帝直接领导，由此标志着独立监督权的确立，自此逐渐内化为中华民族在生存与发展过程中特有的民族精神。[2]申言之，法律监督引领并涵盖了整个检察权体系，正因如此，将检察权在组织体系与运行方式等方面所呈现的特征归纳为行政权或司法权的论点，都不能完整概括检察权在中国特色社会主义权力架构中的权力性质。[3]因应国家权力架构的调整，检察权外延和行使方式的变革强化了检察机关的法律监督机关地位，检察权外延的变革拓宽了法律监督的空间，法律监督权配置更为全面而均衡。2019年1月，习近平总书记在中央政法工作会议上强调，要优化政法机关职权配置，构建各尽其职、配合有力、制约有效的工作体系；同年1月3日，张军检察长首次将"公益诉讼"列为检察职能系统"四大检察"权能之一。这也意味着，在检察权转型的关键时期，以检察权的法律监督属性为基本前提，将朝着监督领域更加广泛化、监督方式更加科学化、监督体制机制更加精细化方向发展，检察权的适度司法化恰恰呼应了检察权监督属性向预防性环境公益诉讼领域的渗透和扩张。

（二）检察权适度司法化的可能路径

检察权司法化不是一个孤立的法律现象，它受到来自内部和

---

〔1〕 参见王守安、田凯："论我国检察权的属性"，载《国家检察官学院学报》2016年第5期。

〔2〕 参见王玄玮：《中国检察权转型问题研究》，法律出版社2013年版，第85—86页。

〔3〕 参见周新："论我国检察权的新发展"，载《中国社会科学》2020年第8期。

第6章 "红线"的预防性救济要义：以预防性环境行政公益诉讼为核心

外部的种种限制，这就决定了检察权的司法化是适度的、有限的司法化。检察权司法化的内部限制来自检察权属性的复合性以及检察权内容的复杂性；外部限制则来源于检察权运行的司法化需求与现行法律制度及法律实践的兼容性。我国检察权适度司法化主要是针对具有司法性的检察权而言，而非全部的司法权，主要包括确保检察机关诉讼活动中的相对独立性、防止行政权不当干预司法和查明案件事实及法律适用判断的权利三方面内容。在域外，公共利益层面的检察权司法化已得到基本保障。在法国，基于"法律守护人""公共利益捍卫者"的定位，法国检察机关对特定行政管理领域享有特别监督权：对司法辅助人、书记员、户政官员等公务人员的不当或违法行为，检察机关可以起诉追究责任人的法律责任；归于其他公共机构或组织的违法行为，检察机关可以制止并要求其作合法性调整。根据英国《皇家检察官准则》第4.7条，英国法律对检察官的不起诉自由裁量权进行一定限制，检察官审查案件的证据要素以后，还必须考量检控是否是公共利益所要求。在我国，决定检察权适度司法化的一个基本前提是各主体间的程序结构能否进行司法化调整，即削弱单方机构中的书面和行政化色彩，而塑造为三方主体参与、权力主体居中裁判的沟通协调程序结构。在这方面，检察权在其他领域的听证程序设置为预防性环境行政公益诉讼提供了有益借鉴。例如，真正实现检察权运行从"兼听模式"向"对审抗辩模式"转变的制度实践是最高人民检察院2012年1月颁布实施的《人民检察院刑事申诉案件公开审查程序规定》，该规定第18条—23条中要求"采取公开听证以及其他公开形式"审查刑事申诉案件，并对听证审查的范围、主体、程序、评议与决定等作了详细规定；在2013年实施的《人民检察院民事诉讼监督规则（试行）》第62条中也专门规定了三方结构的听证程序，听证过程的"举证—质证—辩论"阶段与审判程序具有较大相似性。[1]而近年来我国在刑事诉讼领域开展的"以审判为中心"的诉讼制度改革,更是把控检察机关在提起公诉之前,确保侦查、审查起诉的事实要经得起庭审的检验,必须采取司法化方式与庭审程序相对接。例如,在审查批逮捕方面,2011年江苏省宿迁市宿城区人民检察院会同公安机关制定了《审查逮捕听证制度实施细则》,适用听证程序后(至2012年2月)作出不批捕决定案件47件75人,无一复议复核案件;[2]在羁押必要性审查方面,上海市检察机关受理相关案件111人,对30人以公开听证的方式开展羁押必要性审查。[3]目前,根据《检察院实施办法》第33条关于检察机关有权"询问行政机关相关人员以及行政相对人、利害关系人、证人等""咨询专业人员、相关部门或者行业协会等对专门问题的意见"等规定,环境行政公益诉讼诉前程序中亦不乏利用听证程序督促履职的地方实践。如商洛市商南县在2020年8月人民检察就该县一移民小区空地内堆积大量生活垃圾、建筑垃圾污染环境召开行政公益诉讼案件公开听证会,商南县人民检察院副检察长担任听证会主持人;[4]2020年12月,江西省

---

[1] 《人民检察院民事诉讼监督规则(试行)》第62条规定:听证应当按照下列顺序进行:①申请人陈述申请监督请求、事实和理由;②其他当事人发表意见;③申请人和其他当事人提交新证据的,应当出示并予以说明;④出示人民检察院调查取得的证据;⑤案件各方当事人陈述对听证中所出示证据的意见;⑥申请人和其他当事人发表最后意见。

[2] 参见王苏洁:"宿迁市宿城区检察院:审查逮捕听证制提升执法公信力",《检察日报》2012年2月12日。

[3] 上述数据来自华东政法大学方甄博士对2013年1月至8月上海公、检、法机关刑事诉讼法实施情况的调研。

[4] 在本次听证会中,县住建局、环境局、移民办、城管局、房管局、城关街道办等六个行政机关负责人参加听证,并邀请人大代表、政协委员、党代表、人民监督员及政府办、司法局等行政部门负责人担任听证员。商南县人民检察院:"公益诉讼公开听证 理清职责督促履职",载http://www.sn.jcy.gov.cn/slssnx/tt/202008/t20200824_186295.html,最后访问日期:2021年1月26日。

第6章 "红线"的预防性救济要义：以预防性环境行政公益诉讼为核心

人民检察院就审查批准临川区人民检察院对临川区林业局怠于履职案提起行政公益诉讼案进行公开听证，以督促行政机关对最重要生态空间的保护。[1]这些案例表明，预防性环境行政公益诉讼中检察权的行使已初具司法化样态，但司法化程度不够，缺乏真正意义上的"由检察建议作出者、被建议机关以及利益相关方"构成的类似审判的三方主体构造，难以形成多元治理机制在公益保护层面的耦合。

在此基础上，检察权适度司法化是对上述"沟通行动理论"的超越。检察权适度司法化强调在冲突的个体之间或个体利益与社会公共利益之间发生冲突时，检察机关有权作为权威并主持公开程序以实现妥协、提醒或改善的规则与路径，能够以大众参与并认可的方式进行全面理性的规范沟通，以此代替行政化的强制性服从与领导方式。从根本上说，检察权适度司法化是对哈贝马斯"沟通行动理论"内涵与形式的超越。1981年，德国哲学家尤尔根·哈贝马斯在《交往行为理论》一书中提出对西方哲学具有典范转换意义的"沟通行动理论"（Theory of Communicative Action）。该理论试图摒弃马克斯·韦伯的社会理性化困境，突出人与人间的真诚沟通与相互协调，并且尝试以程序正义为基础，实现理想言语情境之下近乎完美的"真理合意"。在无外界压迫的理想言语情境之下，交往理性即构成了交往行动的中心，它要求交往各方就某个问题进行博弈时，参与者必须是真诚而相互尊重的，他们具有充分权利提出问题、表达观点，由此而言，彻底真诚的交流和沟通是通向真实合理性的必由之路，人们之间没有设防的沟通模式才可以防止道德和正义标准的确定性瓦解。因此，在国家治

---

[1]"行政公益诉讼听证督促严格履职"，载 https://www.163.com/dy/article/FUUAVG9Q05508T1R.html，最后访问日期：2021年1月26日。

理现代化与检察权公益化改革的背景下,为了解决日益复杂的各类公共利益损害,需要检察机关在行政公益诉讼司法审判程序开始之前即建立一个有效理性沟通交往的平台体系,将纠纷当事人与解决纠纷者纳入同一个空间进行对话,确保商谈主体的平等性、商谈理由的充分性和合理性、商谈过程的无强制性,督促行政机关及时履职,避免公共利益更大程度的破坏。

三、预防性环境行政公益诉讼的发展方向

(一)主体确认:明确检察机关的行政监督权归位

如何在环境行政公益诉讼制度设计与制度实施环节处理好检察权与行政权的关系,既是环境行政公益诉讼制度前设性问题和内生性难题,也是制度实施环节的关键。检察机关既要监督环境行政执法,同时又要尊重行政权力的专业性,保障其在生态环境与资源保护中的优位,而不能"越俎代庖"。在我国制度语境中也不应当追求"检察机关补充执法"。由于当前立法并未对行政公益诉讼之功能进行明确定位,也未透析检察机关法律监督与救济公共利益之间的关系,进而模糊了检察权能的界限,致使检察机关监督行政权运行的情况存在诸多不足。事实上,检察机关参与环境行政公益诉讼的直接功能应当是监督行政权,而非喧宾夺主地替代行政机关来直接维护特定领域的公共利益。如果认为诉前程序或提起公益诉讼的目的是保护公益,由此得出预防性环境行政公益诉讼制度的设置仅是为了实现客观上的公益保护功能,这实际上混淆了诉前程序及提起诉讼的直接功能和间接功能的关系。在中国法的语境下,司法机关并非公共利益的直接保护者,政府机关才是公共利益的主要保护者,其通过行政管理、行政裁量等一系列行政措施来直接参与公共事务的治理。对比之下,检察机关是法律监督机关,这一宪法定位使得检察机关需要积极督促行

第6章 "红线"的预防性救济要义:以预防性环境行政公益诉讼为核心

政机关纠正侵害公共利益的违法行为,为公共利益的全方位事前保护提供优质的公共服务。[1]

一方面,应明确"依法独立原则"是检察权行使的一项基本原则,它调整着检察机关与立法机关、行政机关、法院之间的法律关系,是检察权司法化的前提和保障。然而公益诉讼实施中的真实情况却是我国检察机关作为整体尚不具有完全的独立性。长期以来,检察院内部实施的是三级审批制的行政化管理和检察委员会提案制度,其独立性难以完全保证,检察权的行使更被视为一种集体行为,责任上也由集体承担,检察官个体的主观能动作用被无视。值得关注的是,最高人民检察院2018年印发的《关于贯彻落实党的十九大精神深入推进检察改革的工作意见》明确提出"谁办案谁负责,谁决定谁负责",为检察人员独立办案权和检察官办案责任制的确立奠定基础。这也就意味着,检察人员应以事实为根据、以法律为准绳,不受上级检察院干扰对案件作出客观且公正的判定,上级检察院领导下级检察院的方式将严格受限,仅包括政策性指导或重大事项决策等与具体案件无关的事项;并且,检察人员在办案时应把握好检察权行使的界限,检察权的行使应恪守依法、谦抑、有限监督原则,在情况不明朗时应推定行政行为的有效性,尊重行政机关的预防性环境监管和先行处置权,最大限度激发行政机关自我纠错、主动履职的能动性。同时,在确认检察机关独立的法律地位前提下,应在立法上赋予其开展环境行政公益诉讼所必需的深度调查取证权。调查取证权是检察机关作为法律监督者不可或缺的前置条件,也是公益诉讼完整顺利进行的重要保障。检察机关作为环境行政公益诉讼的主

---

[1] 参见杨严炎、苏和生:"法理、功能与逻辑:检察机关提起政府信息公开公益诉讼之省思",载《河北法学》2022年第3期。

导方，应在诉前程序期间即有权向行政机关与利害关系人收集证据，详细查明环境公共利益所受损害或威胁的程度、违法当事人的行为状况等，促使案件尽可能在诉前程序期间结案，如此既可以最大限度地节约司法成本，又能够实现对公共利益的预防性保护。

另一方面，检察权行使应注重主动性与慎重性的平衡。检察权的主动性在于其补强监督的定位，要求检察机关能够及时有效地填补监督体系中的漏洞，弥补其他监督的不足；检察权的行使之所以有慎重性，其一般原因是行政活动注重高效，且行政主体能够对行政事务作出更专业的判断。所以检察机关、审判机关等外部监督主体必须保持格外的谨慎，不能随意打断行政活动，不宜轻易评价行政自由裁量权，更不得代替行政主体作决定。在监督时机上要把握好事中监督与事后监督的平衡，应提早介入到重大行政活动当中，比如一些涉及生态保护红线公共利益或公民人身财产权益的案件，避免发生难以挽回的损失。并且，在监督程度上要把握好适当介入与保持距离的平衡。检察机关既要与行政行为保持一定的距离，不随意干涉行政行为的决定与执行，不能亲自下场同行政主体联合执法，但也要充分准备介入其中，查清行政行为可能存在的违法问题，提出意见建议。

（二）程序配给：设置诉前检察建议对审听证程序

在公共利益代表范式下，以"四大检察"职能为核心的新时代法律监督格局，为诉前检察建议制度的规范化发展提供了法理和制度基础。检察建议的运行应遵循司法化思维，即由传统的"办事模式"向新型的"办案模式"转变，强化检察建议沟通协调机制的程序化和秩序化。首先，应赋予检察建议中各主体相应权利，明确被建议机关、利益相关方的参与权和意见表达权；其次，应打造检察建议各主体参与的"场域"，通过提供证据、质证和辩

第6章 "红线"的预防性救济要义：以预防性环境行政公益诉讼为核心

论的两造对抗得出最终结论，其中对于司法审查属性的权力及重大且有争议的程序性事项，应当采用对审听证的方式。

一般认为，听证是以英美法传统中的"自然公正"和"正当程序"为理论基础，从程序上保障参与权利、保障决策民主性和公正性的重要手段，对于获取关键信息、发现案件事实具有极重要的意义。而对审听证则是在对抗与听审之间寻求公正与公开的价值，检察机关将作出司法决定的过程向社会公开，促使诉讼参与人充分表达意见，增强检察监督和检察建议程序的透明度，使诉讼参与人及社会公众及时了解检察机关作出起诉与否决定的确切理由和法律依据。21世纪初，检察机关开始在刑事申诉案件中适用听证制度。2000年5月，最高人民检察院发布《人民检察院刑事申诉案件公开审查程序规定（试行）》，明确刑事申诉案件的审查主要以公开听证的形式进行。2020年9月，最高人民检察院印发《人民检察院审查案件听证工作规定》，对听证案件范围、听证会类型、听证会参加人、听证会程序、听证员意见效力和听证活动经费管理等作了系统规定。依据上述文件，行政诉讼监督案件、检察公益诉讼案件也被纳入听证的范围。在预防性环境行政公益诉讼案件中，由于生态空间破坏、环境污染情况处理的迫切性，在诉前程序中设置对审听证程序也是非常必要的。诉前程序中的听证程序是由具体调查案件的检察官作为一方，可能作为被提起行政公益诉讼被告的行政机关作为另一方，而主持人则应是没有介入案件处理的检察人员。案件调查人员与行政机关就是否存在行政违法进行举证、质证、辩论，并把听证结果作为是否发出检察建议或是否提起行政公益诉讼的重要依据。检察机关通过对审听证程序，在两造对抗和直接言词辩论的基础上，根据证据情况作出判断，确保作出决定的正确性。听证后，检察机关对行政机关是否存在违法或不作为问题作出是否提起行政公益诉讼的决定。在听证过程中，可以聘请专业机构人士对相关事实问题进行评估，以加强对事实与证据的查清。听证程序可以由检察机关依职权启动，也可以应行政机关的要求启动。实践中，2013年上海市金山区人民检察院即试点探索"三方+三化"检察建议的公开对审听证模式，即由完全没有介入案件处理的检察人员作为主持人、具体调查环境案件真实情况的检察官作为一方、可能作为诉讼被告的行政机关作为另一方、人大代表和市民群众作为第三方充分参与检察建议宣告全过程，将以往"文来文往"的检察建议变成面对面公开宣告，确保宣告的场所化、仪式化、公开化，增强了检察建议的严肃性和权威性。

（三）权能优化：行政法律监督的范围与深度拓展

为确保预防性环境行政公益诉讼的有效实施，应赋予检察机关与其监督权相对应的介入行政裁量的权力，以此激活讲求风险规制的生态空间预防性法律监督。2019年10月，《最高人民检察院关于开展公益诉讼检察工作情况的报告》中提到应着手"筹建公益诉讼检察专家咨询委员会，充实公益诉讼技术专家库，为办理重大疑难公益诉讼案件提供专业指导"，这意味着检察机关已有合理介入行政裁量之意图。从比较法上考察，英国通常采用检察令状制度强化检察监督权的实施效力，其具体形式可类型化为禁止令、阻止令和执行令。尽管2019年最高人民检察院已发布《人民检察院检察建议工作规定》，但对检察建议的具体类型和内容撰写、案件事实与结果的认定等均未作统一规定，以至实践中检察建议的司法化和案件化进程落后，检察建议督促履职、纠正违法的功能体现并不明显。例如，在"湖北省黄石市磁湖风景区生态环境保护公益诉讼案"中，检察建议仅寥寥要求行政机关"采取治理措施，消除影响"，却未对5家行政机关如何促成执法合力形成明确指导方向。因此，为了在根本上发挥检察机关在不利环境

第6章 "红线"的预防性救济要义：以预防性环境行政公益诉讼为核心

损害结果发生前实施行政法律监督的权能，明确检察机关介入行政裁量的具体范围，应特别注意以下几个方面。

第一，在立法层面，我国应尽快确认检察建议的效力，完善检察建议的适用范围、主要内容、基本形式和签发程序，明确检察机关介入行政裁量的界限，细化执行、监督保障和救济途径等具体规则，提高检察建议的说理性、可操作性和专业性。我国近年来一些地方进行了积极探索，如2017年江苏省昆山市人大常委会通过了《关于在公益诉讼中进一步加强"检察建议"的决议》，实施检察公益诉讼的分级分类机制并设置"司法令状式"检察建议，赋予其较强的执行力；2017年连云港市海州区人大常委会作出《关于提升检察建议质效的若干规定》，对检察建议的落实、报备及跟踪问效等制度予以翔实规定，促使检察监督手段的刚性化和多元化。具体地说，一要建立说理释法制度，保证检察建议的合理性和正当性，提高检察建议的说服力和执行力，确保监督者说理的信心，让被监督者心悦诚服。检察建议的内容应注重案件事实及法律依据的说理和论证，做到客观、真实、准确地阐述事实，证据充分，分析透彻，说理有理有据，提出建议明确、具体，并富有针对性、前瞻性和可操作性。二要明确实质内容，诉前检察建议应载明行政违法构成的认定和依法正确履职的建议，这两项要求体现了检察机关启动监督程序的基础和履行监督职责的实质内容，提出检察建议时不能仅仅依据初步证明材料判定公共利益的受损状况，必须取得确实充分的证据材料，否则难以全面、准确判断行政机关是否依法正确履职，这不仅直接影响检察建议的针对性和有效性，而且关系到检察机关提起诉讼后的审判结果以及面临的监督风险。除上述实质性问题外，还应当加强检察建议制作和管理的规范化，统一格式，严格制发主体、效力级别、审批手续、登记备案等管理。[1]

　　第二，在具体制度构建层面，检察机关在决定起诉前对行政机关履职内容和履职状况的判定应秉持实质性合法审查标准，增加对"客观不能"因素考量。这在实践中主要包括"因自然条件等不可抗力而导致的履职不能"和"行政机关缺乏相应职权、需要其他机关配合执法而导致的履职不能"两类因素。这就要求检查机关对行政机关履职行为的审查应建立长效处理机制，检察机关在行政公益诉讼中，应当主要从行政机关的法定职权、法定措施手段、法定条件、法定程序等多角度全面判断行政机关"不依法履行职责"。这是因为生态环境的损害不仅限于某个要素或某个小区域生态空间的污染或破坏，还在于由此导致的不可逆的环境整体性能的严重退化或某种生态服务功能的丧失。所以，并非所有的生态空间和自然资源破坏都能在特定时间或一定期限内予以全面救济，而且要求行政机关在特定期限内救济所有的环境公益损害是不切实际的。在环境行政公益诉讼领域具体操作时一般具有三个步骤：其一，检察机关应先行审查被监管主体排污或生态破坏等违法行为是否已完全停止；其二，当被监管主体的违法行为已呈现出停止状态的，检察机关应审查此时的公共利益是否已不再面临威胁或已脱离危险状态；其三，当行政机关的监管履职行为并未达到完全消除公共利益损害效果或未使公共利益脱离危险可能性的，检察机关应尽快审查行政机关的履职状态。若行政机关是因自然条件、科学技术水平、诉讼程序要求等客观要素无法在履职回复期限内消除损害结果的，只要行政机关积极对行为人进行跟踪监管并着力督促环保措施的落实，即视为依法完成履职，

---

[1] 参见张晓飞、潘怀平："行政公益诉讼检察建议：价值意蕴、存在问题和优化路径"，载《理论探索》2018年第6期。

第6章 "红线"的预防性救济要义：以预防性环境行政公益诉讼为核心

检察机关应中止对人民法院提起诉讼，以确保行政机关的履职的积极性和正当性。

四、本章小结

作为一种新型诉讼模式，预防性环境行政公益诉讼旨在事前保护环境公共利益和维系客观法律秩序，特别是在最重要的生态空间——国家生态保护红线的预防性保护中起到举足轻重的作用，凸显了检察机关在"四大检察"背景下公共利益代表角色定位，督促生态空间保护中行政机关的尽快尽早履职，为公众参与环境行政过程提供更加便捷和有效的法律路径。伴随着预防性环境行政公益诉讼制度在全国范围内的广泛有效实施，检察机关应恪守宪法赋予的法律监督者地位，以适度司法化的权力运行方式积极履职和纠正行政机关违法行为。当前检察机关主要采用以政治动员为主的"行政化"手段推动环境行政公益诉讼的全面开展，试图借助检察系统内部有限权力资源对行政机关施以强有力的外部压力，这就导致检察权的谦抑性品格缺失及其干预行政事务的失当现象，而这在无形中使检察监督与诉前程序成为形式主义的代名词。为了有效化解此类困境，相关制度设计应基于检察权基本属性及其司法运作规律，督促检察权适度司法化，这不仅能够在法定范围内厘清检察权与行政权的关系，尊重行政权的专业性和灵活性，还能够确保检察权的独立性、促进诉前程序主体参与的多元化、增强检察建议的权威型和有效性，并进一步拓展检察权法律监督的深度与广度。具体而言：

第一，在主体层面，应明确检察机关的行政监督权归位。检察机关参与环境行政公益诉讼的直接功能应当是监督行政权，而非喧宾夺主地替代行政机关来直接维护特定领域的公共利益。一方面，应明确"依法独立原则"是检察权行使的一项基本原则，它调整着检察机关与立法机关、行政机关、法院之间的法律关系，是检察权司法化的前提和保障。另一方面，检察权行使应注重主动性与慎重性的平衡，特别是在监督时机上要把握好事中监督与事后监督的平衡，应提早介入到重大行政活动当中，比如一些涉及生态保护红线公共利益或公民人身财产权益的案件，避免发生难以挽回的损失。

第二，在程序层面，应设置诉前检察建议对审听证程序在公共利益代表范式下，以"四大检察"职能为核心的新时代法律监督格局，为诉前检察建议制度的规范化发展提供了法理和制度基础。检察建议的运行应遵循司法化思维，即由传统的"办事模式"向新型的"办案模式"转变，强化检察建议沟通协调机制的程序化和秩序化。因此，应打造检察建议各主体参与的"场域"，通过提供证据、质证和辩论的两造对抗得出最终结论，其中对于司法审查属性的权力及重大且有争议的程序性事项，应当采用对审听证的方式。

第三，在权能层面，应注重行政法律监督的范围与深度拓展。为确保预防性环境行政公益诉讼的有效实施，应赋予检察机关与其监督权相对应的介入行政裁量的权力，以此激活讲求风险规制的生态空间预防性法律监督。在立法方面，我国应尽快确认检察建议的效力，完善检察建议的适用范围、主要内容、基本形式和签发程序，明确检察机关介入行政裁量的界限，细化执行、监督保障和救济途径等具体规则，提高检察建议的说理性、可操作性和专业性；在具体制度构建方面，检察机关在决定起诉前对行政机关履职内容和履职状况的判定应秉持实质性合法审查标准，增加对"客观不能"因素考量，这就要求检查机关对行政机关履职行为的审查应建立长效处理机制，检察机关在行政公益诉讼中，应当主要从行政机关的法定职权、法定措施手段、法定条件、法定程序等多角度全面判断行政机关"不依法履行职责"。

结　论

2020年3月30日，习近平总书记在浙江省安吉县考察时，提出"生态本身就是经济"这一战略定位，意味着我国生态文明建设将达至前所未有的新高度。当前我国正处于第四次工业革命的重要时间节点，大数据时代及人工智能等极具超越性的科学技术手段不断敦促着环境治理模式"由政府主导向公众参与转变"，并且环境治理目标也"从结果导向到过程（程序）完善转变"。然而，当前我国单中心、单向度环境规制仍显现出科学理性、社会理性和法律理性间的断裂与脱节，僵化的"命令-控制"型规制手段对生态环境的"预防性救济"不足，而事后救济又难以完全填补巨大的生态价值损失和生态服务功能损耗。此时，传统环境规制领域的个人刑事责任、侵权责任和治安责任等事后填补性救济措施即显得力不从心，须开创兼具整体性和个体性的新式法学理论，开辟全面协调公共利益和私人利益的新制度，基于此，国家生态保护红线作为整体性、综合性、预防性环境规制手段应运而生。

国家生态保护红线作为最严格的生态空间保护法律制度，颠覆了以往强制命令式的生态环境规制模式，彰显了基于环境公共利益和风险防治的包容性的共同体法治逻辑。国家生态保护红线是在承认生态内在伦理价值的前提下，政府基于其风险预防义务对传统环境规制手段反思与再造的结果。一方面，它是以生态系统自然规律和环境承载力为基础，划定生态保护的核心范围、严格限制开发建设并维护生态安全的强制性制度。另一方面，它作为政府环境规制的重要方式，本质是对政府环境规划权的严格控制。它彻底改变传统"命令-控制"型规制手段中，以"行政主体-私人主体"的单向法律关系为基础的、对公民违法责任与义务的简单堆砌，而是在行政主体与私人主体间多元共治、互动协商的基础上，实现环境公共利益与私主体发展利益之共赢。

然而，国家生态保护红线的实施仍面临着划定与实施标准的缺失、生态空间管控模式的局限性、集体土地产权与公民环境权的冲突、红线法律责任的地方性悬置等诸多困境。当前的红线运作缺乏系统的配套保障制度，生态补偿等关涉红线区主体切身利益的各类制度不到位。以北京市为例，尽管我国红线划定面积较广、管控手段较为严格，但总体上仍为地方政府占主导地位的"管理型"红线，公众参与红线治理的积极性不高，难以实现整体性、系统化空间管控格局，相较"多元共治型"红线的要求相去甚远。究其根源在于以下三个方面：一是在主体层面，传统环境行政权力配置存在问题。二是在程序层面，地方红线治理中公众参与不足。红线规划决策与实施过程中，政府依托其代言人的身份，以公共利益之名对不同个体利益的主张进行制衡，并且要求个体们予以服从、配合，却未将个体或群体利益的诉求予以重视。

三是在责任层面，我国缺少对公权力的预防性监督机制。我国司法审查的对象范围较为狭窄，仅可对行政机关的具体行政行为（不包括抽象行政行为）进行司法审查，而且尚未构建具有完整法律意义的、系统的环境行政公益诉讼制度，由此致使司法机关对行政机关未依法划定和审批红线区、未依法实施红线区项目建设等行为的监督制约效果并不理想。

针对上述问题，本书提出"多元共治型"国家生态保护红线法律保障制度体系这一构想。一是就理论基础而言，红线制度体系所欲实现的"多元共治"模式，强调政府与公众的合作治理，其本质是哈贝马斯"沟通行动理论"哲学思想在环境法领域的具象表达。该理论强调，沟通行动是借助言语碰撞与交流，以求互动合作、相互理解的过程。二是就运作机理而言，"多元共治型"红线法律保障制度体系与我国环境规制改革合作治理方向相适应，当前环境规制呈现行政自我监督与自我规制加强、激励性规制模式的适用性增强、司法控制成为环境规制的重要补充等改革动向，相应地，"多元共治"模式即通过限制政府权力、赋予公众参与更大协商空间、给予市场机制更多灵活性的方式，使公众在环境治理中脱离弱势地位和虚化状态。三是就实施目标而言，它不仅是国家在最重要生态空间实施的最严格的预防性管控措施，有助于保障生态安全和生态系统稳定性，还通过"益贫式"制度设计对农民生存状态深度维护，有利于实现当地贫困人口的底线生态正义。

具体地说，本书试图在可行的、极为有限的范围内参考域外各类自然保护地（美国国家公园系统、欧洲生态网络系统、非洲生物多样性保护系统）的规划和实施方式，在"本体论"和"方法论"两个层面构建符合我国国情和文化特征的"多元共治型"生态保护红线法律保障制度。在本体论层面，应以明确生态保护

国家生态保护红线的法律保障与预防性救济

红线法律地位为前提要件,并以《环境保护法》为上位法,制定全国范围内公开、可作为地方红线立法基准的生态保护红线管理办法,围绕生态保护红线基本原则、基本规划方法、基本实施规则等内容,设计出完整统一、可实施性强的生态保护红线基础性法规。就立法重点而言,主要体现在主体要素与责任功能两方面:①在主体要素方面,应以设置独立的红线管理机构为方向;②在责任功能方面,应以落实政治责任与法律责任为目标。

在方法论层面,本书设想以强化公众参与、加强激励性规制、明确政府红线规划与实施义务为视角,力争从根本上解决政府红线规划权与公民环境权的冲突,并从以下5个方面构建"多元共治型"国家生态保护红线法律保障制度。其一,应构建以生态保护红线为核心的生态空间管控体系。在以"生态保护红线为核心,生态功能区规划、生态格局规划为补充"的生态空间管控体系中,我国应扩大生态空间规划环境影响评价范畴,并通过完善信息公开制度和听证制度等方式加强实质性公众参与。其二,应强化红线规划司法审查制度。当前我国法院对红线规划的司法审查应着眼于"合理性审查+程序合法"的范畴。即法院不得介入红线划定标准或界限等实质问题决定,只能在程序层面上强化司法审查的督促和监督作用。其三,应完善红线决策专家参与制度。我国可借助相对稳定的、非随意性的"专家库"系统,通过专家选择机制、专家回避机制,及同行制约机制等措施保障红线决策专家参与。其四,应基于保护地役权制度建立红线合同关系。不同于生态补偿,保护地役权合同可根据当地实际的自然人文环境,设定远高于政策或法律标准的"特别保护标准",改善生态空间保护"一刀切"的境况。我国环境行政机关或环保组织可在遵守相关强制性规范的基础上,通过与红线区集体土地权利人设定自愿性契约(即以保护地役权为基础的红线合同)的方式,限制当地居民的集体土地产权,并支付合理对价,使他们的保护行动更具主动性和自发性。其五,应加强生态补偿制度的市场化与益贫式发展的实质对接。红线区生态补偿市场化要求补偿主体和受偿主体应具备独立、平等的法律地位,并且补偿标准应尽可能明确化、精细化,通过"益贫式"制度设计对农民步履维艰的生存状态予以深度维护,鼓励红线区贫困人口参与多样化的生态项目,或结合生态移民制度等,使他们拥有依据自身贡献值而得到生态补偿收益的权利。

不可忽视的是,国家生态保护红线的预防性救济要义即"预防性环境行政公益诉讼"的广泛实施与开展。预防性环境行政公益诉讼是实现国家最重要生态空间预防性救济的最直接途径,能够在最坏的环境损害结果发生前,督促行政机关履行环境保护义务、承担环境保护职责。然而目前预防性环境行政公益诉讼的实施是有一些问题的,问题根源在于检察权与行政权各自权力界限的不清晰。当前检察权的运行在总体制度框架中呈现"行政化"倾向,预防性环境行政公益诉讼在主体、程序以及权能方面分别表现出检察机关诉讼身份不明朗、诉前程序与诉讼程序间未形成良性互动的衔接关系、检察机关取证权的薄弱等问题,因此推动检察权适度司法化势在必行。我国检察权适度司法化应以其法律监督属性为前提,以沟通行动理论为基础,塑造三方主体参与、权力主体居中裁判的沟通协调程序结构。由此,预防性环境行政公益诉讼的发展方向应从检察权的本质与诉讼构造的双重视野进行观察,具体从确立检察机关独立法律地位、设置诉前检察建议对审听证程序、行政法律监督的范围与深度拓展三个方面展开。

综上,国家生态保护红线法律保障制度体系,是一个理论内涵极其丰富且具有实践生命力的主题。本书在拟定的命题范围内进行了有限的探索,以期在本体论和方法论双重面向上推动"多元共治型"生态保护红线法律保障制度建设。与此同时，本书尚有诸多不足之处，有待于未来深入研究。首先，在实证研究方面，本书第2章、第3章仅对江苏省和北京市生态保护红线的划定情况和实施现状进行详细实证分析，而对其他省市红线划定情况寥寥带过，缺少更多省市红线划定标准、实施程序和施行结果等方面的数据支撑。其次，在域外研究方面，文章对域外自然保护地的制度借鉴有待拓展，比如，文中曾提到美国"Fund for Animal v. Espy"一案给我们以启示，正确认识并把握空间"界限"的地位，加强对保护区内外"不受控"的野生动物的保护和管理也是非常必要的，而就生态保护红线而言，文章鲜有提及设置红线区后，区域内外的野生动物应该如何监管，是否宜适用"一刀切"的监管方式。最后，在法律保障制度构建方面，本书仅对生态保护红线本身相关制度进行研究，而缺少更广阔视野的、整体的生态空间保护全层次关系研究，如对生态保护红线在大数据时代的应用、生态保护红线与人类健康风险的关系、生态保护红线与污染防治的关系等领域研究较少。争取在未来专著或论文中对这些内容深入探究并详细阐释。

参考文献

一、中文类参考文献

（一）著作类

[1] 张文显：《法学基本范畴研究》，中国政法大学出版社1993年版。

[2] 张文显：《二十世纪西方法哲学思潮研究》，法律出版社2006年版。

[3] 王锡锌主编：《行政过程中公众参与的制度实践》，中国法制出版社2008年版。

[4] 李艳芳：《公众参与环境影响评价制度研究》，中国人民大学出版社2004年版。

[5] 李艳芳、唐芳主编：《环境保护法典型案例》，中国人民大学出版社2003年版。

[6] 周珂：《环境法》（第三版），中国人民大学出版社2008年版。

[7] 吕忠梅：《沟通与协调之途——论公民环境权的民法保护》，中国人民大学出版社2005年版。

[8] 汪劲主编：《环保法治三十年：我们成功了吗——中国环保法治蓝皮书（1979—2010）》，北京大学出版社2011年版。

[9] 汪劲：《环境法律的理念与价值追求：环境立法目的论》，法律出版社2000年版。

[10] 于文轩：《生物安全立法研究》，清华大学出版社2009年版。

[11] 于文轩：《生物多样性政策与立法研究》，知识产权出版社2013年版。

[12] 张梓太：《环境法律责任研究》，商务印书馆2004年版。

[13] 王立：《中国环境法的新视角》，中国检察出版社2003年版。

［14］陈慈阳：《环境法总论》（二〇〇三年修订版），中国政法大学出版社 2003 年版。

［15］蔡守秋：《基于生态文明的法理学》，中国法制出版社 2014 年版。

［16］蔡守秋：《生态文明建设的法律和制度》，中国法制出版社 2017 年版。

［17］徐以祥：《行政法学视野下的公法权利理论问题研究》，中国人民大学出版社 2014 年版。

［18］杨建顺：《日本行政法通论》，中国法制出版社 1998 年版。

［19］杨建顺：《行政规制与权利保障》，中国人民大学出版社 2007 年版。

［20］王树义：《俄罗斯生态法》，武汉大学出版社 2001 年版。

［21］罗丽：《中日环境侵权民事责任比较研究》，吉林大学出版社 2004 年版。

［22］冷罗生：《日本现代审判制度》，中国政法大学出版社 2003 年版。

［23］竺效主编：《环境公益诉讼案例精编》，中国人民大学出版社 2019 年版。

［24］陈茂云、马骧聪：《生态法学》，陕西人民教育出版社 2000 年版。

［25］余俊：《生态保护区内世居民族的环境权与发展问题研究》，中国政法大学出版社 2016 年版。

［26］曹明德：《生态法新探》，人民出版社 2007 年版。

［27］杜群：《环境法融合论：环境·资源·生态法律保护一体化》，科学出版社 2003 年版。

［28］陈宗兴主编：《生态文明建设》（理论卷），学习出版社 2001 年版。

［29］杜辉：《环境公共治理与环境法的更新》，中国社会科学出版社 2018 年版。

［30］曹明德、黄锡生主编：《环境资源法》，中信出版社 2004 年版。

［31］陈海嵩：《国家环境保护义务论》，北京大学出版社 2015 年。

［32］叶俊荣：《环境行政的正当法律程序》，翰芦图书出版有限公司 2001 年版。

［33］应松年主编：《行政程序法》，法律出版社 2009 年版。

［34］贺雪峰：《地权的逻辑Ⅱ：地权变革的真相与谬误》，东方出版社 2013 年版。

［35］常纪文：《环境法律责任原理研究》，湖南人民出版社 2001 年版。

［36］常纪文主编：《动物保护法学》，高等教育出版社 2011 年版。

[37] 张宝:《环境规制的法律构造》，北京大学出版社 2018 年版。
[38] 高吉喜:《可持续发展理论探索——生态承载力理论、方法与应用》，中国环境科学出版社 2001 年版。
[39] 张明楷:《刑法学》（上），法律出版社 1997 年版。
[40] 高桂林:《公司的环境责任研究——以可持续发展原则为导向的法律制度建构》，中国法制出版社 2005 年版。
[41] 燕乃玲:《生态功能区划与生态系统管理：理论与实证》，上海社会科学院出版社 2007 年版。
[42] 骆绪刚:《检察权运行司法化研究》，中国法制出版社 2017 年版。
[43] 王桂五主编:《中华人民共和国检察制度研究》，中国检察出版社 2008 年版。
[44] 王玄玮:《中国检察权转型问题研究》，法律出版社 2013 年版。
[45] 何家弘主编:《检察制度比较研究》，中国检察出版社 2008 年版。
[46] 邓思清:《检察权研究》，北京大学出版社 2007 年版。
[47] [法] 莫里斯·奥里乌:《行政法与公法精要》（上下册），龚觅等译，辽海出版社、春风文艺出版社 1999 年版。
[48] [法] 孟德斯鸠:《论法的精神》（上册），张雁深译，商务印书馆 1961 年版。
[49] [法] 卢梭:《社会契约论》，何兆武译，商务出版社 1962 年版。
[50] [美] 埃莉诺·奥斯特罗姆:《公共资源的未来：超越市场失灵和政府管制》，郭冠清译，中国人民大学出版社 2015 年版。
[51] [美] 史蒂芬·布雷耶:《打破恶性循环：政府如何有效规制风险》，宋华琳译，法律出版社 2009 年版。
[52] [美] 托马斯·戴伊:《理解公共政策》（第十一版），孙彩红译，北京大学出版社 2008 年版。
[53] [美] 纳什:《大自然的权利》，杨通进译，青岛出版社 1999 年版。
[54] [美] 卡洛琳·麦茜特:《自然之死——妇女、生态和科学革命》，吴国盛等译，吉林人民出版社 1999 年版。
[55] [美] 巴巴拉·劳瑎:《保护地立法指南》，王曦、卢锟、唐瑭译，法律出版社 2016 年版。

[56] [美]奥尔多·利奥波德:《沙乡年鉴》,侯文蕙译,吉林人民出版社1997年版。

[57] [美]蕾切尔·卡森:《寂静的春天》,吕瑞兰、李长生译,上海译文出版社2007年版。

[58] [美]霍尔姆斯·罗尔斯顿:《哲学走向荒野》,刘耳、叶平译,吉林人民出版社2000年版。

[59] [德]乌尔里希·贝克:《风险社会》,何博闻译,译林出版社2003年版。

[60] Nigel Dudley:《IUCN自然保护地管理分类应用指南》,朱春全等译,中国林业出版社2016年版。

[61] [英]弗里德利希·冯·哈耶克:《法律、立法与自由》(第二、三卷),邓正来、张守东、李静冰译,中国大百科全书出版社,2000年版。

[62] [德]哈贝马斯:《公共领域的结构转型》,曹卫东等译,学林出版社1999年版。

(二) 论文类

[1] 蔡守秋:"从综合生态系统到综合调整机制——构建生态文明法治基础理论的一条路径",载《甘肃政法学院学报》2017年第1期。

[2] 蔡守秋:"环境权实践与理论的新发展",载《学术月刊》2018年第11期。

[3] 蔡守秋、敖安强:"生态文明建设对法治建设的影响",载《吉林大学社会科学学报》2011年第6期。

[4] 蔡守秋、文黎照:"印度2010年《国家绿色法庭法》评介",载《中国环境法治》2014年第1期。

[5] 常纪文:"新常态下我国生态环保监管体制改革的问题与建议——国际借鉴与国内创新",载《中国环境管理》2015年第5期。

[6] 曹明德:"生态红线责任制度探析——以政治责任和法律责任为视角",载《新疆师范大学学报(哲学社会科学版)》2014年第6期。

[7] 曹明德:"中国参与国际气候治理的法律立场和策略:以气候正义为视角",载《中国法学》2016年第1期。

[8] 曹炜:"环境监管中的'规范执行偏离效应'研究",载《中国法学》

[9] 曹炜:"环境法律义务探析",载《法学》2016 年第 2 期。

[10] 陈振明:"评西方的'新公共管理'范式",载《中国社会科学》2000 年第 6 期。

[11] 陈振明:"走向一种'新公共管理'的实践模式——当代西方政府改革趋势透视",载《厦门大学学报(哲学社会科学版)》2000 年第 2 期。

[12] 陈海嵩:"'生态红线'的规范效力与法治化路径——解释论与立法论的双重展开",载《现代法学》2014 年第 4 期。

[13] 陈海嵩:"环境风险预防的国家任务及其司法控制",载《暨南学报(哲学社会科学版)》2018 年第 3 期。

[14] 陈海嵩:"生态文明体制改革的环境法思考",载《中国地质大学学报(社会科学版)》2018 年第 2 期。

[15] 陈君帜:"建立中国特色国家公园体制的探讨",载《林业资源管理》2014 年第 4 期。

[16] 陈利顶、傅伯杰:"景观连接度的生态学意义及其应用",载《生态学杂志》1996 年第 4 期。

[17] Colin Scott:"作为规制与治理工具的行政许可",石肖雪译,载《法学研究》2014 年第 2 期。

[18] 杜群:"生态补偿的法律关系及其发展现状和问题",载《现代法学》2005 年第 3 期。

[19] 杜群:"中国法律中的森林定义——兼论法律保护森林资源生态价值的迫切性",载《资源科学》2018 年第 9 期。

[20] 杜群:"生态保护及其利益补偿的法理判断——基于生态系统服务价值的法理解析",载《法学》2006 年第 10 期。

[21] 杜辉、陈德敏:"环境法范式变革的哲学思辨——从认识论迈向实践论",载《大连理工大学学报(社会科学版)》2012 年第 1 期。

[22] 杜震、张刚、沈莉芳:"成都市生态空间管控研究",载《城市规划》2013 年第 8 期。

[23] 邓伟等:"构建长江经济带生态保护红线监管体系的设想",载《环境影响评价》2018 年第 6 期。

[24] 戴长征、程盈琪："国家治理现代化的理论定位和实现路径——以国家与社会关系为中心"，载《吉林大学社会科学学报》2018年第4期。

[25] 戴瑛、山长旭："辽宁省海洋生态红线越线责任追究制度的法律分析"，载《理论观察》2018年第7期。

[26] 董正爱、王璐璐："迈向回应型环境风险法律规制的变革路径——环境治理多元规范体系的法治重构"，载《社会科学研究》2015年第4期。

[27] [日] 大塚直："环境诉讼与禁令的法理——围绕禁令的环境共同利用权说、集团利益诉讼论、环境秩序说"，刘明全译，载《苏州大学学报（法学版）》2014年第2期。

[28] 方涛："从'国家统治'到'国家治理'——马克思主义国家学说中国化的历史演进"，载《中共天津市委党校学报》2014年第4期。

[29] 范逢春："多重逻辑下的制度变迁：十八大以来我国地方治理创新的审视与展望"，载《上海行政学院学报》2017年第2期。

[30] 富伟等："景观生态学中生态连接度研究进展"，载《生态学报》2009年第11期。

[31] 付颖哲："论土地所有权的社会功能"，载《西部法学评论》2016年第2期。

[32] 高吉喜、邹长新、陈圣宾："论生态红线的概念、内涵与类型划分"，载《中国生态文明》2013年第1期。

[33] 高吉喜："探索我国生态保护红线划定与监管"，载《生物多样性》2015年第6期。

[34] 高桂林、陈云俊："大气污染防治公众参与的法经济学分析"，载《广西社会科学》2014年第11期。

[35] 高进、娄成武："公共健康危机治理的伦理构建"，载《东北大学学报（社会科学版）》2016年第3期。

[36] 高秉雄、张江涛："公共治理：理论缘起与模式变迁"，载《社会主义研究》2010年第6期。

[37] 高燕、邓毅："土地产权束概念下国家公园土地权属约束的破解之道"，载《环境保护》2019年第Z1期。

[38] 宫笠俐："多中心视角下的日本环境治理模式探析"，载《经济社会体

制比较》2017 年第 5 期。
[39] 郭武、刘聪聪："在环境政策与环境法律之间——反思中国环境保护的制度工具"，载《兰州大学学报（社会科学版）》2016 年第 2 期。
[40] 郭庆珠："行政规划的司法审查研究——与王青斌博士商榷"，载《东方法学》2012 年第 2 期。
[41] 郭庆珠："城市地下空间规划中的生态导向及其立法保障——以行政规划权的'生态界限'为核心"，载《理论导刊》2014 年第 9 期。
[42] 侯佳儒、尚毓嵩："大数据时代的环境行政管理体制改革与重塑"，载《法学论坛》2020 年第 1 期。
[43] 侯佳儒："环境损害救济：从侵权法到事故法"，载《政法论丛》2019 年第 5 期。
[44] 黄锡生、陈有根："我国《国家生态安全法》的框架建构"，载《研究生法学》2006 年第 1 期。
[45] 黄政："刍论我国野生动物保护立法的完善"，载《理论导刊》2010 年第 8 期。
[46] 黄爱宝："论中国特色的生态行政问责制"，载《探索》2013 年第 4 期。
[47] 胡咏君："国家公园体制与我国保护地资源规制的变革"，载《南京林业大学学报（人文社会科学版）》2016 年第 3 期。
[48] 胡建："土地市场化视阈中的农村集体土地产权改造"，载《求实》2014 年第 6 期。
[49] 胡洪彬："生态问责制的'中国道路'：过去、现在与未来"，载《青海社会科学》2016 年第 6 期。
[50] 霍兵："中国战略空间规划的复兴和创新"，载《城市规划》2007 年第 8 期。
[51] 何思源等："基于细化保护需求的保护地空间管制技术研究——以中国国家公园体制建设为目标"，载《环境保护》2017 年第 Z1 期。
[52] 季卫东："法律程序的意义——对中国法制建设的另一种思考"，载《中国社会科学》1993 年第 1 期。
[53] 金自宁："跨越专业门槛的风险交流与公众参与透视深圳西部通道环评事件"，载《中外法学》2014 年第 1 期。

［54］蒋洪强等："我国生态环境空间管控制度研究与实践进展"，载《环境保护》2019 年第 13 期。

［55］柯坚："环境行政管制困局的立法破解——以新修订的《环境保护法》为中心的解读"，载《西南民族大学学报（人文社科版）》2015 年第 5 期。

［56］吕忠梅："论公民环境权"，载《法学研究》1995 年第 6 期。

［57］吕忠梅课题组等："环境权入宪的理路与设想"，载《中国法学》2018 年第 1 期。

［58］吕忠梅等："'绿色原则'在民法典中的贯彻论纲"，载《中国法学》2018 年第 1 期。

［59］吕忠梅："破解环境公众参与制度性难题"，载《中华环境》2014 年第 1 期。

［60］吕忠梅："论合同制度的生态化拓展"，载《河南师范大学学报（哲学社会科学版）》2004 年第 5 期。

［61］冷罗生、李树训："生态环境损害赔偿制度与环境民事公益诉讼研究——基于法律权利和义务的衡量"，载《法学杂志》2019 年第 11 期。

［62］刘洪岩："俄罗斯生态立法的价值选择及制度重构"，载《俄罗斯中亚东欧研究》2009 年第 6 期。

［63］刘洪岩："俄罗斯生态安全立法及对我国的启示"，载《环球法律评论》2009 年第 6 期。

［64］刘冬等："国外生态保护地体系对我国生态保护红线划定与管理的启示"，载《生物多样性》2015 年第 6 期。

［65］刘慧："实施精准扶贫与区域协调发展"，载《中国科学院院刊》2016 年第 3 期。

［66］刘桂环、文一惠："关于生态保护红线生态补偿的思考"，载《环境保护》2017 年第 23 期。

［67］刘超："生态空间管制的环境法律表达"，载《法学杂志》2014 年第 5 期。

［68］刘超："环境风险行政规制的断裂与统合"，载《法学评论》2013 年第 3 期。

[69] 刘超:"环境法学研究中的个人主义方法论——以环境权研究为中心",载《昆明理工大学学报(社会科学版)》2010年第3期。

[70] 刘长兴:"环境保护的国家义务与政府责任",载《法治论坛》2018年第4期。

[71] 刘长兴:"环境权保护的人格权法进路——兼论绿色原则在民法典人格权编的体现",载《法学评论》2019年第3期。

[72] 刘明:"西方协商民主理论中的程序与实质",载《西南大学学报(社会科学版)》2019年第1期。

[73] 刘健、尤婷:"生态保护补偿的性质澄清与规范重构",载《湘潭大学学报(哲学社会科学版)》2019年第5期。

[74] 刘军会等:"中国生态环境脆弱区范围界定",载《生物多样性》2015年第6期。

[75] 刘海龙、杨冬冬:"美国《野生与风景河流法》及其保护体系研究",载《中国园林》2014年第5期。

[76] 刘世梁等:"景观生态网络研究进展",载《生态学报》2017年第12期。

[77] 刘翔宇、谢屹、杨桂红:"美国国家公园特许经营制度分析与启示",载《世界林业研究》2018年第5期。

[78] 刘国利、吴镝飞:"当代中国环境法治的实践转向",载《当代法学》2011年第1期。

[79] 罗丽:"我国环境公益诉讼制度的建构问题与解决对策",载《中国法学》2017年第3期。

[80] 罗思东:"美国地方政府体制的'碎片化'评析",载《经济社会体制比较》2005年第4期。

[81] 李艳芳:"论环境权及其与生存权和发展权的关系",载《中国人民大学学报》2000年第5期。

[82] 李艳芳:"论公众参与环境影响评价中的信息公开制度",载《江海学刊》2004年第1期。

[83] 李艳芳、王春磊:"环境法视野中的环境义务研究述评",载《中国人民大学学报》2015年第4期。

[84] 李国旗等："生态风险研究述评"，载《生态学杂志》1999 年第 4 期。

[85] 李爱年："环境法的伦理审视"，载《吉首大学学报（社会科学版）》2007 年第 6 期。

[86] 李干杰："'生态保护红线'——确保国家生态安全的生命线"，载《求是》2014 年第 2 期。

[87] 李昕："论行政规划的定性分析与规制、救济"，载《法学杂志》2013 年第 11 期。

[88] 李晗："回应社会，法律变革的飞跃：从压制迈向回应——评《转变中的法律与社会：迈向回应型法》"，载《政法论坛》2018 年第 2 期。

[89] 李亮、高利红："论我国重点生态功能区生态补偿与精准扶贫的法律对接"，载《河南师范大学学报（哲学社会科学版）》2017 年第 5 期。

[90] 李云、程欢、于海波："基于'分区管制'的自然生态空间用途管制研究"，载《资源信息与工程》2019 年第 1 期。

[91] 李黎、黄寅："中国司法审查制度的构建和公民宪法基本权利保障探讨"，载《西南民族大学学报（人文社科版）》2006 年第 10 期。

[92] 廖华："民族地区生态红线制度的地方立法研究"，载《湖北民族学院学报（哲学社会科学版）》2015 年第 3 期。

[93] 楼东江："严格落实占补平衡制度 切实保护耕地资源"，载《浙江国土资源》2017 年第 7 期。

[94] 林森、乔世明："试论环境风险的法律规制"，载《西北民族大学学报（哲学社会科学版）》2015 年第 3 期。

[95] 林金兰等："海洋生物多样性保护优先区域的确定"，载《生物多样性》2013 年第 1 期。

[96] 卢锟："论规划环境影响评价的司法审查"，载《重庆大学学报（社会科学版）》2018 年第 4 期。

[97] 柳恒超："风险沟通与危机沟通：两者的异同及其整合模式"，载《中国行政管理》2018 年第 10 期。

[98] 孟鸿志："行政规划裁量基准初探"，载《法学论坛》2015 年第 6 期。

[99] 孟鸿志："行政规划裁量与法律规制模式的选择"，载《法学论坛》2009 年第 5 期。

[100] 孟春阳、王世进："生态多元共治模式的法治依赖及其法律表达"，载《重庆大学学报（社会科学版）》2019年第6期。

[101] 莫张勤："生态保护红线制度的理论证成与中国实践"，载《长江流域资源与环境》2019年第10期。

[102] 莫张勤："生态保护红线制度在民族地区的法治化进程"，载《兰州学刊》2019年第4期。

[103] 莫张勤："生态保护红线在环境法律制度中的融合与创新"，载《生态环境学报》2018年第3期。

[104] 莫张勤："生态保护红线法律责任的实践样态与未来走向"，载《中国人口·资源与环境》2018年第11期。

[105] 毛宝铭、许志晋："科技风险民主治理的基本观念与原则"，载《理论与改革》2006年第2期。

[106] 蒲杰："耕地占补平衡指标跨省交易的几个理论问题"，载《理论与改革》2017年第1期。

[107] 蒲杰："补充耕地质量平衡制度运行效果考察及革新路径探析"，载《河北法学》2017年第2期。

[108] 彭娇婷："生态红线区综合性补偿机制探索"，载《山东林业科技》2016年第6期。

[109] 潘景璐："我国自然保护区土地权属问题和对策研究"，载《国家林业局管理干部学院学报》2008年第4期。

[110] 秦天宝："可持续发展视域下的集体林权制度改革之反思——从'物权化'走向'生态化'"，载《人大法律评论》2017年第2期。

[111] 秦天宝、张庆川："'美丽中国'语境下生态保护红线的法律保障"，载《贵州法学》2014年第9期。

[112] 戚建刚、兰皓翔："'中国第二代环境法的形成和发展趋势'之反思"，载《中国地质大学学报（社会科学版）》2019年第5期。

[113] 钱洁："公共管理模式嬗变的反思——基于公民性的变迁与重塑"，载《理论与改革》2010年第3期。

[114] 饶胜、张强、牟雪洁："划定生态红线，创新生态系统管理"，载《环境经济》2012年第6期。

[115] 宋亚辉:"论公共规制中的路径选择",载《法商研究》2012年第3期。

[116] 宋彪:"主体功能区规划的法律问题研究",载《中州学刊》2016年第12期。

[117] 宋方青:"地方立法中公众参与的困境与出路",载《法学》2009年第12期。

[118] 史一舒:"我国民法典'绿色原则'下对环境权的保护",载《人权》2018年第1期。

[119] 史一舒:"我国环境侵权精神损害赔偿制度的司法限制与扩张——基于18个典型案例的分析",载《山东大学学报(哲学社会科学版)》2018年第3期。

[120] 孙柏瑛:"公民参与形式的类型及其适用性分析",载《中国人民大学学报》2005年第5期。

[121] 司林波、徐芳芳:"德国生态问责制述评及借鉴",载《长白学刊》2016年第5期。

[122] 唐瑭:"生态文明视阈下政府环境责任主体的细分与重构",载《江西社会科学》2018年第7期。

[123] 唐瑭:"风险社会下环境公益诉讼的价值阐释及实现路径——基于预防性司法救济的视角",载《上海交通大学学报(哲学社会科学版)》2019年第3期。

[124] 唐钧:"风险沟通的管理视角",载《中国人民大学学报》2009年第5期。

[125] 陶洁等:"最严格水资源管理制度'三条红线'控制指标及确定方法",载《节水灌溉》2012年第4期。

[126] 田贵全等:"山东省自然保护区土地权属状况调查与分析",载《中国环境管理干部学院学报》2015年第1期。

[127] 汪劲:"中国环境法治失灵的因素分析——析执政因素对我国环境法治的影响",载《上海交通大学学报(哲学社会科学版)》2012年第1期。

[128] 王灿发、江钦辉:"论生态红线的法律制度保障",载《环境保护》

2014 年第 Z1 期。

[129] 王灿发、江钦辉："生态红线不能成'虚线'"，载《中国报道》2014 年第 3 期。

[130] 王曦："论新时期完善我国环境法制的战略突破口"，载《上海交通大学学报（哲学社会科学版）》2009 年第 2 期。

[131] 王锡锌、章永乐："专家、大众与知识的运用——行政规则制定过程的一个分析框架"，载《中国社会科学》2003 年第 3 期。

[132] 王立："信息时代对司法审判的挑战——兼论未来的法庭"，载《法律适用》2005 年第 4 期。

[133] 王树义："生态安全及其立法问题探讨"，载《法学评论》2006 年第 3 期。

[134] 王树义、蔡文灿："论我国环境治理的权力结构"，载《法制与社会发展》2016 年第 3 期。

[135] 王小钢："环境权研究进路的转向——兼评《环境权理论的新展开》"，载《中国地质大学学报（社会科学版）》2019 年第 5 期。

[136] 王小钢："生态环境损害赔偿诉讼的公共信托理论阐释——自然资源国家所有和公共信托环境权益的二维构造"，载《法学论坛》2018 年第 6 期。

[137] 王一彧："检察机关提起环境行政公益诉讼现状检视与制度完善"，载《中国政法大学学报》2019 年第 5 期。

[138] 王社坤、于子豪："生态保护红线概念辨析"，载《江苏大学学报（社会科学版）》2016 年第 3 期。

[139] 王梅："生态红线制度实施中的公众参与"，载《中南林业科技大学学报（社会科学版）》2015 年第 6 期。

[140] 王本存："论行政法上的反射利益"，载《重庆大学学报（社会科学版）》2017 年第 1 期。

[141] 王卿、陈绍充："基于粮食安全视角的'18 亿亩耕地红线'的战略意义研究"，载《宏观经济研究》2010 年第 3 期。

[142] 王宏："重庆环境成本、自然资源成本估算及对 GDP 的修正"，载《探索》2002 年第 5 期。

［143］王开泳、陈田：“新时代的国土空间规划体系重建与制度环境改革”，载《地理研究》2019年第10期。

［144］朱仕荣、卢娇：“美国国家公园资源管理体制构建模式研究"，载《中国园林》2018年第12期。

［145］曾庆枝、李媛媛、徐本鑫："生态红线管理中越线责任追究法律制度研究"，载《国家林业局管理干部学院学报》2015年第1期。

［146］王郁："城市规划管理的司法监督——基于美英日三国的制度比较"，载《国际城市规划》2009年第4期。

［147］王学辉、王亚栋："行政法治中实质性公众参与的界定与构建"，载《法治研究》2019年第2期。

［148］吴卫星："环境权的中国生成及其在民法典中的展开"，载《中国地质大学学报（社会科学版）》2018年第6期。

［149］吴卫星："我国环境权理论研究三十年之回顾、反思与前瞻"，载《法学评论》2014年第5期。

［150］吴贤静："生态红线地方立法完善路径"，载《地方立法研究》2018年第1期。

［151］吴贤静："水资源红线的理论阐释与制度实践"，载《资源开发与市场》2018年第2期。

［152］吴真、闫明豪："我国自然保护区环境执法困境及对策"，载《环境保护》2014年第23期。

［153］吴静："国家公园体制改革的国际镜鉴与现实操作"，载《改革》2017年第11期。

［154］吴瑞财："碎片化及其整合机制：国家主要污染物总量减排执行机制分析"，载《华侨大学学报（哲学社会科学版）》2018年第5期。

［155］吴瑞财："多中心治理视野下的社区治理模式初探"，载《内蒙古社会科学（汉文版）》2010年第1期。

［156］吴健等："美国国家公园特许经营制度对我国的启示"，载《环境保护》2018年第24期。

［157］翁倩、谢屹："我国自然保护区集体林管理冲突及对策探讨"，载《林业资源管理》2016年第3期。

[158] 魏建新:"理性的权力与权力的理性:专家参与行政决策研究",载《中共福建省委党校学报》2015年第5期。

[159] 谢高地等:"中国的生态空间占用研究",载《资源科学》2001年第6期。

[160] 谢在全:"不动产役权之诞生——地役权之蜕变",载《月旦法学》2010年第4期。

[161] 谢有长:"社会资本与风险治理:构建风险治理机制的探讨",载《中共山西省直机关党校学报》2018年第4期。

[162] 谢海波:"论我国环境法治实现之路径选择——以正当行政程序为重心",载《法学论坛》2014年第3期。

[163] 徐丽媛:"生态补偿中政府与市场有效融合的理论与法制架构",载《江西财经大学学报》2018年第4期。

[164] 肖建国、黄忠顺:"环境公益诉讼基本问题研究",载《法律适用》2014年第4期。

[165] 肖峰、贾倩倩:"论我国生态保护红线制度的应然功能及其实现",载《中国地质大学学报(社会科学版)》2016年第6期。

[166] 肖显静、何进:"生态系统生态学研究的关键问题及趋势——从'整体论与还原论的争论'看",载《生态学报》2018年第1期。

[167] 许妍等:"渤海生态红线划定的指标体系与技术方法研究",载《海洋通报》2013年第4期。

[168] 徐德琳等:"基于生态保护红线的生态安全格局构建",载《生物多样性》2015年第6期。

[169] 徐丹:"行政规划若干问题思考",载《行政论坛》2008年第6期。

[170] 项继权:"我国农地产权的法律主体与实践载体的变迁",载《华中农业大学学报(社会科学版)》2014年第1期。

[171] 于文轩:"生物安全风险规制的正当性及其制度展开——以损害赔偿为视角",载《法学杂志》2019年第9期。

[172] 杨建顺:"中国行政规制的合理化",载《国家检察官学院学报》2017年第3期。

[173] 杨礼银:"哈贝马斯社会整合理论中共同体的三个基本层面",载《哲

学研究》2019 年第 10 期。

[174] 杨得瑞、姜楠、马超："关于水资源综合管理与最严格水资源管理制度的思考"，载《水利发展研究》2013 年第 1 期。

[175] 杨红艳："基于区域生态保护红线划定分类的调整及管控策略分析"，载《低碳世界》2019 年第 2 期。

[176] 杨邦杰、高吉喜、邹长新："划定生态保护红线的战略意义"，载《中国发展》2014 年第 1 期。

[177] 杨娅楠等："野生动物生境景观连通性综述"，载《环境科学导刊》2015 年第 3 期。

[178] 岳琨："论行政自我规制现象：经验与问题"，载《河南师范大学学报（哲学社会科学版）》2015 年第 4 期。

[179] 王雨辰："论生态学马克思主义的生态价值观"，载《北京大学学报（哲学社会科学版）》2009 年第 5 期。

[180] 俞孔坚："生物保护的景观生态安全格局"，载《生态学报》1999 年第 1 期。

[181] 余俊、廖柏明："生态保护区内世居民族发展问题的法律对策分析——以珠江水源林区域为视角"，载《生态经济》2014 年第 7 期。

[182] 周珂："我国环境立法价值与功能之方法论研究——兼论彭真环境立法方法论"，载《政法论丛》2019 年第 5 期。

[183] 周珂、史一舒："环境行政决策程序建构中的公众参与"，载《上海大学学报（社会科学版）》2016 年第 2 期。

[184] 周生贤："深入贯彻党的十八届三中全会精神以改革创新为动力推进美丽中国建设——周生贤在 2014 年全国环境保护工作会议上的讲话"，载《环境保护》2014 年第 4 期。

[185] 周佑勇、钱卿："裁量基准在中国的本土实践——浙江金华行政处罚裁量基准调查研究"，载《东南大学学报（哲学社会科学版）》2010 年第 4 期。

[186] 竺效："论生态文明建设与《环境保护法》之立法目的完善"，载《法学论坛》2013 年第 2 期。

[187] 张贤明："政治责任与法律责任的比较分析"，载《政治学研究》2000

年第 1 期。

[188] 张康之："论'自治'模式在社会转型中的遭遇"，载《党政研究》2019 年第 3 期。

[189] 张秉民、陈明祥："论我国公法责任制度的缺陷与完善"，载《法学》2006 年第 2 期。

[190] 张文国等："把握划定并严守生态保护红线的八个要点"，载《环境保护》2017 年第 23 期。

[191] 张思锋、刘晗梦："生态风险评价方法述评"，载《生态学报》2010 年第 10 期。

[192] 张宝："环境司法专门化的建构路径"，载《郑州大学学报（哲学社会科学版）》2014 年第 6 期。

[193] 张旭："'协同政府'：公共管理改革的新趋势"，载《中共福建省委党校学报》2018 年第 8 期。

[194] 张云飞："'穷人生态学'：社会主义生态文明的正义底线"，载《江西师范大学学报（哲学社会科学版）》2016 年第 4 期。

[195] 张千帆："从二元到合作——联邦分权模式的发展趋势"，载《环球法律评论》2010 年第 2 期。

[196] 张风春、朱留财、彭宁："欧盟 Natura2000：自然保护区的典范"，载《环境保护》2011 年第 6 期。

[197] 张云彬、吴人韦："欧洲绿道建设的理论与实践"，载《中国园林》2007 年第 8 期。

[198] 张娜、吴承照："自然保护区的现实问题与分区模式创新研究"，载《风景园林》2014 年第 2 期。

[199] 张海柱："专业知识的民主化——欧盟风险治理的经验与启示"，载《科学学研究》2019 年第 1 期。

[200] 张梁："授权与监督：国家权力配置的中国逻辑与当下拓展"，载《理论月刊》2019 年第 10 期。

[201] 张振威、杨锐："美国国家公园管理规划的公众参与制度"，载《中国园林》2015 年第 2 期。

[202] 詹王镇、陈利根："我国农村集体土地产权制度困境及其破解"，载

《西北师大学报（社会科学版）》2016年第4期。
[203] 邹长新、王丽霞、刘军会："论生态保护红线的类型划分与管控"，载《生物多样性》2015年第6期。
[204] 赵庆寺："《红线协定》与中东石油政治格局的变迁"，载《阿拉伯世界研究》2007年第4期。
[205] 赵珂、李享、袁华南："从美国'绿道'到欧洲绿道：城乡空间生态网络构建——以广州市增城区为例"，载《中国园林》2017年第8期。
[206] 朱仁显、刘建义："民主与效率：西方公共行政发展的价值博弈"，载《行政论坛》2014年第1期。
[207] 曾明："南非宪法环境权的历史流变与现实启示"，载《求索》2018年第5期。
[208] 朱平："重建人类与自然的共生观——环境伦理学诞生之价值"，载《哈尔滨工业大学学报（社会科学版）》2019年第3期。
[209] 陈德敏、张瑞："环境规制对中国全要素能源效率的影响——基于省际面板数据的实证检验"，载《经济科学》2021年第4期。
[210] 关保英："检察机关在行政公益诉讼中应享有取证权"，载《法学》2020年第1期。
[211] 秦天宝："论环境民事公益诉讼中的支持起诉"，载《行政法学研究》2020年第6期。
[212] 刘辉："检察机关提起公益诉讼诉前程序研究"，载《中国检察官》2017年第3期。
[213] 梁鸿飞："预防型行政公益诉讼：迈向'过程性规制'的行政法律监督"，载《华中科技大学学报（社会科学版）》2020年第4期。

二、外文类参考文献

（一）著作类

[1] Peter Orebech et al, *The Role of Customary Law in Sustainable Development*, Cambridge: Cambridge University Press, 2005.
[2] Sheleff Leon Shaskolsky, *The Future of Tradition: Customary Law, Common Law, and Legal Pluralism*, London: F. Cass, 2000.

[3] Ruru Jacinta, *Law Commission of Canada*, ed. *Indigenous Legal Traditions*, Vancouver: The University of British Columbia Press, 2007.

[4] Shiner, Roger A, *Legal Institutions and the Sources of Law*, Netherlands: Springer, 2005.

[5] Richard J. Lazarus, *The Making of Environmental Law*, Chicago: The University of Chicago Press, 2004.

[6] Hubert Rottleuthner, *Foundations of Law*, Netherlands: Springer, 2005.

[7] Gerald J. Postema, *Legal Philosophy in the Twentieth Century: The Common Law World*, Netherlands: Springer, 2011.

[8] Mathieu Deflem, *Habermas, Modernity and Law*, California: SAGE Publications, 1996.

[9] Benjamin J. Richardson and Stepan Wood, *Environmental Law for Sustainability: A Reader*, Portland: Hart Publishing, 2006.

[10] Elli Louka, *International Environmental Law: Fairness, Effectiveness, and World Order*, Cambridge: Cambridge University Press, 2006.

[11] Anthea Roberts et al, *Comparative International Law*, Oxford: Oxford University Press, 2018.

[12] Andree Lajoie, *Introduction: Which Way Out of Colonialism? From Indigenous Legal Traditions*, Vancouver: The University of British Columbia Press, 2007.

[13] Karin Oellers-Frahm and Andreas Zimmermann, *Dispute Settlement in Public International Law: Texts and Materials*, 2nd ed, Netherlands: Springer, 2014.

[14] Patricia Birnie, Alan Boyle and Catherine Redgwell, *International Law and the Environment*, Oxford: Oxford University Press, 2009.

[15] Dieter Helm, *Natural Capital: Valuing the Planet*, New Haven: Yale University Press, 2016.

[16] Joel P. Trachtman, *The Future of International Law*, Cambridge: Cambridge University Press, 2013.

[17] Claire Bedelian, *Conservation and Ecotourism on Privatised Land in the Mara, Kenya, The Case of Conservancy land leases*, The Land Deal Politics Initiative, 2012.

[18] Dorothy Maxwell, *Valuing Natural Capital*:*Future Proofing Business and Finance*, New York:Routledge, 2015.

[19] Eugen Ehrlich, *Fundamental Principles of the Sociology of Law*, Transaction Publishers, 2001.

[20] Amitrajeet A. Batabyal and Peter Nijkamp, *Research Tools in Natural Resource and Environmental Economics*, Singapore:World Scientific Publishing Company, 2011.

[21] Commission of the European Communities, *The EU Compendium of Spatial Planning Systems and Policies*, Luxembourg:Official Publications of the European Communities, 2000.

[22] National Park Service, *Management Policies 2006*, Washington D. C. :U. S. Government Printing Office, 2006.

[23] Amanda Driver et al. , *National Spatial Biodiversity Assessment 2004*:*Priorities for Biodiversity Conservation in South Africa*, National Biodiversity Institute, 2005.

[24] G. I. Cowan, Nobusika Mpongoma and P Britton eds, *Management Effectiveness of South Africa's Protected Areas*, South Africa:Department of Environmental Affairs, 2010.

[25] Christian Lannerberth, *Natural Resources*, Germany:LAP Lambert Academic Publishing, 2010.

[26] Jurgen Habermas, *Towards A Rational Society*:*Student Prtet*, *Science*, *and Politics*, Boston:Beacon Press, 1970.

[27] Suman Kumari Sharma and Euston Quah, *Economics of Natural Disasters*, Singapore:World Scientific Publishing Company, 2019.

[28] William W. Sharkey, *The Theory of Natural Monopoly*, Cambridge:Cambridge University Press, 1983.

[29] Pei-Qiang Huang et al, *Efficiency in Natural Product Total Synthesis*, New Jersey: Wiley, 2018.

[30] C. Rene Dominique, *Market Economies and Natural Laws*, Westport:Praeger Publishers, 2001.

[31] Graham Bennett and Kalemani Jo Mulongoy, *Review of Experience with Ecolog-*

ical Networks, Corridors and Buffer Zones, Montreal: Secretariat of the CBD, 2006.

[32] Rob H. G. Jongman, Irene M. Bouwma and Anne M. van Doorn, *The Indicative Map of the Pan-European Ecological Network in Western Europe*, Technical Background Report, 2006.

[33] I. M. Bouwma, R. H. G. Jongman and R. O. Butovsky, *Indicative Map of the Pan-European Ecological Network for Central and Eastern Europe*, European Centre for Nature Conservation, 2002.

(二) 论文类

[1] B. Delworth Gardner, "The Economics of Agricultural Land Preservation", *American Journal of Agricultural Economics*, Vol. 59, 5 (1977).

[2] Joan Martinez-Alier, "Ecology and the Poor: A Neglected Dimension of Latin American History", *Journal of Latin American Studies*, Vol. 23, 3 (1991).

[3] Jongman R H G, "Nature Conservation Planning in Europe: Developing Ecological Networks", *Landscape and Urban Planning*, Vol. 32, 3 (1995).

[4] Young J, Watt A and Nowicki P, "Towards Sustainable Land Use: Identifying and Managing the Conflicts Between Human Activities and Biodiversity Conservation in Europe", *Biodiversity and Conservation*, Vol. 14, 7 (2005).

[5] Jack Ahern, "Planning for an Extensive Open Space System: Linking Landscape Structure and Function", *Landscape and Urban Planning*, Vol. 21, 1-2 (1991).

[6] Murray-Smith C et al., "Plant Diversity Hotspots in the Atlantic Coastal Forests of Brazil", *Conservation Biology*, Vol. 23, 1 (2009).

[7] Marignani M and Blasi C "Looking for Important Plant Areas: Selection Based on Criteria, Complementarity, or Both?", *Biodiversity and Conservation*, Vol. 21, 7 (2012).

[8] Robin W. Winks, "The National Park Service Act of 1916: A Contradictory Mandate", *Denver Law Review*, Vol. 74, 3 (1997).

[9] Denise E. Antolini, "National Park Law in the U. S.: Conservation, Conflict, and Centennial Values", *William & Mary Environmental Law and Policy Re-*

view, Vol. 33, 3 (2009).

[10] William D. Newmark, "Legal and Biotic Boundaries of Western North American National Parks: A Problem of Congruence", *Biological Conservation*, Vol. 33, 3 (1985).

[11] Matiko D, "Wildlife Conservation Leases are Considerable Conservation Options outside Protected Areas: The Kitengela-Nairobi National Park Wildlife Conservation Lease Program", *Journal of Ecosystem & Ecography*, Vol. 4, 2 (2014).

[12] Ansson Jr. Richard J and Hooks Jr. Dalton L, "Protecting and Preserving Our National Parks in the Twenty First Century: Are Additional Reforms Needed above and beyond the Requirements of the 1998 National Parks Omnibus Management Act", *Montana Law Review*, Vol. 62, 2 (2001).

[13] Juan Antonio Bueno, Vassilios Andrew Tsihrintzis and Leonardo Alvarez, "South Florida Greenways: A Conceptual Framework for the Ecological Reconnectivity of the Region", *Landscape and Urban Planning*, Vol. 33, 1–3 (1995).

[14] M. Margaret Bryant, "Urban Landscape Conservation and the Role of Ecological Greenways at Local and Metropolitan Scales", *Landscape and Urban Planning*, Vol. 76, 1–4 (2006).

[15] R. H. G. Jongman, M. külvik and I. kristianaen, "European Ecological Networks and Greenways", *Landscape and Urban Planning*, Vol. 68, 2–3 (2004).

[16] Mara Balestrieri and Amedeo Ganciu, "Greenways and Ecological Networks: Concepts, Differences, Similarities", *Agricultural Research & Technology*, Vol. 12, 2017.

[17] Sristi Kamal, Malgorzata Grodzińska-Jurczak and Gregory Brown, "Conservation on Private Land: a Review of Global Strategies with a Proposed Classification System", *Journal of Environmental Planning and Management*, Vol. 58, 4 (2015).

[18] Merenlender A. M. et al., "Land Trusts and Conservation Easements: Who Is Conserving What for Whom?" *Conservation Biology*, Vol. 18, 1 (2004).

参考文献

[19] Raymond L. Lindeman, "Experiental Simalation of Winter Anaerobiosis in a Senescent late", *Ecology*, Vol. 23, (1942).

[20] Macfadyen A, "Some Thoughts on the Behavior of Ecologists", *Journal of Applied Ecology*, Vol. 12, 1975.

[21] Peter M. Groffmanet al, "Ecological Thresholds: The Key to Successful Environmental Management or an Important Concept with No Practical Application?", *Ecosystems*, Vol. 9, 1 (2006).

[22] Kato SandAhern J, "The Concept of Threshold and Its Potential Application to Landscape Planning", *Landscape & Ecological Engineering*, Vol. 7, 2 (2011).

[23] Huggett A J, "The Concept and Utility of Ecological Thresholds in Biodiversity Conservation", *Biological Conservation*, Vol. 124, 3 (2005).

[24] Tilman David, "Causes, Consequences, and Ethics of Biodiversity", *Nature*, Vol. 405, 6783 (2000).

[25] Michel Loreau and Claire de Mazancourt, "Biodiversity and Ecosystem Stability: a Synthesis of Underlying Mechanisms", *Ecology Letters*, Vol. 16, S1 (2013).

[26] Laurence D. Mueller, Amitabh Joshi and Daniel J. Borash, "Dose Population Stability Evolve?", *Ecology*, Vol. 81, 5 (2000).

致 谢

在疾驰向北京的列车上,我思绪万千,望着眼前厚厚的博士毕业论文,闭目深思。脑海中如老式的无声电影般闪现着4年博士研究生求学时光,可以说,一幅幅一帧帧都是不能忘却的画面,有庄重大气的明德楼,有藏书百万的图书馆,有稍显破旧却充满回忆的寝室楼,也有包罗各种美味的各区食堂,都是那么的亲切,心中不禁生出深深的留恋之情,不由感叹"时光已逝永不回"。如果当初没有选择人大考研读博,而是选择当警察,现在的我会是怎样?如果没有前辈朋友和家人的一路陪伴和鼓励,如今的我能否去拥抱梦想和所爱?可惜人生没有如果。庆幸的也是,人生没有如果。人生就是应该保持一颗赤子之心,去努力,去拼搏,去真诚对待他人,去诚实面对自己。

博士研究生时光虽然短暂,但也是我收获满满的四年。特别是在学术方面,在导师及各位老师的指导下,渐渐熟悉并爱上环境法,且有幸在美国加州大学伯克利分校进行了为期1年的访学,收获颇丰。回首过往的4年,站在人生新的十字路口,最值得我去珍惜和怀念的,便是各位前辈朋友和家人的关切和陪伴。能够遇到他们,可以说三生有幸。借此机会,我一定要向他们表达深深的感激之情。

感谢我的博士生授业恩师周珂教授。周老师是我生命中的贵人。在人大攻读博士研究生期间,我有幸加入了"周门"。周老师

致 谢

儒雅的为人、严谨的治学态度和大气舒展的文笔,深深地吸引了我。由于我本科专业不是法学,并且在硕士期间也没有深度钻研过学术,可以说完全是个学术小白。在如此不佳的条件下,周老师非常有耐心地指导我的论文写作,指出我论文中不该犯的错误,为我的论文写作思路提供可行性建议,使我对科研产生兴趣,并对未来的环境法学术之路充满信心。后来在博士论文写作和研究期间,论文题目和框架也在周老师的指导下反复修改多次,直到基本成型后,周老师仍在论文细节处不断替我修正把关。周老师不仅在学术上指导我,还在出国留学、论文发表、工作就业方面不遗余力地鼓励我、支持我,让有些不自信、没底气的我多了几分从容和自信。毫不夸张地说,没有周老师就没有现在的我。正因为有幸成为周老师的弟子,我的处世心态才愈发平和,职业规划才愈发明朗。除了学术方面,周老师的为人更是我的楷模。我们每每去办公室向他请教问题时,他总是极其耐心、不厌其烦地尽量用较慢的语速为我们解答。每每我们要走出办公室时,他总是会起身将我们送到办公室门口,目送我们离开。在今后的教学科研之路上,定然不忘恩师教诲,在"做人做事做学问"上,时刻以恩师为榜样。

在我学习环境法的道路上,还有许多前辈老师值得我感谢。感谢硕士生导师龙翼飞教授,龙老师是我在人大结识的第一位老师,硕士期间我有幸跟随他学习民商法,可以说,他是我正式步入法学殿堂的领路人。感谢李艳芳教授,李老师学识渊博,她的思路和眼界是我一直向往却毕生难以企及的,犹记得在环境法主文献课堂上,李老师带着我们仔细分析书中语句,这总能为我的论文写作带来思路上的创新。感谢竺效教授,竺老师治学极为严谨,他逻辑严密的写作风格和深厚的文字功底是我一直试图效仿和学习的,与竺老师探讨论文,总能在细节上让我醍醐灌顶,并

国家生态保护红线的法律保障与预防性救济

使我深刻认识到，学术过程是既枯燥又充满探索乐趣的过程，只有耐得住寂寞，多读书，多思考，才能产出真正优秀的成果。感谢曹炜副教授，曹老师不仅才思过人，他低调、内敛、沉稳的性格与高超的演讲能力也是我一直无比敬佩的，在当今较为浮躁的社会环境下，曹老师能够不为外界所扰，潜心于学术，并且每当我们遇到写作瓶颈时，曹老师总能抽出宝贵时间，及时为我们伸出援手，实为德才兼俱之楷模。此外，十分感谢中国政法大学的侯佳儒教授，侯佳儒教授是我博士论文答辩委员会的成员，他扎实的理论功底和开阔的学术思维是我今后应该努力学习的方向。十分感谢首都经济贸易大学的高桂林教授，在读博期间，每当我迷惘和无措时，高老师总能在关键时刻点醒我，提醒我当下的任务和前进的方向，让我更有勇气向着目标前进。

除了这些前辈们之外，我还要感谢许多同门和朋友们。在我的师门里，感谢谭柏平师兄、张燕雪丹师姐、林潇潇师兄、于鲁平师兄、陈薇师姐、金铭师姐，在我读博期间给予我许多的鼓励和关照，让我深深地感觉到"周门"大家庭的温暖。感谢同级同专业的田时雨和蒙禹诺，每当遇到困难或学业压力时，幸好有你们陪伴我，帮我纾解内心的无奈与苦闷。感谢我的博士室友包晓丽，虽然由于出国的缘故，我们4年里有两年没有同在一个寝室，但你的坚定意志、你的从容坚强一直是我无比钦佩的。感谢我的硕士室友高卓玮、闫美霓、陈婷，时间如梭，我们不知不觉竟已相识相知7年了，这7年里我们就像一家人，有笑有泪，无数个悲伤抑或欢乐的日夜，感谢你们陪我一同度过。感谢济南的发小们周晓超、武姗、张雅婧，我们虽然不在一个城市，选择了不一样的工作和生活方式，但正因为有你们，我才变得更加放松快乐，你们使我深刻的了解到，生活不只有看书学习、论文写作和无数个小目标，而是由许许多多五彩斑斓的事情构成，了解生活的本

致　谢

质并真心热爱它，才是人生的终极奥义。

　　要特别感谢我生命中最重要的人，我的父母、姥爷姥姥和历经两年爱情长跑、即将步入婚姻殿堂的我的爱人。从嗷嗷待哺到博士毕业，我的父母对我的爱护和付出是其他任何人难以比拟的。在我出生前，他们有自己的生活，在我出生后，我似乎就成了他们的生活。小到每一次磕伤碰伤、每一次考试，大到出国升学找工作找对象，关于我的每一件事情，都让他们无比揪心。有时候觉得，都快三十的人了，尚未成家立业，还让他们为我提心吊胆，实属不孝。其实，父母对我的要求并不高，只求找个稳定的工作，嫁个靠谱的男人，过上简单快乐的小日子。但这些直到即将博士毕业的2020年还未全部实现。希望未来能尽快实现父母的小小愿望，使他们过上无忧无虑的幸福生活。感谢我的姥爷姥姥，我知道无论我从小到大做出什么决定，你们永远是最疼爱我，并默默支持我的人，正因为有你们对我的信任，我才能更加意志坚定地走下去。最后，感谢我的爱人智明，感谢你在我无助失措的时候一直在我身边鼓励我、帮助我，你不仅是我的爱人，更是我的良师益友。是你让我明白，缘分如此神奇、如此美妙。是你让我知道，你终究会遇到一个人，心甘情愿地与他相伴一生，你甚至能够想象出，两人白发苍苍时相伴看夕阳的背影。感谢你，感谢所有所有。博士论文不是结束，而是崭新的开始。

史一舒
2020年6月5日午后于
返京高铁上